论语之道

LUNYU ZHI DAO

韩 星 / 著

陕西新华出版传媒集团
陕西人民出版社

图书在版编目（CIP）数据

《论语》之道 / 韩星著. —西安：陕西人民出版社，2022.12
ISBN 978-7-224-14740-7

Ⅰ.①论… Ⅱ.①韩… Ⅲ.①儒家 ②《论语》—研究 Ⅳ.①B222.25

中国版本图书馆 CIP 数据核字（2022）第 212853 号

出 品 人：赵小峰
总 策 划：王长海
责任编辑：梁彩虹　弥　鲲
整体设计：姚肖朋

论语之道
LUNYÜ ZHIDAO

作　者	韩　星
出版发行	陕西新华出版传媒集团　陕西人民出版社 （西安市北大街 147 号　邮编：710003）
印　刷	西安市建明工贸有限责任公司
开　本	787 毫米×1092 毫米　1/32
印　张	10.5
字　数	275 千字
版　次	2022 年 12 月第 1 版
印　次	2022 年 12 月第 1 次印刷
书　号	ISBN 978-7-224-14740-7
定　价	80.00 元

如有印装质量问题，请与本社联系调换。电话：029-87205094

序　言

读书对于丰富精神、陶冶性情、完善人格，其用甚大。然而读书也会有误区。叔本华说："劣书读得再少也嫌太多，好书读得再多也嫌太少。"这一点读书人要特别注意。庄子说："吾生也有涯，而知也无涯。以有涯随无涯，殆已！"(《庄子·养生主》)读书要花时间，而生命由时间组成。因此，珍惜生命中宝贵的读书时间，读最能配得上你生命的书。

《论语》对于中国人来说无疑就是最为重要的一本书。《论语》始为孔门之书、儒家之学，终为万世之书、天下之学，"子曰诗云"的古训，"修己安百姓"的古道，"仁者不忧"的气象，"斯文在兹"的精神，孔子的文化世界，中国人的文化传统，乃至人类文明的正途莫不在此。掌握《论语》这部经典的基本思想，可以让我们更好地省察自身，回顾中国历史，进而反思中国当下，展望世界未来。

敬德书院作为一所现代书院，高明"秉承中华文化精髓，兼容古今治学之道，肩负人文教育使命，培育立身行道之人"之宗旨，深入系统开展中华优秀传统文化师资培训，自设席以来多次延请中国人民大学国学院教授、博士生导师韩星教授开设经典研读课程，学因讲而愈明，道以师而益尊。2019年，先生再次莅临书院围绕为学、为政、礼乐、孝悌、君子……十大专题开讲《论语》之道，旁征博引，深入浅出，娓娓道来，基于篇章结构但又突破章句解读的局限，将《论语》一书丰富而深邃的思想内涵酣畅淋漓地铺陈展现开来，对于学者领悟传统文化核心思想，弘扬先哲治学之道，掌握经典读书之法大有裨益。

在具体组织教学活动过程中，我作为书院工作人员也尽可能听课，下课后业余时间也自己研读《论语》，还常常与韩教授进行交流，对于怎么读《论语》，逐渐形成了一些心得体会，借机总结如下，以就教大方。

读《论语》：成就圣贤人格

读书之终极目的即是修身养性，希贤希圣，成就圣贤人格。孟子曰："仁，人心也；义，人路也。舍其路而弗由，放其心而不知求，哀哉！人有鸡犬放，则知求之；有放心而不知求。学问之道无他，求其放心而已矣。"(《孟子·告子上》)北宋大文豪欧阳修谈及治学时有言"立学以读书为本"，苏东坡亦言"自孔子圣人，其学必始于观书"。读书的终极目的，在于修身，在于提高修养。古今学者"立学""立言"者，无不坚守以读书为本。治学读书求其放心而已矣。

阅好书、读经典契入是关键。契入之后再读，那是另一种境界，出乎于口，入乎于耳，存乎于心，便现智慧，一句便受用无穷。你契入经典，经典亦契入你的生命。因为与经典相应，你的神情、气质、心境已经完全不同，你会用全新的眼光来解读这个世界——世界没有变，你变了。契入得法，方可入其道。"君子之道，辟如行远必自迩，辟如登高必自卑。"

读《论语》：需得读书之法

治学修身以读书为本，立志为要，择善固执。学者当树立坚定向上的志向，继而居敬持志。博学而志不笃，必大而无成。钱穆先生认为，读《论语》必须要把握的中心问题就是："懂得吃紧为人。即是要在做人一事上扣紧。"钱逊先生曾言："我们读书不是学一种理论、学一点知识，更不是学了以后去教给别人。而是通过读书学做人的道理，扣紧'吃紧为人'是读书最根本的精神。经典读了多少，背了多少，几万字，十几万字……这些都不是读经典的标准。我们自己读也好，我们教孩子们读也好，一个标准就是：读了以后有没有改变，在做人上有没有改变，如果没有改变，那就是没有读，白读了。"

治学修身需博精结合，厚积薄发。韩愈对读书问题有精辟的阐述，其在《进学解》中提出："记事者必提其要，纂言者必钩其玄。贪多务得，细大不捐。焚膏油以继晷，恒兀兀以穷年。"强调广泛学习、务求有所收获的重要性和必要性，且以"焚膏油以继晷，恒兀兀以穷年"的精神状态夜以继日、勤劳不懈地读书学习。另外，东坡先生在其《孟子论》中有言"博学而不乱，深思而不惑"。强调学习方法不谨慎，学习不会达到效果，这是很自然的事情。因此学习要做到深思不惑，谨严缜密。这对于今天的学者无疑有很强的启发警醒作用。

治学修身当涵养心性，不带成见，以虚心的态度去体会圣贤的用心和寓意。近代大儒马一浮先生一生以读书为业，即便在浙江大学、复性书院任教时，仍是以读书为主，其"教"亦是为进一步的读书做准备而已。诚如先生所言，之所以创办复性书院，其宗旨仍"在于培养读书的种子而已"。马先生强调学者读书首先要持"无成见""不怀疑"的态度。马一浮读书宗法孔子，认为孔子读书法乃是"我非生而知之者，好古，敏以求之者"的"好古"读书法，那种动辄怀疑经典的做法为马一浮所不取。国学大师钱穆先生在《朱子新学案·朱子之四书学》也提出："某所以读书自觉得力者，只是不先立论。"其《再谈论语新解》中也强调"朱子教人读《论语》应专管《论语》，且莫问《孟子》《中庸》，千万不要牵合他说强通为一。此是朱子教人读书极关重要之一项，学者最当注意"。

治学修身宜循序渐进，熟读精思，着紧用力。理学大家朱熹遍注典籍，对经学、史学、文学、乐律以及自然科学，均有研究。

他总结归纳出"二十四字"读书法,由"循序渐进、熟读精思、虚心涵泳、切己体察、着紧用力、居敬持志"24个字组成。朱子读书法以朴实的语言概括了读书活动中一些有规律性的东西,集成了中国传统的读书思想和方法,其见解之深是前所未有的。他说:"事有大小,理无大小,故教人有秩而不可躐等。""君子教人有序,先传以小者近者,后传以远者大者。""学者自强不息,则积少成多,中道而止,则前功尽弃。""未明于前,勿求于后。"同时,朱熹将读书学习比作"撑上水船,一篙不能放松",不进则退。并进一步强调读书又是细致功夫,不能蛮干。他以鸡抱卵为喻,急躁是不行的,而且过冷孵不出来,过热又会死。他提出"宽着期限,紧着课程"的读书原则。总的读书期限不能安排得过于紧凑。而一旦进入学习阶段,就绝不能放松,要按部就班地完成任务。

治学修身需求心知意,切己体察。深入钻研领会书中的意味,必须于字里行间,领悟经典义理及其发展,特别要注意研读历代注疏。中国文化学术的传承一个特点就是通过注释经典,对经典义理做出自己的阐发,实现学术思想的创新性发展。要深入领悟经典义理及其发展,也必须注意读注。最初虽缓慢枯燥,但会渐入佳境,乐此不疲,欲罢不能,其中滋味自知。如读《论语》,钱穆先生有言:"《论语》注有三部可读:一是魏何晏《集解》,一是宋朱熹《集注》,一是清刘宝楠《正义》。普通读《论语》,都读朱子注。若要深读精读,读了朱注,最好能读何晏所集的古注,然后再读刘宝楠的清儒注。不读何、刘两家注,不知朱注错误处,亦将不知朱注之精善处。"(钱穆:《劝读论语和论语读法》)

另外,学者还要注意在文字以外体会经典的精神实质,学行结合,于修养行止上做功夫,融会贯通。孔子以其读书治学的切身感受,提出"学而时习之""行有余力,则以学文""君子食无求饱,居无求安,敏于事而慎于言,就有道而正焉,可谓好学也已。"

敬德书院 高峰
2020 年 4 月 13 日

目 录

- 001 **第一章 为学之道**
- 003 　一、学、教、为学之道
- 004 　二、学为君子，学而乐道
- 008 　三、学做人，明人伦
- 013 　四、敏而好学，以就有道
- 023 　五、温故知新
- 027 　六、学思并重
- 029 　七、为学三层境界
- 031 　八、为己之学
- 034 　九、学而不厌，诲人不倦
- 037 　十、学以致道

- 041 **第二章 为政之道**
- 043 　一、政、为政、为政之道
- 044 　二、政者，正也——为政的核心理念
- 045 　三、正己正人，德风德草——为政的首要前提
- 049 　四、民无信不立——为政的基本原则
- 054 　五、德、礼、政、刑——为政的总体构架
- 065 　六、王道政治——为政的理想模式
- 068 　七、天下大同——为政的最高理想

- 073 **第三章 礼乐之道**
- 075 　一、礼、乐、礼乐文化
- 077 　二、春秋礼崩乐坏
- 082 　三、礼乐的价值基础
- 087 　四、礼乐的内在精神

099	五、礼乐与道德人格	

105	**第四章　行仁之道**	
107	一、"仁"的渊源与演变	
109	二、仁：《论语》思想的核心	
115	三、仁学：《论语》的主体思想	
122	四、行仁的方式与途径	
130	五、孔子仁学的历史影响与现实意义	

137	**第五章　孝悌之道**	
139	一、孝、悌的内涵与渊源	
143	二、《论语》的孝悌之道	
160	三、孔子之后孝悌之道的发展和现代意义	

167	**第六章　君子之道**	
169	一、"君子"概念的含义及演变	
170	二、《论语》的君子之道	
193	三、君子之道的现代意义	

197	**第七章　朋友之道**	
199	一、朋、友、朋友的含义	
200	二、朋友以道义为基础	
203	三、朋友有信	
207	四、交友真诚	
209	五、多交益友	
214	六、以礼待友	
216	七、以友辅仁	
219	八、朋友相处	
222	结语	

225	**第八章　为商之道**	
227	一、由涩泽荣一《〈论语〉与算盘》说起	
228	二、儒商：儒家为商之道	
235	三、以人为本、仁者爱人	
241	四、以义制利、博施济众	
245	五、内诚于心，外信于人	
248	六、君子爱财，取之有道	
250	七、尚中贵和、和气生财	
254	结语	
255	**第九章　游艺之道**	
257	一、游、艺、六艺的含义与内容	
261	二、志道据德，依仁游艺	
264	三、立于礼	
267	四、成于乐	
274	五、射以观德	
276	六、御以治国	
278	七、重诗教	
283	八、咏而归	
286	九、"六艺"教育的目标和现代意义	
289	**第十章　成圣之道**	
291	一、圣、圣王、圣人的含义与演变	
295	二、古代圣王	
305	三、孔子是怎样超凡入圣的？	
308	四、怎样认识孔子是圣人？	
313	五、作圣之功	
318	六、二帝三王之道	

第一章 为学之道

一、学、教、为学之道

"学"在古代有壆、斅、學、孝、斈等不同写法。壆xué,《玉篇·土部》:"土坚也。"古代"教"与"斅"(學)本是同源字,是同一事物紧密相关的两个方面。《说文解字·教部》:"教,上所施,下所效也。"由"教"又滋生出一个"斅xiào"字,《说文解字·教部》:"斅,覺悟也。學,篆文斅省。"學,《玉篇·子部》:"學,受教也。"《字汇·子部》:"學,受教传业也。"《白虎通·辟雍》:"學之为言觉也,以觉悟所不知也。"皇侃《论语义疏》进一步解释说:"言用先王之道,导人情性,使自觉悟也。去非取是,积成君子之德也。"可见,"学"与"教"为一体之两面,本义是受教觉悟的意思。简单地说,学就是指通过受教,使不懂得的道理明白了、觉悟了,达到了一定理性的高度。

为学之道是《论语》的出发点和基础。孔子一生"学而不厌,诲人不倦"(《述而》),既是一位孜孜不倦的求学者,也是一位兢兢业业的教育者。钱穆说:"《论语》二十篇开始即曰:'学而时习之,不亦说乎。有朋自远方来,不亦乐乎。人不知而不愠,不亦君子乎。'孔子一生为人,即在悦于学而乐于教。……又曰:'若圣与仁,则我岂敢。我学不厌而教不倦。'又曰:'十室之邑,必有忠信如丘者焉,不如丘之好学也。'则孔子之自居,在学在教,不在求为一圣人。"[①]"孔门论学,范围虽广,然必兼心地修养与人格

---

①钱穆:《论语新解·再版序》,生活·读书·新知三联书店,2012年,第1页。

完成之两义。"①他以自己的生命诠释为学之道，为学之道也成为他生命的底色。《学而》是《论语》第一篇篇名，主题就是教人为学之道。《论语》一开始就说学而时习之，因为人非学不足以成人。《礼记·学记》有："玉不琢，不成器；人不学，不知道。是故古之王者，建国君民，教学为先。"意思是玉不加琢磨，不能成为器物；人若不学习，就不会明白道理。因此，古代的君主建立国家，治理民众，都把教育当作首要的事情。

我们这一讲的为学之道是把《论语》中相关论学的代表性章节选出来加以重新编排解读。

二、学为君子，学而乐道

《学而》载子曰："学而时习之，不亦说乎？有朋自远方来，不亦乐乎？人不知而不愠，不亦君子乎？"关于"时习"王肃注："时者，学者以时诵习之。"皇侃解释最为详尽，说"时"有三种蕴意："凡学有三时：一是就人身中为时，二就年中为时，三就日中为时也。一就身中者，凡受学之道，择时为先，长则扞格，幼则迷昏。故《学记》云'发然后禁，则扞格而不胜；时过然后学，则勤苦而难成'是也。既必须时，故《内则》云：'六年教之数与方名，七年男女不同席，八年始教之让，九年教之数日，十年学书计，十三年学乐，诵《诗》舞勺，十五年成童，舞象。'并是就身中为时也。二就年中为时者，夫学随时气则受业易入。故《王制》云'春夏学《诗》《乐》，秋冬学《书》《礼》'是也。春夏是阳，阳体轻清；《诗》《乐》是声，声亦轻清。轻清时学轻清之业，则为易入也。秋冬是阴，阴体重浊；《书》《礼》是事，事亦重浊。重浊时学重浊之业，亦易入也。三就日中为时者，前身中、年中二时而所学，并日日修习不暂废也。故《学记》云'藏焉，修焉，息焉，游

---

① 钱穆：《论语新解》，生活·读书·新知三联书店，2002年，第5页。

焉'是也。今云'学而时习之'者，'而'犹因仍也，'时'是日中之时也。""习(習)"是个会意字，从羽，与鸟飞有关。《说文解字》"習，数飞也。"本义是小鸟反复地试飞。朱熹《集注》曰："习，鸟数飞也。学之不已，如鸟数飞也。"并引程子曰："习，重习也。"引谢氏曰："时习者，无时而不习。坐如尸，坐时习也；立如斋，立时习也。"大致意为学先王之道，按照为学次第随时随地、无时无刻地修养践习，要端正态度，坐如尸，立如斋，带着一颗诚敬之心学习做人做事。说[yuè]：同"悦"。王肃注："诵习以时，学无废业，所以为说怿。"朋：包咸、郑玄训释为"同门曰朋"，可以说是狭义。《说文解字》：朋，古文写作"凤"，像凤的形象。凤高翔时多以万计的鸟群追随，因此用凤翔之形作为"朋"字。朱熹解为"朋，同类也"；钱穆也说，朋友为志同道合者，我同意。

这一章主题是教人为学之道，不过孔子的为学主要是教人们学做人，怎么做一个君子，在君子的基础上希贤希圣，学为圣贤。

邢昺《注疏》："此章劝人学为君子也。……'学者而能以时诵习其经业，使无废落，不亦说怿乎？学业稍成，能招朋友，有同门之朋从远方而来，与己讲习，不亦乐乎？既有成德，凡人不知而不愠之，不亦君子乎？'言诚君子也。君子之行非一，此其一行耳，故云'亦'也。"是劝学，但非一般的知识之学，而是学为君子的立德树人之学。"君子"最初是专指社会上居高位的人，到了孔子给"君子"一词赋予了更多的德行含义，成为儒家追求的具有普适性、现实可行性，只要努力去做，就可以达到的"众趋人格"。

这一章还贯穿了一种"乐道"精神。朱熹《集注》："既学而又时时习之，则所学者熟，而中心喜说，其进自不能已矣。……朋，同类也。自远方来，则近者可知。……及人而乐者顺而易，不知而不愠者逆而难，故惟成德者能之。然德之所以成，亦曰学之正、习之熟、说之深，而不已焉耳。"要学正学，多实践，能乐道。如第一句中的"说(悦)"，与"乐"比较起来"悦在心，乐则见于外"[1]，

---

[1] 钱穆：《论语新解》，生活·读书·新知三联书店，2002年，第4页。

即所谓心悦诚服。第二句有"乐"字，表达的是志同道合，切磋学问道义之乐。第三句，虽然字面没有"乐"字，但"不愠"实际上是从反面说的"乐"。何晏《集解》："愠，怒也。凡人有所不知，君子不怒。""不愠"其实很难做到，凡人难耐寂寞，更易追名逐利。杨树达《论语疏证》对此章按语云："中有自得，故人不知而不愠，自足乎内者固无待于外也。然非德性坚定之人不能及此也。"君子德行自足而坚定，不在乎外人知不知。《宪问》子曰："君子病无能焉，不病人之不己知也。"孔子认为，要学为君子，学问日进，道行日深，人们可能不能了解、理解你，但是自身得道的快乐是难以言表的，这才是真正的"乐道"——"以道为乐""与道合一"之乐。这种"乐"实际上是一种不离人世、不离感性而又超越世俗、超越感官的真乐，就是后来宋儒津津乐道的"孔颜之乐"的境界。

这一章在整部《论语》，乃至儒家思想中特别重要。正如刘宝楠《论语正义》所说："夫子一生进德修业之大，咸括于此章。是故学而不厌，时习也，知（智）也；诲人不倦，朋来也，仁也；遁世不见，知而不悔，不知不愠也，惟圣者能之也。夫子生衰周之世，知天未欲平治天下，故惟守先王之道，以待后之学者，记者因以其言列诸篇首。"孔子一生进德修业，修己安人，下学上达，由士而君子而圣人，成就理想人格，就是此章的最好诠释，《孟子·公孙丑上》载子贡曰："学不厌，智也；教不倦，仁也。仁且智，夫子既圣矣乎！"程树德《论语集释》引《朱子文集》《答张敬夫》云："所谓学者，果何学也？盖始乎为士者，所以学而至乎圣人之事。"概括得非常精辟。

钱穆《论语新解》也说："本章乃叙述一理想学者之毕生经历，实亦孔子毕生为学之自述。学而时习，乃初学事，孔子十五志学以后当之。有朋远来，则中年成学后事，孔子三十而立后当之。苟非学邃行尊，达于最高境界，不宜轻言人不我知，孔子五十知命后当之。学者惟当牢守学而时习之一境，斯可有远方朋来之乐。最后一境，本非学者所望。学求深造日进，至于人不能知，乃属无可奈何。圣人深造之已极，自知弥深，自信弥笃，乃曰：'知我者其天乎',然非浅学所当骤企也。"①这是一个学者理想的为学成人历程,也是孔子一生为学成长的自述,所以此章可以与《为政》"吾十有五而志于学"一章对读,以深入理解孔子为学之道,孔子生命的成长,人格的提升。

杨树达《论语疏证》引与本章相近的典籍并做按语。《为政》曰:"温故而知新,可以为师矣。"按曰:"学而时习,即温故也;温故能知新,故说也。"《易·象传》曰:"丽泽兑,君子以朋友讲习。"《礼记·学记》曰:"独学而无友,则孤陋而寡闻。"《孟子·万章下》曰:"孟子谓万章曰:一乡之善士,斯友一乡之善士;一国之善士,斯友一国之善士;天下之善士,斯友天下之善士。"按曰:"人友天下之善士,故有朋自远方来。同道之朋不远千里而来,可以证学业,析疑义,虽欲不乐,得乎?"《宪问》子曰:"君子病无能焉,不病人之不己知也。"《卫灵公》子曰:"不患人之不己知,患其不能也。"《里仁》子曰:"不患莫己知,求为可知也。"本篇曰:"不患人之不己知,患不知人也。"《中庸》曰:"君子依乎中庸,世不见知而不悔,惟圣者能之。"《大戴礼记·曾子立事》曰:"人知之,则愿也,人不知,苟吾自知也,君子终身守此勿勿也。"《孟子·尽心上》孟子谓宋句践曰:"子好游乎?吾语子游。人知之,亦嚣嚣,人不知,亦嚣嚣。"曰:"何如斯可以嚣嚣矣?"曰:"尊德乐义,则可以嚣嚣矣。"按曰:"中有自得,故人不知而不愠,自足乎内者固无待于外也。然非德性坚定之人不能及此也。孟子谓尊德乐义,人不知而亦嚣嚣,正此人之谓也。"又按曰:"时习而说,学者自修之事也;朋来而乐,以文会友之事也;不知而不愠,则为德性坚定之人矣。孔子之言次第极分明也。"

可惜现代人读书的时间越来越少,而同时知识爆炸,信息革命,使我们往往无所适从,读书囫囵吞枣,学习为了文凭,为了各种证书;人情淡薄,交结朋友多出于功利考量,工于算计,以志同道合为迂腐;陷于名利之途,疲于奔命,为了出名不择手段,

---

①钱穆:《论语新解》,生活·读书·新知三联书店,2002年,第4页。

不成则怨天尤人。这样的人生去道愈远，乐趣全无，苦恼不堪。除了回归圣贤之道，别无他法。

三、学做人，明人伦

《学而》子曰："弟子入则孝，出则弟，谨而信，泛爱众亲仁。行有余力，则以学文。"这里"入""出"分别指在家里进入父母居处（古代称之为父宫），和走出自己居处（古称己宫）与众兄弟相处。也可以理解为在家必奉养父母，出外则以事兄之道对待比自己年长的人。"文"马融注："文者，古之遗文。"邢昺《注疏》："注言古之遗文者，则诗、书、礼、乐、易、春秋六经是也。"可以理解为一般的文献典籍。

皇侃《义疏》："言为人子弟者，尽其孝悌之道也。父母闺门之内，故云入也。兄长比之疏外，故云出也……向明事亲，此辨接外也。接外之礼，唯谨与信也。外能如此，在亲可知也……君子尊贤容众，故广爱一切也。君子义之与比，故见有仁德者而亲之也。若非仁亲，则不与之亲，但广爱之而已……若行前诸事毕竟，而犹有余力，则宜学先王遗文，五经六籍是也。"皇侃解释得相当详尽清楚，孔子欲培养年轻人为君子，就要从孝悌之道做起，与人交往，以礼行事，谨慎诚信，尊贤容众，广爱一切，亲近仁人。行有余力，再学先王遗留下来的五经六籍。

邢昺《注疏》："此章明人以德为本，学为末。男子后生为弟。言为人弟与子者，入事父兄则当孝与弟也，出事公卿则当忠与顺也。弟，顺也。入不言弟，出不言忠者，互文可知也。……'谨而信'者，理兼出入，言恭谨而诚信也。'泛爱众'者，泛者，宽博之语。君子尊贤而容众，或博爱众人也。'而亲仁'者，有仁德者则亲而友之。能行已上诸事，仍有闲暇余力，则可以学先王之遗文。若徒学其文而不能行上事，则为言非行伪也。"他还特别回答了一个问题，有人问："此云行有余力则以学文，后云子以四教文行忠信，是学文或先或后，何也？"他答曰："《论语》之体，悉是应机适会，教体多方，随须而与，不可一例责也。"这就是说，《论语》是孔子与学生或其他人随时随地问答之体，不同情境，教亦多方，不能僵化地理解。从做人与学文的关系上说做人为本，学文为末，是修养次序。但"四教"文、行、忠、信是孔子具体教学的四个方面，当然要以文为先，是为学次序。

朱熹《集注》引程子曰："为弟子之职，力有余则学文，不修其职而先文，非为己之学也。"引尹氏曰："德行，本也。文艺，末也。穷其本末，知所先后，可以入德矣。"引洪氏曰："未有余力而学文，则文灭其质；有余力而不学文，则质胜而野。"程子说此章是讲"为己之学"，尹氏以本末论德行与文艺，洪氏以文质论行德与学文，都很有启发。然后朱熹说："力行而不学文，则无以考圣贤之成法，识事理之当然，而所行或出于私意，非但失之于野而已。"强调了力行有余力还要学文的必要性。

钱穆《论语新解》："本章言弟子为学，当重德行。若一意于书籍文字，则有文灭其质之弊。但专重德行，不学于文求多闻博识，则心胸不开，志趣不高，仅一乡里自好之士，无以达深大之境。"①"孔子一生重在教，孔子之教重在学。孔子之教人以学，重在学为人之道。""孔子之学，皆由真修实践来。"②

杨树达《论语疏证》引与本章相近的典籍并做按语。《子罕》子曰："出则事公卿，入则事父兄，丧事不敢不勉，不为酒困，何有于我哉？"《先进》曰："鲁人为长府。闵子骞曰：'仍旧贯，如之何？何必改作。'子曰：'夫人不言，言必有中。'"《老子》曰："轻诺者寡信。"《逸周书·官人》曰："扬言者寡信。"按曰："谨谓寡言也……信谓其言诚实可信也。寡言而不信，虽寡亦无当矣。夫人不言，谨也；言必有中，信也。轻诺扬言，皆不谨也。"

总之，本章孔子讲了为学的次第和重心，实行实践孝悌等五事是人生的根本，有余力了再去研究学问，即首先学做人，处理

---

① 钱穆：《论语新解》，生活·读书·新知三联书店，2002年，第10页。
② 钱穆：《论语新解》，生活·读书·新知三联书店，2002年，第4—5页。

好各种人伦关系，在生活中修行仁道，其次才是学习书本上的文化知识。为学要先立本，本即是做人。本立而道生，其学才是求道之学。由孝悌而谨信而爱众亲而学文，是一种顺承关系。一个人首先要做到前面的"入则孝"等，这些不是书本知识，而是如何做人，如何处理人际关系的学问，是需要在具体的生活中践行的；践行以后有余力，就再去学习文献知识。孝、悌、谨、信、泛爱众五事，其中孝悌之于亲人，属于家庭伦理；谨信之于社会，泛爱之于众人，属于社会人际关系；最后都归结到亲仁。这五事都要行——"行"就是修行，躬行践履，说到做到，身体力行。就是说，在确立了基本的道德规范以后，还需在人生的实践中不断修行磨炼。"亲仁"尽管有五事作为基础，但在人生道路上有受冲击动摇的可能，所以必须以学习经典文献为辅助。"学文"是使依据植根于五事的仁德得以巩固、扩展的必需！

《学而》子夏曰："贤贤易色；事父母能竭其力；事君能致其身；与朋友交言而有信。虽曰未学，吾必谓之学矣。"这里"贤贤易色"第一个"贤"字做动词，尊敬的意思；第二个"贤"字做名词，指有才德的贤人。"易"有两解：一解为改易，二解为平易。今从二解。"贤贤易色"有多解：其一，见了贤能的人改变其平常容色（皇侃）；其二，用尊重贤人来代替（易）爱好美色（皇侃、邢昺、朱熹）；其三，以好色之心好贤（孔安国）；其四，为夫者能重妻之贤德而不在乎其色貌（刘宝楠、宋翔凤、康有为、杨伯峻等）。

这一章紧接着上一章，应联系起来讲。

孔安国注："言以好色之心好贤则善。"皇侃《论语义疏》："凡人之情，莫不好色而不好贤。今若有人能改易好色之心以好于贤，则此人便是贤于贤者，故云'贤贤易色'也。然云'贤于贤者'，亦是奖劝之辞也。又一通云：上'贤'字犹尊重也；下'贤'字，谓贤人也。言若欲尊重此贤人，则当改易其平常之色，更起庄敬之容也。子事父母，左右就养无方，是能竭力也……士见危致命，是能致极其身也……与朋友交接，义主不欺，故云'必有信'也……假令不学，而生知如前，则吾亦谓之学也。此劝人学故也。故王雍云：'言能行此四者，虽云未学，而可谓已学也。生而知者上，学而知者次。若未学而能知，则过于学矣。'盖假言之以劝善行也。"皇侃对"贤贤易色"提供了两种解释，对其他各项也做了相应解释，最后引王雍一段话说明能行此四者的人是未学而能知。王雍的话源于《季氏》孔子曰："生而知之者，上也；学而知之者，次也；困而学之，又其次也；困而不学，民斯为下矣。"但原文没有未学而能知，显然是他自己的发挥。这种发挥有道理，未学而能知，其实是在生活中无师自通的实践之知。

邢昺《注疏》："此章论生知美行之事。'贤贤易色'者，上'贤'，谓好尚之也。下'贤'，谓有德之人。易，改也。色，女人也。女有姿色，男子悦之，故经传之文通谓女人为色。人多好色不好贤者，能改易好色之心以好贤，则善矣，故曰'贤贤易色'也。'事父母，能竭其力'者，谓小孝也。言为子事父，虽未能不匮，但竭尽其力，服其勤劳也。'事君，能致其身'者，言为臣事君，虽未能将顺其美，匡救其恶，但致尽忠节，不爱其身，若童汪踦也。'与朋友交，言而有信'者，谓与朋友结交，虽不能切磋琢磨，但言约而每有信也。'虽曰未学，吾必谓之学矣'者，言人生知行此四事，虽曰未尝从师伏膺学问，然此为人行之美矣，虽学亦不是过，故吾必谓之学矣。"邢昺这里"贤贤易色"取皇侃第一种解释，其他各项解释更细致，不过最后有以德行取代学问的倾向，容易产生流弊。

朱熹《集注》："贤人之贤，而易其好色之心，好善有诚也。致，犹委也。委致其身，谓不有其身也。四者皆人伦之大者，而行之必尽其诚，学求如是而已。故子夏言有能如是之人，苟非生质之美，必其务学之至。虽或以为未尝为学，我必谓之已学也。游氏曰：'三代之学，皆所以明人伦也。能是四者，则于人伦厚矣。学之为道何以加此？子夏以文学名，而其言如此，则古人之所谓学者可知矣。故《学而》一篇，大抵皆在于务本。'吴氏曰：'子夏之言，其意善矣。然辞气之间，抑扬太过，其流之弊，将或至于废学。必若上章夫子之言，然后为无弊也。'"朱熹认为本章所讲四者都是人伦之大者，行者行此，学者学此，子夏作为孔门文献经籍的传承者，能说出这样的话来，深得夫子的真传。他引游酢语阐明本章是传承三代以来明人伦的主题，引吴氏语表达对子夏此说可能废学的担忧，以为如果按照上一章夫子之言是不会有弊端的。今人钱穆《论语新解》亦云："上章孔子言学，先德行，次及文，故《论语》编者次以子夏此章。或谓此章语气轻重太过，其弊将至于废学。然孔门论学，本以成德为重，后人分德行与学问而二之，则失此二章之义矣。"①

杨树达《论语疏证》引与本章相近的典籍。《子罕》子曰："吾未见好德如好色者也。"《卫灵公》子曰："已矣乎！吾未见好德如好色者也。"《孟子·离娄上》孟子曰："天下大悦而将归己，视天下悦而归己，犹草芥也，惟舜为然。不得乎亲，不可以为人；不顺乎亲，不可以为子。舜尽事亲之道而瞽瞍厎豫，瞽瞍厎豫而天下化，瞽瞍厎豫而天下之为父子者定，此之谓大孝。"《春秋·桓公二年》曰："春王正月戊申，宋督弑其君与夷及其大夫孔父。"《公羊传》曰："此何以书？贤也。何贤乎孔父？孔父可谓义形于色矣。其义形于色奈何？督将弑殇公，孔父生而存，则殇公不可得而弑也。故于是先攻孔父之家。殇公知孔父死己必死，趋而救之，皆死焉。孔父正色而立于朝，则人莫敢过而致难于其君者，孔父可谓义形于色矣。"本篇曾子曰："吾日三省吾身；为人谋而不忠乎？与朋友交而不信乎？传不习乎？"

本章讲了一个人应该怎么处理四种基本人伦关系：即夫妻、父子、君臣、朋友，这就是四伦。如果能够在生活实践中修行好这四伦，虽然没有学什么，也是真的有学问了。这就是说学做人，处理好人伦关系就是学问。至于这里把夫妇关系放在首位，是因为夫妇关系是"人伦之始"，正与《礼记·中庸》所谓"君子之道，造端乎夫妇"相合，也与《易传·序卦传》所谓"有夫妇然后有父子，有父子然后有君臣，有君臣然后有上下，有上下然后礼义有

---

①钱穆：《论语新解》，生活·读书·新知三联书店，2002年，第11页。

所错"相合。程树德引宋翔凤《朴学斋札记》云:"阳湖刘申受谓'贤贤易色,明夫妇之伦也'。《毛诗序》云:'《周南》《召南》,正始之道,王化之基,是以《关雎》乐得淑女以配君子,忧在进贤,不淫其色。哀窈窕,思贤才,而无伤善之心焉。是《关雎》之义也。'此'贤贤易色'指夫妇之切证。"康有为《论语注》云:"此为拨乱世明人伦而发。人道始于夫妇,夫妇胖合之久,所贵在德,以贤为贤。言择配之始,当以好德易其好色。盖色衰则爱弛,而夫妇道苦,惟好德乃可久合。"①

总之,由"贤贤易色",到"事父母",到"事君"和"交友",由近及远,由内而外,由下而上,再次体现了《论语》与《大学》"修身齐家治国平天下"一致的为学进路。应该注意到,与前章比较,子夏此论甚至有以德行代替学问的意思,有走向极端的倾向,会出现流弊,需要我们注意。

四、敏而好学,以就有道

《公冶长》子贡问曰:"孔文子何以谓之'文'也?"子曰:"敏而好学,不耻下问,是谓之'文'也。"孔文子是卫国的大夫孔圉,"文"是谥号,"子"是尊称。据《左传》和朱熹《论语集注》,哀公十一年(前484)冬天,卫国太叔疾(国君卫文公的儿子)逃到宋国。当初,太叔疾娶了宋国子朝的女儿,她的妹妹随嫁。后来,子朝因故逃出宋国。孔文子就让太叔疾休了子朝的女儿,然后把自己的女儿孔姞嫁给了太叔疾。但太叔疾却派人把他前妻的妹妹引诱出来,安置在"犁"这个地方,还为她修了一座宫殿,就好像他的第二个妻子。孔文子为此事大为恼怒,准备派兵攻打太叔疾,结果太叔疾逃到了宋国。后来,又将女儿嫁给了太叔的弟弟遗。作为一个臣子,孔文子攻打国君之子是以下乱上,还随意地将女儿嫁来嫁去,都是不符合礼的行为,所以子贡对他死后被授予"文"

---

① 康有为:《论语注》,中华书局,1984年,第9页。

这一谥号大为不解，于是就去问孔子。孔子就告诉他孔圉"敏而好学，不耻下问"，可以称为"文"，是不埋没其好的一面。皇侃《义疏》："言孔圉之识智疾速，而所好在学，若有所不知，则不耻咨问在己下之人。有此诸行，故谓为'文'也。"孔圉聪明好学，不以咨问在己下之人为耻，所以称得上"文"。孔子对"文"解释"敏而好学，不耻下问"，敏而好学即勤学，不耻下问即好问。所以朱熹《集注》说："凡人性敏者多不好学，位高者多耻下问。故谥法有以'勤学好问'为文者，盖亦人所难也。孔圉得谥为文，以此而已。""文"字本来是指事物错综复杂所造成的纹理或形象，后来引申为认为修养的美、善、德行之义。能得到一个"文"字所谓谥号，并不是件容易的事。《逸周书·谥法解》解"文"曰："经纬天地曰文，道德博闻曰文，勤学好问曰文，慈惠爱民曰文，愍民惠礼曰文，锡民爵位曰文。"可见孔子对孔圉谥为"文"的解释是有依据的，是恰如其分的。

《学而》子曰："君子食无求饱，居无求安，敏于事而慎于言，就有道而正焉，可谓好学也已。""敏"是疾速或勤敏的意思。

"君子食无求饱，居无求安"，郑玄注："学者之志，有所不暇也。"皇侃《义疏》："此劝人学也。既所慕在形骸之内，故无暇复在形骸之外，所以不求安饱也。一箪一瓢，是无求饱也。曲肱陋巷，是无求安也。"邢昺《注疏》："言学者之志，乐道忘饥，故不暇求其安饱也。"朱熹《集注》："不求安饱者，志有在而不暇及也。"君子有志于求学求道，所以对吃喝居住就没有过多的时间和精力去计较，专心求学，像颜回、孔子一样，安贫乐道。"一箪一瓢"出自《论语·雍也》："一箪食，一瓢饮，在陋巷，人不堪其忧，回也不改其乐。""曲肱"出自《论语·述而》子曰："饭疏食饮水，曲肱而枕之，乐亦在其中矣。不义而富且贵，于我如浮云。"

"敏于事而慎于言"，孔安国、皇侃、邢昺都解"敏"为"疾"，疾速。戴望《论语注》："敏，审也。"焦循《论语补疏》："敏，审也。谓审当于事也。圣人教人，固不专以疾速为重。"刘宝楠《论语正义》兼采两说。"敏"还有"勤勉"之义，如《中庸》"人道敏政，地道敏树",今取之。关于全句的意思,皇侃《义疏》:"事,所学之行也。疾学于所学之行也;言,所学之言也。所学之言,当慎传说之也。"邢昺《注疏》:"言当敏疾于所学事业,则有成功。《说命》曰:'敬逊务时敏,厥修乃来'是也。学有所得,又当慎言说之。"朱熹《集注》:"敏于事者,勉其所不足。慎于言者,不敢尽其所有余也。"君子做事要敏捷,则有成功,但传说要谨慎。

"就有道而正焉",孔安国:"有道,有道德者。正,谓问事是非。"《论语笔解》不同意孔安国之说,韩曰:"正谓问道,非问事也。上句言事,下句言道。孔不分释之,则事与道混而无别矣。"李曰:"凡人事政事皆谓之事迹,若道则圣贤德行,非记诵文辞之学而已。……孔云问事是非,盖得其近者小者,失其大端。"韩、李认为上句是言事,此句是言道,孔安国把事与道混淆了,这是失其大端。皇侃《义疏》:"有道,有道德者也。若前学之言行,心有疑昧,则往就有道德之人决正之也。"邢昺《注疏》:"有道,谓有道德者。正,谓问其是非。言学业有所未晓,当就有道德之人,正定其是之与非。"皇侃、邢昺解为有道德者,比较好。朱熹《集注》:"犹不敢自是,而必就有道之人,以正其是非,则可谓好学矣。凡言道者,皆谓事物当然之理,人之所共由者也。"他以事物当然之理解道,以理为判断是非的标准。

"可谓好学也已",皇侃《义疏》:"合结'食无求饱'以下之事,并是'可谓好学'者也。"邢昺《注疏》:"总结之也。言能行在上诸事,则可谓之为好学也。"认为此句是本章总结,归结为好学。

杨树达《论语疏证》引与本章相近的典籍。《孟子·告子上》曰:"《诗》云:'既醉以酒,既饱以德。'言饱乎仁义也,所以不愿人之膏粱之味也。令闻广誉施于身,所以不愿人之文绣也。"《论语·雍也》子曰:"贤哉!回也!一箪食,一瓢饮,在陋巷,人不堪其忧,回也不改其乐。贤哉!回也!"《先进》曰:"冉有问:'闻斯行诸?'子曰:'闻斯行之。'"《公冶长》曰:"子路有闻,未之能行,唯恐有闻。"《阳货》曰:"敏则有功。"《里仁》曰:"君子欲讷于言而敏于行。"《荀子·劝学》曰:"学莫便乎近其人,《礼》《乐》

法而不说;《诗》《书》故而不切;《春秋》约而不速。方其人之习君子之说,则尊以偏矣,周于世矣。故曰:学莫便乎近其人。"

本章主旨如邢昺《注疏》所说:"此章述好学之事。"朱熹《集注》引尹焞:"君子之学,能是四者,可谓笃志力行者矣。然不取正于有道,未免有差,如杨墨学仁义而差者也,其流至于无父无君,谓之好学可乎?"刘宝楠《论语正义》:"此章言君子当安贫力学也。"君子有志于求学求道,要在食饱、居安、敏事、慎言四个方面笃志力行,不断接近正道,这才是君子的好学。不然,不能就于正道,虽然好学,也可能误入歧途。其中"食无求饱,居无求安"与《中庸》:"君子素其位而行,不愿乎其外。素富贵行乎富贵,素贫贱行乎贫贱,素夷狄行乎夷狄,素患难行乎患难。君子无入而不自得焉"可以相互发明,君子只求就现在所处的地位,来做他应该做的事——求学求道,不希望去做本分以外的事。处在富贵的地位,就做富贵人应该做的事;处在贫贱的地位,就做贫贱时应该做的事;处在夷狄的地位,就做夷狄所应该做的事;处在患难,就做患难时所应该做的事。君子一心在道,乐天知命、知足守本分,故能随遇而安,无论在什么地方,都能悠然自得。这样的人格境界在当今金钱至上,物欲横流,人们为各种物欲牵引,为各种形形色色诱惑的时代,怎么抵御社会不良风气的影响,志于道,据于德,亲贤人,远小人,不断提升自己的人生境界,具有特别重要的意义。

《论语·雍也》哀公问:"弟子孰为好学?"孔子对曰:"有颜回者好学,不迁怒,不贰过。不幸短命死矣,今也则亡,未闻好学者也。"朱熹《集注》引程子曰:"学以至乎圣人之道也。""学之道奈何?"曰:"天地储精,得五行之秀者为人。其本也真而静。其未发也五性具焉,曰仁、义、礼、智、信。形既生矣,外物触其形而动于中矣。其中动而七情出焉,曰喜、怒、哀、惧、爱、恶、欲。情既炽而益荡,其性凿矣。故学者约其情使合于中,正其心,养其性而已。然必先明诸心,知所往,然后力行以求至焉。若颜子之非礼勿视、听、言、动,不迁怒贰过者,则其好之笃而学之得其道也。然其未至于圣人者,守之也,非化之也。假之以年,则不日而化矣。今人乃谓圣本生知,非学可至,而所以为学者,不过记诵文辞之间,其亦异乎颜子之学矣。"

杨树达《论语疏证》引与本章相近的典籍。《易·系辞下》曰:"子曰:'颜氏之子其殆庶几乎!有不善,未尝不知;知之,未尝复行也。'"《大戴礼记·卫将军文子》曰:"子贡曰:'夙兴夜寐,讽诵崇礼,行不贰过,称言不苟,是颜渊之行也。'"《史记·仲尼弟子传》曰:"回年二十九,发尽白,蚤(早)死。"

这里,孔子极为称赞他的得意门生颜回,认为他好学上进,自颜回死后,已经没有如此好学的人了。在孔子对颜回的评价中,他特别谈到不迁怒、不贰过,这两点看似简单朴实,但是一般人很不容易做到,因与好学有关系。传统注释对此二句多有不同的解说,归结起来是强调不迁怒、不贰过乃由好学而来。好学是不迁怒、不贰过的基础,不迁怒、不贰过是好学的结果。唯有好学,希圣希贤,把所学落实到实践中才能培养起来不迁怒、不贰过的品质。颜子在孔门中是真正的好学,所以才能做到这两点。据《论衡·讲瑞》中记载:"少正卯在鲁与孔子并。孔子之门,三盈三虚,唯颜渊不去……门人去孔子,归少正卯……"少正卯在与孔子立私学,少正卯宣传法家的思想,与孔子对立。由于口才好,一度迷惑了很多人,孔子门下学生多次满了又空,空了又满,但只有颜渊一个人始终跟着孔子,没有去。说明颜回对孔子思想的坚定认同,对孔子人格的真诚敬仰。颜回追随孔子游历各国,并且积极地听取孔子的讲学,听从孔子的教诲。史书上说颜回十三岁入学,六年学问已经学成,但是颜回还是认为老师的思想博大精深,人格圆融无碍,他曾慨叹其师道:"仰之弥高,钻之弥坚,瞻之在前,忽之在后。夫子循循善诱人,博我以文,约我以礼,欲罢不能。既竭吾才,如有所立卓尔。虽欲从之,未由也已。"(《子罕》)孔子对于颜回几乎全面性的赞成是有道理的,是建立在对颜回长期深入考察基础上的。孔子讲学,颜回总是沉默寡言,别的学生都有很多的问题问孔子,而颜回总是顺承老师,不曾提出一点疑问，开始的时候孔子也认为颜回有点愚笨，但是后来经过观察，看到颜回能够发明自己学问的主旨，不禁感叹"回也不愚！"（《为政》）颜回顺从孔子，是因为他好学，能够真正理解孔子，对孔子思想认同，并不是缺乏质疑批判精神。

另外，颜回的好学，是指学道而言，正与其乐道相辅相成。因为他的"学"是"学道"，人生的任何烦恼都是学道的障碍，所以，一旦有烦恼时，就需有有忍辱精进的功夫，这样就逐渐培养起了不迁怒、不贰过的品质。而其他学生不如颜回，很难做到这一点。所以孔子说颜回不幸短命去世了，也就再没有谁能做到他那样了。

《阳货》子曰："由也！女闻六言六蔽矣乎？"对曰："未也。""居！吾语女。好仁不好学，其蔽也愚；好知不好学，其蔽也荡；好信不好学，其蔽也贼；好直不好学，其蔽也绞；好勇不好学，其蔽也乱；好刚不好学，其蔽也狂。""六言六蔽"，何晏《集解》："谓下六事：仁，知，信，直，勇，刚也。"严灵峰在《读论语札记》中认为："何说非也……此六事乃'六言'而非'六蔽'。六蔽者，乃'不好学'而致之后果，即：愚、荡、贼、绞、乱、狂六事也。"就是说，"六言"指仁，知，信，直，勇，刚；"六蔽"指"不好学"导致的愚、荡、贼、绞、乱、狂六种后果。

本章主旨如皇侃《义疏》所说："夫事得中适，莫不资学，若不学而行事，犹无烛夜行也。"做事要合乎中道，依赖于好学；如果不好学而盲目做事，就像晚上走路不用蜡烛照明，即暗中摸索。邢昺《注疏》所说是"劝学"。孔子本人好学，他说："十室之邑必有忠信如丘者焉，不如丘之好学也。""敏而好学，不耻下问"（《公冶长》），故以博学著称。他办私学，有教无类，诲人不倦，教人好学。好学是《论语》主旨之一，故《论语》开篇即为《学而》。

下面逐句据历代注释解析这六句话：

"好仁不好学，其蔽也愚。"孔安国注："仁者爱物，不知所以裁之，则愚。"皇侃《义疏》："仁者博施周急，是德之盛也。唯学者能裁其中。若不学而施，施必失所，是与愚人同，故其蔽塞在于愚也。"皇侃还引江熙曰:"好仁者,谓闻其风而悦之者也。不学,不能深原乎其道,知其一而未识其二,所以蔽也。自非圣人,必有所偏,偏才虽美,必有所蔽,学者假教以节其性,观教知变,则见所过也。"朱熹《集注》:"愚,若可陷可罔之类。"仁民爱物,儒者当为,但不学,不能明仁爱之道,不能行中道,必有所偏蔽,上当受骗,成为愚人。

《孔子家语·致思》有一个故事:"子路为蒲宰,为水备,与其民修沟渎,以民之劳烦苦也,人与之一箪食、一壶浆,孔子闻之,使子贡止之。子路忿,不悦,往见孔子曰:'由也以暴雨将至,恐有水灾,故与民修沟洫以备之,而民多匮饿者,是以箪食壶浆而与之。夫子使赐止之,是夫子止由之行仁也。夫子以仁教而禁其行,由不受也。'孔子曰:'汝以民为饿也,何不白于君,发仓廪以赈之?而私以尔食馈之,是汝明君之无惠而见己之德美矣。汝速已则可,不已,则汝之见罪必矣。'"这个故事是好仁不学之弊的典型。子路头脑简单,一心行仁,但没有考虑到政治背景和现实环境,想不到这样做带来的危险,所以是愚。

"好知不好学,其蔽也荡。"孔安国:"荡,无所适守。"皇侃《义疏》:"智以运动为用。若学而裁之,则智动会理;若不学而运动,则蔽塞在于荡,无所的守也。"邢昺《注疏》:"明照于事曰知,若不学以裁之,则其蔽在于荡逸无所适守也。"朱熹《集注》:"荡,谓穷高极广而无所止。"以孔安国说为优,皇侃、邢昺也是孔说基础上的发挥。分析原因,智者乐水,水性流荡不定,必须通过学习,上升到理性的高度,自觉地自我规范,有所执守。《前汉纪》卷六:"今人见有不移者,因曰人事无所能移;见有可移者,因曰无天命;见天人之殊远者,因曰人事不相干;知神气流通者,人共事而同业。此皆守其一端,而不究终始。《易》曰:'有天道焉,有地道焉,有人道焉。'言其异也。'兼三才而两之',言其同也。故天人之道,有同有异。据其所以异而责其所以同,则成矣;守其所以同而求其所以异,则弊矣。孔子曰:'好智不好学,其弊也荡。'末俗见其纷乱,事变乖错,则异心横出,而失其所守,于是放荡反道之论生,而诬神非圣之议作。"是说事物有同有异,据异以求同则成,守同而求其异则弊。

"好信不好学,其蔽也贼。"孔安国注:"父子不知相为隐之辈。"皇侃《义疏》:"信者不欺为用。若学而为信,信则合宜;不学而信,信不合宜,不合宜则蔽塞在于贼害其身也。"引江熙曰:"尾生与女子期,死于梁下;宋襄与楚人期,伤泓不度,信之害也。"邢昺《注疏》:"人言不欺为信,则当信义。若但好信,而不学以裁之,其蔽在于贼害,父子不知相为隐之辈也。"朱熹注:"贼,谓伤害于物。"孔安国、邢昺认为这里的"贼"是指"父子不知相为隐之辈"。我们知道,"父子相隐"是孔子最早提出来的,父子之间应该互相隐瞒犯罪,而不应该互相告发。因为在孔子看来,父子关系是人伦关系中最天然、最基本的关系,因而也就是实践"仁"的起点,必须充分发展父子间的父慈子孝(仁),才可能进一步推己及人,推人及物,把仁爱一步一步扩展到"泛爱众",泛爱他人,乃至人类全体,"四海之内皆兄弟",乃至天地万物,"仁者与天地万物为一体"。所以孔子要保护人伦中这种最天然、最基本的关系,不能为"信"而伤害这种亲情关系。皇侃是从自身来讲,如果"信"和"义"的关系处理不好就会"贼害其身"。并引江熙提到的两个故事。一是《庄子·盗跖》:"尾生与女子期于梁(桥)下,女子不来,水至不去,抱梁柱而死。"尾生与女子约会在桥梁下,女子没有来,发大水了,尾生为守信约,他没有逃离,被淹死了。二是《左传·僖公二十二年》宋襄公与楚军的泓水作战,宋军已摆好了阵势,而楚军还没有全部渡过泓水。这时候对于宋国而言是最佳的攻击机会。可是宋襄公却认为不可,待楚军摆好阵势,宋军才攻击楚军。宋军大败。国人责怪国君,宋襄公为自己辩护,摆出了许多大道理,这也是信之贼害。其实《子路》子曰:"言必信,行必果,硁硁然小人哉!"《孟子·离娄下》:"大人者,言不必信,行不必果,惟义所在。"义者,宜也。都是强调作为一个有修养的君子、大人,言不必信,行不必果,"义"是高于"信"的。人不可无信,然"信"必从属于"义"才不会造成贼害。

"好直不好学,其蔽也绞。"皇侃《义疏》:"直者不曲为用,若学而行之得中道;若不学而直,则蔽塞在于绞。绞,犹刺也。好讥刺人之非,以成己之直也。"韩愈《论语笔解》:"绞,确也,坚确之义。"邢昺《注疏》:"绞,切也。正人之曲曰直,若好直不好学,则失于讥刺太切。"皇侃、邢昺把"绞"解释为讥刺,较优,从之。《泰伯》:"直而无礼则绞。"《子路》:"叶公语孔子曰:'吾党有直躬者,其父攘羊,而子证之。'孔子曰:'吾党之直者异于是。父为子隐,子为父隐,直在其中矣。'"《吕氏春秋·当务》:"楚有直躬者,其父窃羊而谒之上。上执而将诛之,直躬者请代之。将诛矣,告吏曰:'父窃羊而谒之,不亦信乎?父诛而代之,不亦孝乎?信且孝而诛之,国将有不诛者乎?'荆王闻之,乃不诛也。孔子闻之曰:'异哉!直躬之为信也,一父而载取名焉。'故直躬之信不若无信。"怎么理解"直"?根据以上资料可以理解有三种含义:第一,"直"是父子相隐,即"直"要保护以亲情为基础的"仁";第二,"直"要学而行之合乎中道,合乎礼,而"夫礼,所以制中也"(《礼记·仲尼燕居》);第三,一个人表面上讲"信",实际上一再为他取得好名声,如果是这样的"信"还不如没有。只有通过学习,正确地把握了"直"的深刻内涵,才能避免讥刺他人之弊。

"好勇不好学,其蔽也乱。"皇侃《义疏》:"勇是多力。多力若学,则能用勇,敬拜于庙廊,捍难于边壃;若勇不学,则必蔽塞在于作乱也。"皇侃把"勇"解释为有力量,可以保家卫国,但不好学就可能犯上作乱。邢昺《注疏》:"勇,谓果敢,当学以知义。若好勇而不好学,则是有勇而无义,则为贼乱。"邢昺把"勇"解释为果敢,但如果不好学不明大义,就可能成为乱臣贼子。本篇二十三子路曰:"君子尚勇乎?"子曰:"君子义以为上。君子有勇而无义为乱,小人有勇而无义为盗。"就是"义"高于"勇"。无义有勇即使君子也会作乱,若是小人则会为盗。《泰伯》:"勇而无礼则乱。""勇"也要以礼约束。《吕氏春秋·当务》:"齐之好勇者,其一人居东郭,其一人居西郭,卒然相遇于涂,曰:'姑相饮乎?'觞数行,曰:'姑求肉乎?'一人曰:'子肉也,我肉也,尚胡革求肉而为?(高诱注:革,更也)于是具染而已。'因抽刀而相啖,至死而止。勇若此,不若无勇。"这个故事里的两位所好之"勇"是愚蠢的没有意义的"勇"。如果是这样的"勇",还不如没有。

"好刚不好学,其蔽也狂。"皇侃《义疏》:"刚者无欲,不为曲求也。若复学而刚,则中适为美;若刚而不学,则必蔽在于狂。狂,谓抵触于人,无回避者也。"邢昺《注疏》:"狂,犹妄也。刚者无欲,不为曲求。若好恃其刚,不学以制之,则其蔽也妄抵触人。"无欲则刚,但刚而不好学,就不能刚柔相济,就会偏激、狂妄。故应好学,合乎中道才好。

朱熹《集注》:"六言皆美德,然徒好之而不学以明其理,则各有所蔽。"又引范氏曰:"子路勇于为善,其失之者,未能好学以明之也,故告之以此。"六言都是美德,但如果只喜好而不通过学习明白其中的道理,就会各有所蔽。本章也是有针对性的,子路在孔门弟子中气质刚强,性格直爽,以勇著称,但有勇无谋,勇于行动,不爱读书,学问不能深入,经常不能理解孔子而与老师抬杠,所以孔子也常常批评、教训他。《论语·先进》孔子就说子路"升堂矣,未入于室也"。本章也是对子路毛病的对治。

杨树达《论语疏证》引与本章相近的典籍。《汉纪六·高后纪》引荀悦曰:"今人见有不移者,因曰人事无所能移;见有可移者,因曰无天命;见天人之殊远者,因曰人事不相干;知神气流通者,人共事而同业。此皆守其一端而不究终始。《易》曰:'有天道焉,有地道焉,有人道焉。'言其异也。'兼三才而两之',言其同也。故天人之道,有同有异。据其所以异而责其所以同,则成矣;守其所以同而求其所以异,则弊矣。孔子曰:'好智不好学,其弊也荡。'末俗见其纷乱,事变乖错,则异心横出,而失其所守,于是放荡反道之论生,而诬神非圣之议作。"《吕氏春秋·当务》曰:"楚有直躬者,其父窃羊而谒之上,上执而将诛之,直躬者请代之。将诛矣,告吏曰:'父窃羊而谒之,不亦信乎?父诛而代之,不亦孝乎?信且孝而诛之,国将有不诛者乎?'荆王闻之,乃不诛也。孔子闻之曰：'异哉！直躬之为信也。一父而载取名焉。'故直躬之信不若无信。"

总之，本章的内在精义是德性要成为德行，必须好学。而好学的关键是学会中道，守中不偏，就不会流于弊害。

《子张》子夏曰："日知其所亡，月无忘其所能，可谓好学也已矣。"

皇侃《义疏》："此劝人学也。亡，无也。谓从来未经所识者也。令人日新其德，日知所未识者，令识录也。所能，谓己识在心者也。既日日识所未知，又月月无忘其所能，故云识也。能如上事，故可谓好学者也。然此即是温故而知新也。日知其所亡，是知新也；月无忘所能，是温故也。可谓好学，是谓为师也。"

邢昺《注疏》曰："此章劝学也。亡，无也。旧无闻者当学之，使日知其所未闻。旧已能者当温寻之，使月无忘也。能如此者，可以谓之好学。"

朱熹《集注》："亡，无也。谓己之所未有。尹氏曰：'好学者日新而不失。'"

杨树达《论语疏证》引《为政》："温故而知新，可以为师矣。"并按："日知其所亡即知新也。"

怎样才能算得上好学呢？子夏说：每天都学习自己不知道的东西，修养自己的德行；时间长了还要不断温习，记在心里，融化在自己的生命里，这就是好学。这一章与"温故知新"章可以互参。

五、温故知新

《为政》子曰："温故而知新，可以为师矣。""温故"，郑玄注《礼记·中庸》"温故而知新"云："温读如燖温之温，谓故学之熟矣，后时习之谓之温。"急火称煮，文火为温，"燖"本义是古代祭祀用的煮得半熟的肉，是用文火把肉烧到半熟。"燖温"就是半生不熟的东西已经冷了，再放到锅里用文火把它焖熟。反复地"燖温",就烂熟了。以此为比喻学习,也是这样反复温习,直到烂熟于心。此注虽对《中庸》而言,却常在《论语》诠释史上被引用。何晏《集解》:"温,寻也。寻绎故者,又知新者,可以为人师矣。"跟郑玄不同,解"温"为寻绎,反复探索,抽引推求。

皇侃《义疏》:"此章明为师之难也。温,温燖也。故,谓所学已得之事也。所学已得者,则温燖之不使忘失,此是月无忘其所能也。新,谓即时所学新得者也。知新,谓日知其所亡。若学能日知所亡,月无忘所能,此乃可为人师也。"又说:"温是寻绎之义,亦是燖燸之义也。"皇侃对郑玄、何晏两说并存而倾向郑玄,并做了诠释发挥,解"故"为所学已经掌握的东西,"新"是所学新得的东西。并引用《论语·子张》子夏曰:"日知其所亡,月无忘其所能,可谓好学也已矣。"强调温旧学新,好学不已,才足以为人师。

邢昺《注疏》:"此章言为师之法。温,寻也。言旧所学得者,温寻使不忘,是温故也。素所未知,学使知之,是知新也。既温寻故者,又知新者,则可以为人师矣。"

韩李《论语笔解》韩愈:"先儒皆谓寻绎文翰,由故及新,此是记问之学,不足为人师也。吾谓故者,古之道也。新谓己之新意,可为师法。"李翱:"仲尼称子贡'告诸往而知来者',此与温故知新义同。孔谓寻绎文翰则非。"二人都不同意《集解》以"寻绎"释"温"的观点,并认为"寻绎文翰"只是"记问之学",不足为人师。将"温故""知新"与"记问之学"对待而言,对后儒的训解有新的启发。

朱熹《集注》就糅合《集解》与《笔解》做了进一步的阐发:"故者,旧所闻。新者,今所得。言学能时习旧闻,而每有新得,则所学在我,而其应不穷,故可以为人师。若夫记问之学,则无得于心,而所知有限,故《学记》讥其'不足以为人师',正与此意互相发也。"朱熹在延续了传统解释的基础上提出了本章的反面——"记问之学",意思是没有"温故而知新"能力的人,所做的学问是"无得于心"的"记问之学",是"不足以为人师的"。这里朱子强调两点：一是要有所学，二是所学要得于心。《荀子·劝学》："君子之学也，入乎耳，箸乎心，布乎四体，形乎动静。端而言，蠕而动，一可以为法则。小人之学也，入乎耳，出乎口；口耳之间，则四寸耳，曷足以美七尺之躯哉！"君子之学由耳入心，是身心合一，知行合一之学；而小人之学耳进口出，道听途说之学。《礼记·学记》："记问之学，不足以为人师。"所谓"记问之学"，就是只知记诵书本，以资谈助或应答问难的学问。指对学问未融会贯通，不成体系。作为教师，当然要明白这个道理，并贯彻在自己的教学生涯中。这是从教育学角度的解读，把"温故而知新"视为为师的重要条件。这一解释应该说是对的，但仅此恐怕还是不够的。《荀子·致士》曰："师术有四，而博习不与焉。尊严而惮，可以为师；耆艾而信，可以为师；诵说而不陵不犯，可以为师；知微而论，可以为师。故师术有四，而博习不与焉。"杨倞注："术，法也。言有四德则可以为人师，师法不在博习也。"博学多闻不是为人师最重要的。

刘宝楠《论语正义》云："皇疏此言，亦同郑义。《礼·王制》云：'师者，亦使人法效之者也。'《文王世子》云：'师也者，教之以事而喻诸德者也。'古者家塾党庠，师无定立。伏生《书传》谓大夫、士年十七致事，大夫为父师，士为少师，以其爵位之差，即是以其德位之差也。孔子时，大夫、士不必有德，故致事后，有不为师，或有不学而妄居师位者。今此言'温故'者，谓旧时所学，致事时犹能温寻，不使忘失。且能日知所亡，足见其进德修业，耄而好学，故可以为人师也。"刘宝楠同意皇疏、郑注，结合孔子的时代背景，对师道的主题有所发挥，认为进德修业，耄而好学才可以为人师。

历代对本章的解读，众说纷纭，莫衷一是。张载在《正蒙·中正》曾概括说："温故知新，多识前言往行以蓄德，绎旧业而知新益，思昔未至而今至，缘旧所见闻而察来，皆其义也。"虽然多义，但主旨是讨论为师之道，同时也是为学之方。钱穆《论语新解》："本章新故合一，教学合一，温故必求知新，能学然后能教。若仅务于记诵稗贩,不能开新,即不足以任教,义蕴深长。"①温故与知新不可分割,与记诵贩卖知识不同。杨树达《论语疏证》引《礼记·学记》曰:"记问之学,不足以为人师。"《荀子·致士》曰:"师术有四,而博习不与焉。尊严而惮,可以为师;耆艾而信,可以为师;诵说而不陵不犯,可以为师;知微而论,可以为师。故师术有四,而博习不与焉。"并按:"记问博习,强识之事也;温故知新,通悟之事也。孔子之教,以通悟为上,强识次之。故温故知新可以为师,记问博习无与于师道也。所谓温故而知新者,先温故而后知新也。优游涵泳于故业之中,新知忽涌现焉,此非义袭而取、揠苗助长者之所为,而其新出乎故,故为可信也。不温故而欲知新者,其病也妄;温故而不能知新者,其病也庸:皆非孔子所许也。"温故知新比记问博习层次更高,温故知新可以为师,记问博习不可以为;知新须温故,温故能知新。

其实,孔子的"温故而知新"还具有普遍的文化意义,可以说是孔子对待整个历史文化传统、对待一切知识形态的态度。《黄氏后案》:"温,燖温也,故,古也,已然之迹也。新,今也,当时之事也。趣时者厌古,而必燖温之;泥古者薄今,而必审知之。知古知今,乃不愧为师。"他引《论衡·谢短》曰:"知古不知今,谓之陆沈;知今不知古,谓之盲瞽。温故知新,可以为师。古今不知,称师如何?"又《别通》云:"守信一学,不能广观,无温故知新之明。"《汉书·成帝纪》阳朔元年诏云:"儒林之官宜皆明于古今,温故知新。"《百官表》云:"以通古今,备温故知新之义。"做出"以上四文以通知古今为说,汉师相传如此"的结论,即把故、新理解为古、今是汉代以来的传统。"故"是指过去的知识、文献、文化传统,虽然已经成为过去时,但是并不一定都"过时",通过对"故"的不断研习、思考和发挥,就是新的知识、新的思想生长的前提和基础,是新的创造的出发点。在"故"的基础上创"新",即与时俱进,应对当世的问题。从中国文化来讲,我

---

① 钱穆:《论语新解》,生活·读书·新知三联书店,2002年,第34页。

们今天再也不能像五四新文化运动那样把新旧（故）看成对立的，弃旧图新，而应该深刻地历史地理解新旧关系，即传统与现代，传承与发展的关系，对于文化要在继承的基础上创新，这才是正确的态度。李泽厚《论语今读》认为这是中国人极端重视历史经验的表现，"从经验、事实、历史出发，温故以知新，不迷信奇迹，不空想思辨，此实用理性之具体呈现也"。这种理解是提高到了一个中国文化基本精神的高度来认识的。

六、学思并重

《为政》子曰："学而不思则罔，思而不学则殆。"罔：通"惘"，迷惑，感到迷茫而无所适从。还有解为诬罔（即欺蒙）、无知、约束等。殆：危险，困境。这里指学业上陷入困境，疑惑。还有解为疲殆、懈怠等。

何晏《集解》引包咸说："学不寻思其义，则罔然无所得。"何晏注："不学而思，终卒不得，徒使人精神疲殆。"

皇侃《义疏》："此章教学法也。夫学问之法，既得其文，又宜精思其义。若唯学旧文而不思义，则临用行之时罔罔然无所知也。又一通云：罔，诬罔也。言既不精思，至于行用乖僻，是诬罔圣人之道也。又若不广学旧文，而唯专意独思，则精神疲殆也，于所业无功也。"

朱熹《集注》："不求诸心，故昏而无得。不习其事，故危而不安。"思而有心得才是真收获；但所学还要运用于生活实践，才能够安身立命。

张栻《论语解》在朱熹的基础上有细致发挥："学者，学乎其事也，自洒扫应对进退而往，无非学也；然徒学而不能思，则无所发明，罔然而已。思者，研究其理之所以然也。然徒思而不务学，则无可据之地，危殆不安矣。二者不可不两进也。学而思，则德益崇；思而学，则业益广。盖其所学，乃其思之所形；而其所思，及其学之所存也。用功若此，内外进矣。"

黄式三《论语后案》:"学如博学详说之学,谓读书也。'学而不思则罔'者,循诵习传,思未深,所学亦浅,无益于身也。薛氏《读书录》言:'读书惟精心寻思于身心事物,反复考验其理,则知圣贤之书皆有用。否则徒为口耳文辞之资,所谓买椟还珠。'此戒罔者也。'思而不学则殆'者,存于心而难信,施诸事而难安也。天之生人,上智少而中人多。上智者本觉悟以参闻见,韩子所谓'上之性就学而愈明'也。中人先闻见而后知觉,思深而学浅,犹有滋其弊者,未有不学而能扩其思者也。"

刘宝楠《论语正义》:"子夏言'博学近思',《中庸》言'博学慎思',是学、思不可偏废,故此章两言其失。……为学之道,明于古人所言之义,而因以验之身心,故思足贵也。《孟子》曰:'心之官则思。思则得之,不思则不得也。''不得',即此注'无所得'之义。《荀子·劝学》:'小人之学也,入乎耳,出乎口,口耳之间,则四寸耳,曷足以美七尺之躯哉?''入耳','出口',即谓学而不思也。"

杨树达《论语疏证》引《中论·治学》子曰:"弗学,何以行?弗思,何以得?小子勉之!斯可以为人师矣。"《中庸》曰:"博学之,审问之,慎思之,明辨之,笃行之。"《子张》子夏曰:"博学而笃志,切问而近思,仁在其中矣。"《卫灵公》子曰:"吾尝终日不食,终夜不寝,以思,无益,不如学也。"并按曰:"罔者无也,学而不思,其失止于丧己;殆者危也,思而不学,其病可以误人。殆之害甚于罔。故孔子又曰,思无益也。"

钱穆、杨树达先生都认为此章当与温故知新章相参。钱穆说:"此章言学思当交修并进。仅学不思,将失去了自己。仅思不学,亦是把自己封闭孤立了。当与温故知新章合参。"[1]杨树达又按:"此章与上温故知新章义相表里。温故而不能知新者,学而不思也;不温故而欲知新者,思而不学也。《论语》言温故知新可以为师,《中论》引孔子语谓学与思可以为人师,说正相合也。"

---

[1]钱穆:《论语新解》,生活·读书·新知三联书店,2002年,第36页。

本章孔子告诉我们学与思都很重要，二者之间是相辅相成关系，必须结合起来，不可偏废。学是思的基础，思是学的深化。书本知识是前人经验的总结，要经过自己的分辨思考和亲身实践，才能把书本知识转变为应对现实问题的智慧和力量。在学习中有思考，在思考中提出独立的见解，培养独立思考能力和创新能力。

因而，只有不断学习，不断思考，知行合一，理论与实践相结合，才是为学之道。只重于学习前人的东西，如果自己不思考、分辨、判断，就容易被前人蒙蔽和限制，就有可能陷于迷惑，不知所从；但也不能把自己关在屋子里一个人苦思冥想，不知吸取前人的经验教训，则有可能像前人一样误入歧途，陷入困境。

后儒对孔子这一观点有许多发挥。《礼记·中庸》提出了"博学之，审问之，慎思之，明辨之，笃行之"。这说的是为学的几个层次，或者说是几个递进的阶段。朱熹《集注》引程子云："博学、审问、慎思、明辨、笃行五者，废其一，非学也。"

清初王夫之在《四书训义》中指出："致知之途有二：曰学，曰思。学则不恃己之聪明，而一唯先觉之是效；思则不徇于古人之陈迹，而任吾警悟之灵……学非有碍于思，而学愈博则思愈远；思正有功于学，而思之困则学必勤。"就是说，学不独不妨碍思考，相反学识广博将有利于思考的深化。思考也有助于学，因为思考时遇到困惑而感到难以深入，就会促使自己进一步勤奋学习。学与思二者并重，互相促进，才能获得最佳的教学效果。当代学者叶秀山在《学与思的轮回》中说，"学"与"思"原本"同出""心源"，"思"固然要用"心"。"学"也要用"心"。用"心"来"学习"，用"心"来"思考"，则"学"也"思"在其中，"思"也"学"在其中，二者是一而二，二而一。也可以看作是对本章的进一步发挥。

七、为学三层境界

《雍也》子曰："知之者不如好之者，好之者不如乐之者。"孔子在这里没有具体指知、好、乐什么，看来是泛指，包括学问、技艺等。简单地从学习角度可以理解为学习的三层境界：知、好、乐。知道学习就很不错了；如果再能够爱好学习，就是有了兴趣，就能够积极主动地思考、探索；如果能够以学习为乐，学习已经成为他生命的一部分，并随着修养的提高达到乐道的境界。

何晏《集解》引包咸说："学问，知之者不如好之者笃，好之者不如乐之者深。"皇侃《义疏》："谓学有深浅也。知之，谓知学问有益者也。好之，谓欲好学之以为好者也……乐谓欢乐之也。"邢昺《注疏》："此章言人之学道用心深浅之异也。言学问，知之者不如好之者笃厚也，好之者又不如悦乐之者深也。"

朱熹《集注》引尹氏曰："知之者，知有此道也。好之者，好而未得也。乐之者，有所得而乐之也。"但他自己则把"道"换成了"理"："人之一生，便有此理，然被物欲昏蔽，故知此理者已少。好之者是知之已至，分明见此理可爱可求，故心诚好之。乐之者是好之已至，此理已得之于己。凡天地万物之理，皆具足于吾身，则乐莫大焉。"（《朱子语类》卷32）知之、好之、乐之都是指天理，这显然是典型的理学解读。

张栻《论语解》卷三："知之者，知有是道也；好之者，用工之笃也；至于乐之，则工夫至到而有以自得矣。譬之五谷，知者，知其可食者也；好者，食之者也；乐者，食之而饱者也。知之而后能好之，好之而后能乐之，知而不能好，则是知之未至也；好之而未及于乐，则是好之未至也。此古之学者所以自强而不息者欤！"强调的是学习是一个自强不息，不断进步的过程。

戴望《论语注》："知之，知有其故。好之，则能约身以礼矣。乐之者，穷亦乐，达亦乐，所乐非穷达也，道在然也。"主要是从人生而言，知道人生道理，能够以礼约身，体悟宇宙大道，无论穷达寿夭，皆以道为乐。

杨树达引《淮南子·缪称》曰："故同味而嗜厚膊者，必其甘之者也；同师而超群者，必其乐之者也。弗甘弗乐而能为表者，未之闻也。"

钱穆《论语新解》说得好："本章之字指学，亦指道。仅知之，未能心好之，知不笃。心好之，未能确有得，则不觉其可乐，而所好亦不深……孔子教人，循循善诱，期人能达于自强不息欲罢不能之境，夫然后学之与道与我，浑然而为一，乃为可乐。"①这说得通，因为儒家为学之道最高境界就是"学道"，这时我与道浑然一体，乃是圣人境界。钱穆先生还把这三重境界与我们常说的入门、升堂、入室联系起来，他说："知之是入门第一步，再入始能好之，心悦诚服而喜不自禁也。更深入，则为乐之，至是则学问乃与自己生活打成一片了。真正地跑进内里，居之而安，为乐无穷。但绝不能无知而好，也不能不好而乐。此中自有层次，不能任意躐等。"②这种为学次第是心灵圆满的次第，是身心一体的次第，是登堂入室的次第，是人格提升的次第。

八、为己之学

《宪问》子曰："古之学者为己，今之学者为人。"孔安国注："为己，履而行之。为人，徒能言之。"皇侃《义疏》："明今古有异也。古人所学己未善，故学先王之道，欲以自己行之，成己而已也。今之世，学非复为补己之行阙，正是图能胜人，欲为人言己之美，非为己行不足也。"孔子分辨古今为学之异。古人学习和践行先王之道以成己，今人为学是要胜过别人，让别人称颂自己。邢昺《注疏》曰："古人之学，则履而行之，是为己也。今人之学，空能为人言说之，己不能行，是为人也。范晔云：'为人者冯誉以显物，为己者因心以会道也。'"古人学问之道是做人，是为了修心正形，践履道德；而今人学习的目的则是能言而不能行，卖弄学问，给别人看的。"古"是指孔子心目中的理想社会，"今"是指当时的现实社会。孔子所谓"为己"并非自私自利，而是为了变化气质、提升自己、自我完善、自我实现，绝不为了任何外在的目

---

① 钱穆：《论语新解》，生活·读书·新知三联书店，2002年，第142页。
② 钱穆：《学龠》，九州出版社，2010年，第153页。

的而放弃自己的原则。至于"为人"不是为他人谋福祉,而是看社会需要什么,就努力去迎合,让别人羡慕,求得别人的赞誉,以达到自己追名逐利的目的。孔子用"为己"否定"为人",意味着儒家将为学的重点指向自我修养,完善自我,成就理想人格,达到理想的人生境界,正是儒家的价值取向。

"为己"思想由孔子提出后,作为儒家思想的基本前提为后期儒学流派所继承,"为己之学"得到进一步展开。孔子用"为己"否定"为人",孟子以天爵反对人爵。"有天爵者,有人爵者。仁义忠信,乐善不倦,此天爵也;公卿大夫,此人爵也。古之人。修其天爵而人爵从之。今之人,修其天爵以要人爵,既得人爵又弃其天爵。"(《孟子·告子上》)"天爵"与"人爵"虽然不是对立或抵牾的关系,但毕竟是两种不同的价值判断,通过褒贬古今的对比表达了重"天爵"轻"人爵",以"天爵"统摄"人爵"的价值倾向。荀子持论与孔孟相同。"古之学者为己,今之学者为人。君子之学也美其身,小人之学也以为禽犊。"(《荀子·劝学》)这里的"美其身",就是"为己",相当于孟子的"修天爵",指人格的提升;而所谓"以为禽犊",是说把学问知识用作馈赠的礼品,即喻干禄进身之物,而不是用以改造自己的品质,因而是"为人",相当于孟子的"要人爵",即把"学"作为追求名利的手段,这是儒家大师们最为反感的。

《北堂书钞》引刘向《新序》云:"齐王问墨子曰:'古之学者为己,今之学者为人,何如?'对曰:'古之学者,得一善言,以附其身;今之学者,得一善言,务以悦人。'"《后汉书·桓荣传》论曰:"孔子曰:'古之学者为己,今之学者为人。'为人者凭誉以显物,为己者因心以会道。"

汉代以后,儒学流于章句之学。南北朝时期的颜之推对空守章句的形式主义学风进行批判。"夫学者所以求益耳。见人读数十卷书,便自高大,凌忽长者,轻慢同列;人疾之如仇敌,恶之如鸱枭。如此以学自损,不如无学也。古之学者为己,以补不足也;今之学者为人,但能说之也。古之学者为人,行道以利世也;今之学者为己，修身以求进也。夫学者犹种树也，春玩其华，秋登其实；讲论文章，春华也；修身利行，秋实也。"（颜之推：《颜氏家训·勉学》）颜之推认为，学习是为了有助于提高自己的品行和修养，有的人读书仅数十卷，便顿时恃才傲物，哗众取宠，这实际是"以学自损"。颜之推把学比作种树，学以修身，犹春华秋实也。

宋代以后，心性儒学复兴，为己之学得以显扬。诸多儒家学者对此多有论述。如朱熹《集注》引程颐曰："为己，欲得之于己也；为人，欲见知于人也。"二程说："古之学者为己，其终至于成物。今之学者为物，其终至于丧己。"（《河南程氏遗书》卷二十五）成己、成物虽为一事，但次序不可颠倒，否则一无可成。

朱熹在父亲朱松的影响下，很早就以"为己之学"作为人生追求的大志向。朱熹后来多次谈到这一点。"自幼记问言语不能及人，以先君子之余诲，颇知有意于为己之学。"（《朱文公文集》卷三十八《答江元适》）这说明，"为己之学"已经成为朱熹安身立命之学深深植其心中。朱熹与陆象山虽然在为学之方上存在"尊德性"与"道问学"的分歧，但是两人在承认"尊德性"的主要问题上，都坚持了儒家的传统一贯的立场，都把为学理解为学做人。朱熹在《白鹿洞书院揭示》中说："熹窃观古昔圣贤所以教人为学之意，莫非使之讲明义理，以修其身，然后推己以及人。非徒欲其务记览，为辞章，以钓声名，取利禄而已也。"（《朱文公文集》卷七十四）朱子所说的义理之学，就是为己之学，意在修身；辞章之学也就是为人之学，沽名钓誉而已。

心学家陆象山说："凡欲为学，当先识义利公私之辨。今所学果为何事？人生天地间，为人自当尽人道。学者所以为学，学为人而已，非有为也。"（《陆九渊集》卷三十五《语录下》）人生天地间要尽人道，学者为学只在于学习如何做人，没有其他功利目的。王阳明把儒家成圣之学归结为"为己之学"。"仁者以天地万物为一体，莫非己也。……君子之学，为己之学也。为己故必克己，克己则无己。"（《王阳明全集》卷八《书王嘉秀请益卷》）在王阳明看来,"为己"的真实意义是指儒家学说不是没有生命的章句训诂,也不是天道理命的一套思想体系,本质上是一种生命存在的方式,那就是通过为己之学,实现人生的意义和价值,达到仁者与天地万物为一体的境界。王阳明不仅讲为己之学,还十分重视确立为己心。"人有言古之学者为己,今之学者为人。今之学者须先有笃实为己之心,然后可以论学。不然,则纷纭口耳讲说,徒足以为人之资而已。"(《王阳明全集》卷二十七《与汪节夫书》)为己指向自我的充实与提高,为人则将自我降为他人的附庸去认同外在的标准,从而失去独立的人格。

在当今中西文化冲突与融合的时代背景下,人类面对人为物役、工具理性宰制价值理性境地,现代新儒家杜维明对传统儒家的"为己之学"非常赞赏,认为在人类现代化的进程中,儒家的为己之学仍具有强大的生命力。他说:"在儒家的传统里,学做一个完善的人不仅是一个首要关切的问题,而且是终极关切和全面关切的问题。"[1]追求为己之学是儒家为学的一贯之道,体现了儒家终极关怀和全面发展的人格理想。

九、学而不厌,诲人不倦

《述而》子曰:"默而识之,学而不厌,诲人不倦,何有于我哉?"本章反映了孔子为学教人方法的一个侧面。邢昺《注疏》云:"此章仲尼言己不言而记识之,学古而心不厌,教诲于人不有倦息。他人无是行,于我,我独有之。故曰'何有于我哉?'"而朱熹《集注》则从孔子的谦虚精神来论:"何有于我,言何者能有于我也。三者已非圣人之极至,而犹不敢当,则谦而又谦之辞也。"

宦懋庸《论语稽》:"孟子引夫子与子贡言,我学不厌,而教不倦。此篇若圣与仁章,抑为之不厌,诲人不倦。是夫子固以学

---

[1] 杜维明:《儒家思想新论——创造性转换的自我》,江苏人民出版社,1991年,第49页。

不厌诲不倦自任者，而何至无因为是谦而又谦之辞乎。然谓人无是行惟我独有，则又近夸大，尤非圣人语气。此盖当时不知圣人，谓必有人之所不能有。故夫子言，我生平不过默而识之，学而不厌，诲人不倦耳，此外亦何有于我哉，似为得之。"

李炳南《论语讲要》："此章要义，在教人学道。默者寂也，识者明记也。寂然不动，而又明记不忘。此是孔子志于道之境界。心安于道而不移，即默即识。学也，诲也，皆不离道。全心在道而忘其我。故曰：'何有于我哉！'"

杨树达《论语疏证》引《述而》子曰："盖有不知而作之者，我无是也。多闻，择其善者而从之；多见而识之：知之次也。"又《述而》子曰："若圣与仁，则吾岂敢。抑为之不厌，诲人不倦，则可谓云尔已矣。公西华曰：正唯弟子不能学也。"《孟子·公孙丑上》曰："昔者子贡问于孔子曰：'夫子圣矣乎？'孔子曰：'圣则吾不能，我学不厌而教不倦也。'"《吕氏春秋·尊师》曰："子贡问孔子曰：'后世将何以称夫子？'孔子曰：'吾何足以称哉！勿已者，则好学而不厌，好教而不倦，其惟此邪！'"并按曰："此章与本篇下文若圣与仁章意皆相反。盖此为圣人谦辞，而言之殆亦非一时也。"

《季氏》孔子曰："生而知之者上也；学而知之者次也；困而学之又其次也；困而不学，民斯为下矣。"孔安国注："困，谓有所不通。"皇侃《义疏》："'生而知之者上也'。此章劝学也，故先从圣人始也。若生而自有知识者，此明是上智圣人，故云上也。'学而知之者次也'，谓上贤也。上贤既不生知，资学以满分，故次生知者也。'困而学之又其次也'，谓中贤以下也。本不好学，特以己有所用，于理困愤不通，故愤而学之，此只次前上贤人也。'困而不学，民斯为下矣'，谓下愚也。既不好学，而困又不学，此是下愚之民也。故云'民斯为下'也。"邢昺《注疏》曰："此章劝人学也。'生而知之者，上也'者，谓圣人也。'学而知之者，次也'者，言由学而知道，次于圣人，谓贤人也。'困而学之，又其次也'者，人本不好学，因其行事有所困，礼不通，发愤而学之者，复次于贤人也。'困而不学,民斯为下矣'者,谓知困而不能学,此为下愚之民也。"皇侃、邢昺都认为此章主旨是劝学,孔子把人分成四个层次:上智圣人——上贤——中贤以下——下愚之民,他们智能知识和对待学习的态度不同,言外之意教学就要因材施教。

朱熹《集注》:"困,谓有所不通。言人之气质不同,大约有此四等。杨氏曰:'生知学知以至困学,虽其质不同,然及其知之一也。故君子惟学之为贵。困而不学,然后为下。'"朱熹的"气质"指人后天的气质之性。不管气质之性有多大差异,能够好学才是最为可贵的。"气质之性"是宋明理学家关于人性的一个重要概念,与"天地之性"相对。北宋张载首先提出。《正蒙·诚明》:"形而后有气质之性,善反之则天地之性存焉。"朱熹将人性分为"天命之性"和"气质之性"。气质之性有四个特点:(1)与生俱来。(2)主要指人的情欲而言。(3)有善有恶。"性未成则善恶混"(《正蒙·诚明》)。(4)差异性。"人之刚柔、缓急、有才与不才,气之偏也。"(《正蒙·诚明》)即气有厚薄、宽偏、清浊等的不同,所以各人就具有特殊形式的气质之性。因此,张载提出"为学大益,在自求变化气质。"(《经学理窟·义理》)通过变化气质,继善为善,去恶成善,复归纯然至善的天地之性。

关于"生而知之",应指天生本能的知性、天赋。孔子并不承认自己是"生而知之"。他说:"我非生而知之者,好古,敏以求之者也。"(《述而》)《中庸》子曰:"或生而知之,或学而知之,或困而知之,及其知之一也。"好像又承认有"生而知之"者,怎么认识这个问题?孔颖达疏:"或生而知之",谓天生自知也。"或学而知之",谓因学而知之。"或困而知之",谓临事有困,由学乃知。"及其知之,一也",言初知之时,其事虽别,既知之后,并皆是"知",故云"及其知之,一也"。《论衡·实知》:"夫项託年七岁教孔子。案七岁未入小学而教孔子,性自知也。孔子曰:'生而知之,上也。学而知之,其次也。'夫言生而知之,不言学问,谓若项託之类也。"孔子认为项託就是不讲学习和请教别人,天生就知道的人。

黎子耀教授在讲述先秦诸子时提出,过去把"生而知之"解释错了,"生而知之"应该是"性而知之"①。先秦典籍中常见生与性互训。如《周礼·地官·大司徒》"辨五地之物生。"郑玄注:"杜子春读生为性。"《吕氏春秋·本生》:"立官以全生也。"高诱注:"生,性也。"《大戴礼记·子张问入官》:"既知其以生有习,然后民特从命。"卢辩注:"生,谓性也。"这样我们就可以把这一章翻译为现代汉语:孔子说,"本性爱好(知道去)学习的人是最上等人,要有人教才知道学习的人次一等,遇到困难才去学习的人又次一等。遇到困难还不学习的人,就是下等的愚民。"这是根据天性和学习态度把人划分的四个等级。孔子的本意不是想把人分成三六九等,而是为了强调为学的重要性,目的还是在劝学,也体现了他因材施教的教育理念。

十、学以致道

《子张》子夏曰:"百工居肆以成其事,君子学以致其道。"皇侃《义疏》:"'子夏曰:百工居肆以成其事',亦劝学也。先为设譬。百工者,巧师也。言百,举全数也。居肆者,其居者常所作物器之处也。言百工由日日居其常业之处,则其业乃成也。'君子学以致其道',致,至也。君子由学以至于道,如工居肆以成事也。江熙云:'亦非生巧也,居肆则是见广,见广而巧成。君子未能体足也,学以广其思,思广而道成也。'"

邢昺《注疏》曰:"此章亦勉人学,举百工以为喻也。审曲面势以饬五材,以辨民器,谓之百工。五材各有工,言百,众言之也。肆,谓官府造作之处也。致,至也。言百工处其肆,则能成其事,犹君子勤于学,则能至于道也。"

---

①转引自孙斌来、宋一夫:《如何理解孔子的"生而知之"》,《松辽学刊》(社会科学版),1985年第1期。

朱熹《集注》："致，极也。工不居肆，则迁于异物而业不精。君子不学，则夺于外诱而志不笃。尹氏曰：'学所以致其道也。百工居肆，必务成其事。君子之于学，可不知所务哉？'愚按：二说相须，其义始备。"

钱穆《论语新解》解释说："百工居肆中以成其器物，君子之于道亦然。非学无以明道，亦无以尽道之蕴而通其变化。学者侈言道而疏于学，则道不自至，又何从明而尽之？致者，使之来而尽之之义。君子终身于学，犹百工之长日居肆中。"①

杨树达引证《盐铁论·通有》大夫曰："故工商梓匠，邦国之用，器械之备也。自古有之，非独于此。弦高贩牛于周，五羖赁车入秦，公输子以规矩，欧冶以熔铸。《语》曰：百工居肆以致其事，农商交易以利本末。山居泽处，蓬蒿垯埌，财物流通，有以均之。是以多者不独衍，少者不独馑。若各居其处，食其食，则是橘柚不鬻，朐卤之盐不出，游嬛不市，而吴、唐之材不用也。"《白虎通·辟雍》："古者所以年十五入太学，何？以为八岁毁齿，始有识知，入学，学书计。七八十五，阴阳备，故十五成童志明，入太学，学经籍。学之为言觉也，以觉悟所不知也。故学以治性，虑以变情。故玉不琢，不成器；人不学，不知义。子夏曰：'百工居肆以致其事，君子学以致其道。'是以虽有自然之性，必立师傅焉。"

肆是百工学习制作器物的地方，百工在这里面观察、学习、制作、揣摩，最后学成一门技艺。在互相学习中就能够精益求精，制作出精良之器。子夏以"百工居肆"比喻君子的学习，要像百工学习制作器物那样学习基本的知识技能，不通过学习不可能掌握，更不用说理解知识的内涵和融会贯通了；还与百工不同的是君子不能仅仅满足于器物层面，"君子不器"，君子要知道器上有道，要通过学习悟道、明道，进而至于道的境界。整句意思就是说，百工长期居住在肆中，日积月累地学习观察才可以制作出他的器

---

①钱穆：《论语新解》，生活·读书·新知三联书店，2002年，第439页。

物，而人们通过学习才能悟道、明道，下学上达，进而至于道的境界，成就圣贤人格。

那么"道"是什么呢？就天道，也就是仁道。牟宗三说："下学上达，自知天知，即以人格之与天接，之与天契。此就是渊渊其渊、浩浩其天也。""由实践而践仁，由仁之呈现而见天道。未有离开仁之实践而空言天道为如何如何也。由仁之实践而表现仁，仁为人道，亦为天道。"①达到天道就成为圣人了，就是孔子儒家为学之道的终极目标。所以，儒家为学之道就是希贤希圣，学为圣贤之道。

我们再回过头看《学而》第一章是学道、乐道，此章是达道、成道，于是首尾呼应，形成了完整的为学之道。

---

①牟宗三：《儒家学术之发展及其使命》，《道德理想主义》1992年9月修订版，台湾学生书局，第12页。

第二章 为政之道

一、政、为政、为政之道

政,《说文解字》:"政,正也。"就用《论语·颜渊》孔子"政者,正也"的说法,是匡正之义,所以邢昺《论语注疏》卷十三《子路》引马融"政者,有所改更匡正。"稍晚的《释名·释言》也取《说文》之说,但有进一步的补充:"政,正也,下所取正也。"增加了以上正下的意思。"政者,正也"的"正"还有"中"的意思,《管子·法法》解释得很详细:"政者,正也。正也者,所以正定万物之命也。是故圣人精德立中以生正,明正以治国。故正者,所以止过而逮不及也。过与不及也,皆非正也;非正,则伤国一也。勇而不义伤兵,仁而不法伤正。故军之败也,生于不义;法之侵也,生于不正。故言有辨而非务者,行有难而非善者。故言必中务,不苟为辩;行必思善,不苟为难。"这与孔子思想中的"无过不及即是中"义同,也可看出"中"与"正"同义。也就是说"政"还有"中"的意思,《礼记·儒行》载:"儒有衣冠中。"陈澔注云:"中,犹正也。""中"指衣冠周正。《淮南子·主术》:"是以立中。"高诱注:"中,正也;"皆可证明。"政"还有治理、政事、政权、政令、禁令等意思。

"为政"一词在《论语》出现六次,《论语》第二篇《为政》,皇侃《义疏》解曰:"为政者,明人君为风俗政之法也。"《为政》主要围绕为政、君子、为学等问题展开讨论。其中如论《诗》、论孝、自言生平、评论颜回、讨论观人术、为人处世、为学等,从现代人看来似乎与为政无关,实际上在孔子这里是有关系的,特别是本篇强调为学与为政的关系，注重为学先于为政的思想，非常重要，也具有现代意义。先为学后为政的思想在中国思想史上由来已久，早在西周贵族阶级那里，为学与为政是融为一体的。至春秋时期孔子特别强调这一点，是因为当时的为政者越来越没有学问，没有道德，政治也就走不上正轨，出现了"天下无道"的状况。

所谓"为政"，在中国古代，从大的方面说就是执掌国政，治理国家。如《诗经·小雅·节南山》："不自为政，卒劳百姓。"是说周天子不亲持国事，老百姓终日劳苦不堪。《左传·宣公元年》："于是晋侯侈，赵宣子为政，骤谏而不入，故不竞于楚。"晋国当时因为腐败走下坡路，晋侯很奢侈，大臣赵盾主政，多次激烈进谏而晋侯不听，结果晋国越来越衰微，不能与楚国争霸。小的方面就是指做官，处理政事。《为政》："子奚不为政？"为政之道，就是治理国家、处理政事的理念、原则、方法、途径、理想等。

北宋赵普曾有"半部《论语》治天下"之说，从一个侧面反映出此书在治国理政中所发挥的作用与影响。本讲主要是对《论语》为政之道进行梳理。

二、政者，正也——为政的核心理念

有一次季康子问政于孔子。孔子对曰："政者，正也。"(《颜渊》)皇侃《义疏》解释说"解字训以答之也。言所以谓治官为政者，政训中正之正也。"邢昺《注疏》解释说："言政教者在于齐正也。"朱熹在《集注》《为政》也说："政之为言正也，所以正人之不正也。"钱穆《论语新解》解释说："正，犹言正道。政治乃群众事，必以正道，不当偏邪。"①孔子在这里巧妙地利用了"政"字的多义性，言简意赅地阐明了正直、公正、中正的为政理念和为官之道，

---

① 钱穆：《论语新解》，生活·读书·新知三联书店，2002年，第287—288页。

要求季康子成为一个正人，能行正道。推而广之，为政者自身要正直，处理政事公正无私，中正无偏。正如程树德《论语集释》引《论语稽》说得好："惟孔子言字义最切，以正训政，不待别诂，只一言而政之名已定矣。"朱熹《集注》还引胡氏的话分析了孔子针对季康子这样说的背景："鲁自中叶，政由大夫，家臣效尤，据邑背叛，不正甚矣。故孔子以是告之，欲康子以正自克，而改三家之故。惜乎康子之溺于利欲而不能也。"当时鲁国季氏、孙氏、孟氏三家把持国政，僭越礼制，他们的家臣也竞相效尤，背离正道，鲁国政治秩序日渐败坏。季康子作为鲁国上卿，自身不正，他向孔子请教为政之道，孔子趁机教训他"政者，正也"，希望他能够领悟这一为政的核心理念。

《礼记·哀公问》鲁哀公问："敢问何谓为政？"孔子对曰："政者，正也。君为正，则百姓从政矣。君之所为，百姓之所从也。君所不为，百姓何从？"为政的要旨，就是中正。国君自身正，老百姓就跟着正了，君主是老百姓的表率，君主不正，老百姓就可想而知了。

受孔子儒家的影响，"正"就成为中国古代政治的核心理念之一。对此学者评述说："孔子思想中之'政'，不仅与近代学者所论者不同，且与古希腊柏拉图之说亦有区别。近代论政治之功用者不外治人与治事二端。孔子则持'政者正也'之主张，认定政治之主要工作乃在化人。非治人，更非治事。故政治与教育同功，君长与师傅共职。国家虽另有庠、序、学、校之教育机关，而政治社会之本身实不异一培养人格之伟大组织。"①

三、正己正人，德风德草——为政的首要前提

《论语·颜渊》载季康子问政于孔子。孔子回答"政者，正也"后继续说："子帅以正，孰敢不正？"皇侃《义疏》解释说："言民之

---

①萧公权：《中国政治思想史》，新星出版社，2005年，第45页。

从上,如影随身表,若君上自率己身为正之事,则民下谁敢不正者耶?"邢昺《注疏》:"言康子为鲁上卿,诸臣之帅也,若己能每事以正,则己下之臣民谁敢不正也。"季康子是鲁哀公时的正卿,是当时鲁国政治上最有权力的人,他问孔子什么是政治?孔子用一个"正"字概括,告诫季康子为政时自己首先要"正",为政者起到表率作用,谁敢不正?

类似的思想儒家经典中很多,如《大戴礼记·王言》也引孔子的话说:"凡上者,民之表也,表正则何物不正?"凡是身居上位的人,都是百姓的表率;表率正,那么还有什么不正呢?当然了,反之,身居上位的人不能为百姓的表率,那结果可想而知。这就是说,只要你领导人自己做得正,下面的风气就自然正了。《孔子家语·王言解》也有同样的话。当然,如果身居上位的人不能为百姓做表率,那结果可想而知。《孟子·离娄下》亦云:"君仁莫不仁,君义莫不义,君正莫不正。一正君而国定矣。"董仲舒就在《天人三策》中说过类似的话:"为人君者,正心以正朝廷,正朝廷以正百官,正百官以正万民,正万民以正四方。四方正,远近莫敢不壹于正,而亡有邪气奸其间者。"(《汉书·董仲舒传》)程树德《论语集释》引《论语稽》说:"正即《大学》修身之义。一身正而后一家正,一家正而后九族之丧祭冠昏皆正,由是而百官以正,吉凶军宾嘉官守言责亦正,而万民亦无不正矣。"

有一次,季康子苦于盗贼太多,向孔子求教时,孔子对他说:"苟子之不欲,虽赏之不窃。"(《颜渊》)邢昺《注疏》:"孔子言,民化于上,不从其令,从其所好。苟,诚也。诚如子之不贪欲,则民亦不窃盗。非但不为,假令赏之,民亦知耻而不窃也。今多盗贼者,正由子之贪欲故耳。"孔子尖锐地批评季康子是他的贪欲大肆聚敛,让老百姓过不下去了,于是被迫成为盗贼。如果你自己不贪求财货,即使你奖励偷盗,他们也不会去偷,这更是从反面说明了为政者正己的重要性。《里仁》载"子曰:放于利而行,多怨"。为政者一味地追求利益而行,将会招来很多怨恨。岂止是怨恨,有可能违法乱纪,终至不可收拾。《说苑·贵德》也曰:

"周天子使家父毛伯求赙金于诸侯,《春秋》讥之;故天子好利则诸侯贪,诸侯贪则大夫鄙,大夫鄙则庶人盗。上之变下,犹风之靡草也。故为人君者明贵德而贱利以道下。"

孔子认为为政的首要前提是正己,正己才能正人。他说:"其身正,不令而行;其身不正,虽令不从。"(《子路》)皇侃《义疏》:"如直形而影自直;如曲表而求直影,影终不直也。"并引范宁注进一步解说:"上能正己以率物。则下不令而自从也。上行理僻而制下使正,犹立邪表责直影,犹东行求郢,而此终年不得也。"邢昺《注疏》曰:"此章言为政者当以身先也。言上之人,其身若正,不在教令,民自观化而行之。其身若不正,虽教令滋章,民亦不从也。"是说当为政者自身端正,德高望重,身体力行,不用下命令,臣民也就会跟着行动起来;相反,如果为政者自身不端正,而要求臣民端正,那么,纵然三令五申,臣民也不会服从的。司马迁在《史记·李将军列传》中评价"飞将军"李广时,引用孔子这句话说:"传曰'其身正,不令而行;其身不正,虽令不从'。其李将军之谓也。余睹李将军,悛悛如鄙人,口不能道辞。及死之日,天下知与不知,皆为尽哀。彼其忠实心诚信于士大夫也。谚曰:'桃李不言,下自成蹊'。此言虽小,可以谕大也。""桃李不言,下自成蹊",以小喻大,就是对这一章的最好诠释。杨树达《论语疏证》引《后汉书·第五伦传》伦上疏曰:"'其身不正,虽令不从。'以身教者从,以言教者讼。"又引《晏子春秋·杂下》曰:"灵公好妇人而丈夫饰者,国人尽服之。公使吏禁之。曰:'女子而男子饰者,裂其衣,断其带。'裂衣断带,相望而不止。晏子见,公问曰:'寡人使吏禁女子而男子饰,裂断其衣带,相望而不止者,何也?'晏子对曰:'君使服之于内,而禁之于外,犹悬牛首于门而卖马肉于内也。公何以不使内勿服,则外莫敢为也。'公曰:'善。'使内勿服,逾月而国莫之服。"

"苟正其身矣,于从政乎何有?不能正其身,如正人何?"(《子路》)皇侃《义疏》:"言诚能自正其身,则为政不难。"并引江熙曰:"从政者以正人为事也。身不正那能正人乎?"邢昺《注疏》

曰：" 此章言政者正也，欲正他人，在先正其身也。" 孔子把"正身"看作是从政为官的重要方面，是有深刻的思想价值的。他认为为政者一定要具有高尚的德行，严格要求自己，以身作则，严格约束自己的一言一行，遵守各种社会规范。这样，为政者起表率作用，就会上行下效，自然就会政通人和，国家得治。孔子希望为政者在物欲的利诱下能够严于自律。为政者往往大权在握，眼前往往充满了各种诱惑，如果经受不住这种诱惑，稍加放纵，对自己约束不住，就会产生严重后果。

孔子曰："君子之德风，人小之德草。草上之风，必偃。'(《颜渊》) 皇侃《义疏》："君子，人君也；小人，民下也。言人君所行，其德如风也；民下所行，其德如草也……言君如风，民如草，草上加风则草必卧，东西随风，如民从君也。" 邢昺《注疏》："在上君子为政之德若风，在下小人从化之德如草，加草以风，无不仆者。犹化民以正，无不从者。" 孔子是在强调为政者的德行很重要，对下面的民众有决定性的影响。反之，上梁不正下梁歪，领导者的德行不好，上行下效，老百姓就不可能一心向善，整个社会就会道德滑坡。

后儒继承孔子思想并多有发挥，《孟子·滕文公上》也说："上有好者，下必有甚焉者矣。君子之德风也。小人之德草也。草尚之风，必偃。" 这句话正是孔子在《颜渊》里面说话的翻版。由此可见，以身作则，上行下效是孔子、孟子都非常重视的政治领导原则。只有这样，才能得民心。

董仲舒在《天人三策》中说："命者天之令也，性者生之质也，情者人之欲也。或夭或寿或仁或鄙，陶冶而成之，不能粹美，有治乱之所生，故不齐也。孔子曰：'君子之德风也，人小之德草也。草上之风，必偃。' 故尧舜行德则民仁寿，桀纣行暴则民鄙夭。夫上之化下，下之从上，犹泥之在钧，唯甄者之所为；犹金之在镕，唯冶者之所铸。"(《汉书·董仲舒传》) 天命、生性、情欲，或夭或寿或仁或鄙，人人不同，如何陶冶，决定国家治乱兴衰。钧是造陶之器，甄是造陶之人，镕是铸器的模型，冶是冶铸之人。

在上者是实行仁德还是残暴,决定了老百姓是仁寿还是鄙夭。在上者是造陶人,用什么样的模型就能造出什么样的陶器;在上者是冶铸人,用什么样的模具,铸就什么样的器皿。

《说苑·君道》:"夫上之化下,犹风之靡草,东风则草靡而西,西风则草靡而东,在风所由而草为之靡,是故人君之动不可不慎也。"国君地位至尊,天下臣民都看着你,所以一举一动不可不慎重。

《子路》载孔子说:"上好礼,则民莫敢不敬;上好义,则民莫敢不服;上好信,则民莫敢不用情。夫如是,则四方之民襁负其子而至矣。"孔子把为政的要领归结为"礼、义、信"三个方面。礼者,礼制,其基本精神是敬;义者,道义,是社会基本的道德原则;信者,诚信也,即言行一致,开诚布公。为政者若能做到这三点,四面八方的老百姓就会背着自己的小孩来投奔,国家也会因此而强大。这就比较深刻地揭示了中国传统政治文化中的大众心理,也说明了执政者的品德作风对广大民众所产生的心理效应。叶公向孔子请教从政之道:孔子说"近者悦,远者来"。(《子路》),治理国家的关键在于得民心,这样就能使近处的老百姓因受其惠泽而喜悦,远处的老百姓能慕名前来归服。

四、民无信不立——为政的基本原则

《颜渊》载子贡问政。孔子曰:"足食,足兵,民信之矣。"子贡曰:"必不得已而去,于斯三者何先?"曰:"去兵。"子贡曰:"必不得已而去,于斯二者何先?"曰:"去食。自古皆有死,民无信不立。"何晏《集解》引孔安国:"死者,古今常道,人皆有之,治邦不可失信。"是对为政者讲的治国不可失信于民。

皇侃《义疏》说这是子贡问为政之道,孔子回答说:"食为民本,故先须足食也。时浇后须防卫,故次足兵也。虽有食有兵,若君无信,则民众离背,故必使民信之也……言人若不食,乃必致死。虽然,自古迄今,虽复皆食,亦未有一人不死者。是食与不食,俱是有死也。而自古迄今,未有一国无信而国安立者。今推其二事,有死,自古而有;无信国立,自古而无。今宁从其有者,故我云去食也。"这是强调对于国君而言,取得人民的信任远比丰衣足食、富国强兵更为重要。人民缺衣少粮、国防力量不强并不是最可怕的,最可怕的是人民对统治者失去信任,那意味着可以发生顺天应人的汤武革命。

邢昺《注疏》:"此章贵信也……答为政之事也。足食则人知礼节,足兵则不轨畏威,民信之则服命从化。……夫食者,人命所须,去之则人死。而去食不去信者,言死者古今常道,人皆有之,治国不可失信,失信则国不立也。"也强调国君治理国家贵在取信于民。食、兵、信对于国家固然重要,但比较起来信更重要。国君不可失信于民,因为信是立国之本。

朱熹《集注》:"言仓廪实而武备修,然后教化行,而民信于我,不离叛也。……言食足而信孚,则无兵而守固矣。民无食必死,然死者人之所必免,无信则虽生而无以自立,不若死之为安。故宁死而不失信于民,使民亦宁死而不失信于我也。……愚谓以人情而言,则兵食足而后吾之信,可以孚于民。以民德而言,则信本人之所固有,非兵食所得而先也。是以为政者,当身率其民而以死守之,不以危急而可弃也。"朱熹从一般儒家的治理之道讲为政者如果能够做到仓廪实、武备修、教化行,就会获得民众的信任;假如不得已要减损仓廪和武备,但绝不可失信。不过他讲失信是从为政者和民众双方而言的:为政者宁死而不失信于民,使民亦宁死而不失信于为政者。陈天祥《四书辨疑》则提出了质疑,他认为朱熹之说"不惟'信'字交互无定,而兵、食与信先后之说自亦不一,圣人本旨,果安在哉?"并引王若虚《论语辨惑》说:"夫民信之者,为民所信也。民无信者,不为民信也。为政而至于不为民信,则号令日轻,纪纲日弛,赏不足劝,罚不可惩,委靡颓堕,无事不能立矣。故宁去食,不可失信。"所以本章两个"信"字都是指国家之信,"立"也是国事之立。我同意此论。"信"是孔子非常强调的一个重要德目,不仅仅一般人要讲信,《为政》

载子曰:"人而无信,不知其可也……其何以行之哉?"这就是说,一个人如果不讲信用,在社会上就无立足之地,就会寸步难行。也就是说,一个人想要在这个世界上得到别人的信赖与支持,就必须以诚待人,以信交友,否则就不可能在社会上立足,纵使你有过人的天赋,也会寸步难行。一个社会是否讲诚信,重信用很关键,如果人人不讲信,信用崩溃,那就"上无道揆,下无法守",整个社会就完全解体了。"信"也是治国之宝,对于一个国家政权也是这样,信为立国之本。为政者失信于民,就会民心离散,民心离散则必然政权垮塌,国家灭亡。司马光说:"夫信者,人君之大宝也。国保于民,民保于信。非信无以使民,非民无以守国。是故古之王者不欺四海,霸者不欺四邻。善为国者,不欺其民;善为家者,不欺其亲。"(《资治通鉴》卷二)"信"是人的法宝,因为"国保于民,民保于信"。君无信用不能使民,失去民心则不能守国。所以古代圣王不欺四海,五霸不欺四邻。善治国者,不欺其民;善齐家者,不欺其亲。可见,"信"在治国齐家中是何等重要!

杨树达《论语疏证》引典籍以证此章,《尚书·洪范》曰:"八政,一曰食。"《尚书大传》曰:"八政何以先食?"《传》曰:"食者,万物之始,人事之本也。故八政先食。"《礼记·王制》曰:"国无九年之蓄,曰不足;无六年之蓄,曰急;无三年之蓄,曰国非其国也。三年耕,必有一年之食;九年耕,必有三年之食。以三十年之通,虽有凶旱水溢,民无菜色。"《孔丛子·刑论》:"孔子曰:民之所以生者,衣食也。上不教民,民匮其生,饥寒切于身而不为非者寡矣。"《左传》襄公二十七年宋子罕曰:"天生五材,民并用之,废一不可,谁能去兵?兵之设久矣,所以威不轨而昭文德也。圣人以兴,乱人以废,废兴存亡昏明之术,皆兵之由也。"《说苑·指武》曰:"夫兵不可玩,玩则无威;兵不可废,废则召寇。昔吴王夫差好战而亡,徐偃王无武亦灭。故明王之制国也,上不玩兵,下不废武。《易》曰:'存不忘亡,是以身安而国家可保也。'"又曰:"楚文王兴师伐徐,残之。徐偃王将死,曰:'吾赖于文德而不明武备,好行仁义之道而不知诈人之心,以至于此。'

夫古之王者其有备乎?"《大戴礼记·主言》孔子曰:"其礼可守,其信可复,其迹可履。其于信也,如四时春秋冬夏;其博有万民也,如饥而食,如渴而饮,下土之人信之。若夫暑热冻寒,远若迩,非道迩也,及其明德也。是以兵革不动而威,用利不施而亲。此之谓明主之守也,折冲乎千里之外,此之谓也。"《逸周书·大匡解》曰:"农廪分乡,乡命受粮,成年不偿,信诚匡助,以辅殖财。"

《学而》载子曰:"道千乘之国,敬事而信,节用而爱人,使民以时。"何晏《集解》引包咸注:"为国者,举事必敬慎,与民必诚信;节用,不奢侈;国以民为本,故爱养之;作事使民,必以其时,不妨夺农务。"皇侃《义疏》:"此章明为诸侯治大国法也。"邢昺《注疏》:"此章论治大国之法也。马融以为,道谓为之政教。千乘之国谓公侯之国,方五百里、四百里者也。言为政教以治公侯之国者,举事必敬慎,与民必诚信,省节财用,不奢侈,而爱养人民,以为国本,作事使民,必以其时,不妨夺农务。此其为政治国之要也。包氏以为,道,治也。千乘之国,百里之国也,夏即公侯,殷、周惟上公也。"邢昺概括了马融、包咸、皇侃的说法,认为提出了诸侯治大国方法,是对为政者的要求,讲了五点:"敬事""信""节用""爱人""使民以时",虽然简单明了,却包含着很深的道理。敬事而信则民心悦诚服,节用物力则足食,爱人使民以时则足兵,足食足兵则民信之矣。五者相互联系,互为支撑;五者足具,方能治国。所以朱熹《集注》云:"言治国之要,在此五者,亦务本之意也。程子曰:'此言至浅,然当时诸侯果能此,亦足以治其国矣。圣人言虽至近,上下皆通,此三言者,若推其极,尧舜之治亦不过此。'杨氏曰:'上不敬则下慢,不信则下疑,下慢而疑,事不立矣。敬事而信,以身先之也。'"朱熹的意思是说治理国家要义就是上面五个方面,可以说是为政的根本。他引用二程的话说孔子这一段话虽然浅近,当时的各诸侯国君果然能够做到,完全可以把自己的诸侯国治好。像孔子这样的圣人话似乎是说浅近,但所说的道理贯通上下。这三句话,五个要点,如果推衍到极致，古代圣王尧、舜、禹的理想之治也只不过如此罢了。朱熹还引用宋初儒者杨时的话说：在上者如果没有敬畏老百姓必然会傲慢无礼，在上者如果不讲诚信，老百姓必然会疑虑。老百姓傲慢且疑虑，那么政事就不能立起来。谨慎认真地对待政事，获得民众信任，这需要为政者身体力行，率先垂范啊！这些道理不难懂，但要做起来却是很不容易做到的。根据历史的经验教训，在上位者能做到这五点，国家便可稳定并兴盛；反之，国家便会衰落甚至倾覆。治理中等的国家是这样，小则为政一方，大则平治天下也是同样。孔子所说的五点也具有普遍意义，完全适用于当今世界治理国家、管理企业。

其中这一章对"敬事而信"，何晏《集解》引包咸解曰："为国者，举事必敬慎，与民必诚信。"邢昺《注疏》："言为政教以治公侯之国者，举事必敬慎，与民必诚信。"都是强调为政者对于民众必须讲诚信。杨树达《论语疏证》引相关典籍以证"信"在治国中的重要性。《国语·晋语》箕郑曰："信于君心，则美恶不逾；信于民，则上下不干；信于令，则时无废功；信于事，则民从事有业。"《春秋繁露·楚庄王》曰："《春秋》尊礼而重信，信重于地，礼重于身。何以知其然也？宋伯姬疑礼而死于火，齐桓公疑信而亏其地，《春秋》贤而举之，以为天下法，曰：'礼而信。'"又《精华》曰："齐桓公挟贤相之能，用大国之资，即位五年，不能致一诸侯，于柯之盟见其大信，一年而近国之君毕至，鄄幽之会是也。"《春秋·庄公二十七年》曰："夏六月，公会齐侯、宋公、陈侯、郑伯同盟于幽。"《谷梁传》曰："桓盟不日，信之也。衣裳之会十有一，未尝有歃血之盟也，信厚也。"《左传·僖公二十七年》曰："晋侯始入而教其民，二年，欲用之。子犯曰：'民未知义，未安其居。'于是乎出定襄王。入务利民，民怀生矣，将用之。子犯曰：'民未知信，未宣其用。'于是乎伐原以示之信。民易资者不求丰焉，明征其辞。公曰：'可矣乎？'子犯曰：'民未知礼，未生其共。'于是乎大蒐以示之礼，作执秩以正其官，民听不惑而后用之。出谷戍，释宋围，一战而伯，文之教也。"

这里的"信"用现代政治学的术语讲就是百姓对政府的信任，也就是政府公信力。政府公信力，是政府通过自己的行为得到社会公众信任和认可的能力，并由此形成政府的合法性和社会秩序。公信力是政府的影响力与号召力，它是政府行政能力的客观结果，体现了政府工作的权威性、民主程度、服务程度和法治建设程度；同时，它也是人民群众对政府的评价，反映了人民群众对政府的满意度和信任度。政府公信力的强弱，直接关系到政府的合法性和社会稳定。改革开放以来，我国经济长期稳定增长，人民生活水平不断提高，随着行政体制改革的深化，政府社会管理与公共服务水平不断提高，政府公信力不断提高。但是，在实际工作中，也出现了越来越多的政府失信现象，影响了我国社会稳定，经济健康发展。一些政府机关及其公务人员由于民主法制观念淡薄，在权力本位、官大于民的观念支配下，认为政府的权力是可以不受约束，可以任意行使。一些地方政府在自身利益驱动下制定违背民众意愿，损害民众利益的公共政策和工程项目，一旦造成严重失误，又拒不兑现其承诺，推卸责任，掩盖真相。一些政府官员习惯于斗争哲学，不善于正确处理新形势下的人民内部矛盾，应对复杂局面和危机管理的能力较差，致使简单的问题复杂化，把人民内部矛盾变成敌我矛盾，造成社会矛盾激化，失去群众的信任。

五、德、礼、政、刑——为政的总体构架

在治国的方略上，孔子主张"为政以德""为国以礼"，这是孔子在《论语》当中提出的治国箴言，把用道德和礼教来治理国家看成是为政之道的根本。

如果从价值的优先方面说，孔子把"德治"看得更高；如果从孔子思想的发展过程来看，他首先谈的是"礼治"。孔子以西周为自己理想，要恢复"礼治"，即"为国以礼"（《先进》）。如何"为国以礼"？孔子提出"礼让为国"："能以礼让为国乎？何有？不能以

礼让为国，如礼何？"(《里仁》)邢昺《注疏》曰："此章言治国者必须礼让也。为，犹治也。礼节民心，让则不争。言人君能以礼让为教治其国乎？云'何有'者，谓以礼让治国何有其难？言不难也。人君不能明礼让以治民也，有礼而不能用，如此礼何？"这是从国君角度讲治理国家要以礼让为教，全国形成谦让不争的社会风气，国家就自然治理好了。如果国君不能明白以礼让为教治民的道理，有礼乐而不用，那礼乐还有什么意义呢？

王夫之《四书训义》曰："国之所与立者，礼也。礼之所自生者，让也。无礼则上下不辨，民志不定，而争乱作，亦终不足以保其国矣。盖合一国为一心，则运之不劳。而欲合一国之心，则唯退以自处，而可容余地以让人，此先王制礼之精意，感人心于和平，而奠万国于久安长治之本，言治者其可忽乎？"为国以礼，让生于礼。国君有让心，则感人心而天下和平，国家才能长治久安。

刘宝楠《论语正义》曰："'让'者，礼之实；'礼'者，让之文。先王虑民之有争也，故制为礼以治之。礼者，所以整一人之心志，而抑制其血气，使之咸就于中和也。"让是礼的实质，礼是让的节文。

钱穆《论语新解》："礼必兼双方，又必外敬而内和。知敬能和，斯必有让。故让者礼之质。为国必有上下之分，但能以礼治，则上下各有所敬，各能和，因亦能相让。何有，犹言有何难。不能以礼让为国，则上下不敬不和，其极必出于相争。礼岂果为上下相争之工具？如礼何者，犹言把礼怎办？言其纵有礼，其用亦终不得当。自秦以下，多以尊君卑臣为礼，此章如礼何之叹，弥见深切。尊君卑臣，又岂礼让为国之义。"[1]这是非常好的发挥，可以深化我们对这个问题的认识。

西周以来，特别是春秋之际，整个社会陷入了一种"礼崩乐坏"的状态之中，而这种状态也就是一种"无道"即"王道"失落的

---

[1]钱穆：《论语新解》，生活·读书·新知三联书店，2002年，第88页。

表现:"天下有道,则礼乐征伐自天子出。天下无道,则礼乐征伐自诸侯出。自诸侯出,盖十世希不失矣;自大夫出,五世希不失矣;陪臣执国命,三世希不失矣。天下有道,则政不在大夫;天下有道,则庶人不议。"(《季氏》)可见,孔子所谓"有道",就是欲恢复由"王"来行"礼乐征伐"之权的"道",也就是礼治。欲使礼治复兴的可能性成为现实性,还必须采取一些具体的措施。孔子认为必须从"正名"开始。子路问孔子:"卫君待子而为政,子将奚先?"孔子回答说:"必也正名乎?"因为:"名不正则言不顺,言不顺则事不成,事不成则礼乐不兴,礼乐不兴则刑罚不中,刑罚不中则民无所措手足。"(《子路》)而所谓"正名",具体来说,就是通过礼乐制度的恢复,使社会处于"君君、臣臣、父父、子子",为君行为君之道,为臣行为臣之道;为父行为父之道,为子行为子之道,这样一种良好的秩序状态。否则,就会像齐景公所说的:"信如君不君,臣不臣,父不父,子不子,虽有粟,吾得而食诸?"(《颜渊》)如果真的出现为君不像个为君的样子,为臣不像个为臣的样子,为父不像个为父的样子,为子不像个为子的样子,即使国库满满的,我大概也吃不到了吧。孔子认为,只要能够做到守礼,所谓"犯上作乱"之事也就不会发生。"君子博学于文,约之以礼,亦可以弗畔矣夫。"(《雍也》)又说:"上好礼,则民莫不敢敬。"(《子路》)"上好礼,则民易使也。"(《宪问》)可见,强调礼治,从一方面说是为了维护贵族统治者的权益,另一方面也是为了更好地"使民"。前者是为了"安上",后者是为了"安下"。这在今天看来是有一定的历史局限性。

为了弥补这种不足,孔子提出了他的"德政"学说,作为其"为政之道"的中心内涵和最高境界。《为政》载孔子说:"为政以德,譬如北辰居其所而众星拱之。""北辰",即北极星。古人认为,北辰乃"天之枢";"居其所","不动",而"众星拱之",即众星拱向北辰,可以之作为参照物来辨正方位。孔子以北极星形象地比喻"德"对于为政者治理天下的重要性,认为为政者有德,就有了感召力、凝聚力,就像天上的北辰星,满天的星座都会跟着它运转。

包咸注:"德者无为,犹北辰之不移而众星共(拱)之。"皇侃《义疏》:"此明人君为政教之法也。德者,得也。言人君为政,当得万物之性。故云'以德'也。故郭象云:'万物皆得性谓之德。夫为政者奚事哉?得万物之性,故云德而已也。'此为'为政以德'之君为譬也。北辰者,北极紫微星也。所,犹地也。众星,谓五星及二十八宿以下之星也。北辰镇居一地而不移动,故众星共宗之以为主也。譬人君若无为而御民以德,则民共尊奉之而不违背,犹如众星之共尊北辰也。故郭象云:'得其性则归之,失其性则违之。'"邢昺《注疏》:"此章言为政之要。'为政以德'者,言为政之善,莫若以德。德者,得也。物得以生,谓之德。淳德不散,无为化清,则政善矣。'譬如北辰,居其所而众星共'者,譬,况也。北极谓之北辰。北辰常居其所而不移,故众星共尊之,以况人君为政以德,无为清静,亦众人共尊之也。"皇侃认为是给君主讲的政教之法,邢昺认为是给君主讲的为政之要,三家的共同点都以无为清静解为政以德,这显然是受到了道家的影响把"为政以德"解释为无为而治,似乎不是很恰当。

朱熹《集注》说:"政之为言正也,所以正人之不正也。德之为言得也,得于心而不失也。北辰,北极,天之枢也。居其所,不动也。共,向也,言众星四面旋绕而归向之也。为政以德,则无为而天下归之,其象如此。程子曰:'为政以德,然后无为。'范氏曰:'为政以德,则不动而化、不言而信、无为而成。所守者至简而能御烦,所处者至静而能制动,所务者至寡而能服众。'"王夫之《四书笺解》对朱熹"所以正人之不正"有批评:"注中'所以正人之不正',是通释政字,以《论语》初见政字,故以此释之,非言'为政以德',正人之不正也。若以德则人使正,则是'道之以政',非辰居星拱之道也。此'为政'二字,是言为政者,犹言人君能修德耳。"王夫之的批评很有道理,但细读朱熹原话虽有"正人之不正"一句,而宋儒整体的解读还是符合孔子思想的。孔子以北极星形象地比喻"德"对于为政者治理天下的重要性,认为为政者有德，就有了感召力、凝聚力，就像天上的北极星，满天的星辰都会跟着它运转。这样，政者有德，就可以做到不动而化、不言而信、无为而成，把天下治理好。因此，张栻《论语解》亦云："北辰谓之极者，以其居中不迁而众星所宗，实其枢纽也。德者，所以为民极也。《诗》曰：'予怀明德，不大声以色。'子曰：'声色之于以化民，末也。'故修己而百姓安，笃恭而天下平，自三代以后，为治者皆出于智力之所为，而无复此味矣。"

尽管儒家也有无为的思想，如《卫灵公》子曰："无为而治者其舜也与！夫何为哉？恭己正南面而已矣。"直接提出了"无为而治"，意即能够无所作为而治理天下的人，大概只有舜吧？他做了些什么呢？只是庄严端正地坐在朝廷的王位上罢了。《中庸》"是故君子笃恭而天下平"也有此意。但仔细分辨儒家的"无为而治"与道家虽然字面相同，而实质却不同。老子的无为而治思想以虚无、清静为基础，反对道德，反对举贤使能。而孔子所说的无为而治却并不是说君主什么事都不做，而是包含了两层意思：一是强调君主"为政以德"，自身要有道德修养，就是所谓的"政者正也"，如《吕氏春秋·先己》所说："昔者先圣王成其身而天下成，治其身而天下治。"另外一层意思是说，作为君主，不用事必躬亲，而应举贤授能，群臣分职，也就是《大戴礼记·主言》所说的："昔者舜左禹而右皋陶，不下席而天下治。"《新序·杂事三》也说："舜举众贤在位，垂衣裳恭己无为而天下治。"所以，儒家的无为而治实质上是一种高级的领导艺术，还是积极有为的，与道家主张虚无清静，顺其自然的"无为而治"有根本区别。王夫之《读四书大全说》："若更于德之上加一无为以为化本，则已淫入于老氏无为自正之旨。抑于北辰立一不动之义，既于天象不合，且陷入于老氏轻为重君，静为躁根之说。毫厘千里，其可谬与？"

我觉得理解本章还有一层意思，关键要明白北辰的特性，即"中"字。北辰居天空之中，与地球北极相对，众星环拱，古人即以为宇宙以北辰为中心，象征为政以德的力量。为政以德还隐含了一个含义，就是中道政治，即为政以德，居于中心地位，以中道处理政事,治理天下。《尧曰》载尧曰:"咨!尔舜!天之历数在尔躬。允执其中。"《中庸》引孔子的话说:"舜其大知也与?舜好问而好察尔言,隐恶而扬善,执其两端,有用其中于民。"另外,"中"还有"正"的意思,与孔子一贯的"政者,正也"(《颜渊》)可以相互印证。

那么,应如何"为政以德"呢?孔子提出德教为先,刑罚次之的主张。《子路》载:"子适卫,冉有仆。子曰:'庶矣哉!'冉有曰:'既庶矣,又何加焉?'曰:'富之。'曰:'既富矣,又何加焉?'曰:'教之。'"冉有与孔子看到人口繁盛,就问为政首先要解决什么问题,孔子回答是民富起来,而后再进行教化,使之懂得礼仪,人人有仁义之心。《子路》载孔子说:"善人为邦百年,亦可以胜残去杀矣。"这是说实行礼义道德的教化尽管短期内难见成效,但时间久了,就会克服残暴,免除刑杀。《子路》还说:"不教民战,是谓弃之。"不对老百姓进行教化,就发动战争,把他们送上战场,是在遗弃他们。《孔丛子·刑论》载孔子的弟子仲弓问古今"刑教"的不同,孔子告诉他说:"古之刑省,今之刑繁。其为教,古有礼然后有刑,是以刑省;今无礼以教,而齐之以刑,刑是以繁。"古代刑罚简略,今天刑罚严密。原因是古代先有礼治后用刑,所以刑罚简略;今天没有礼教,只用刑来治民,所以罚严密。由于重视教化作用,故孔子有先教后杀的思想。当季康子问政于孔子说:"如杀无道,以就有道,何如?"孔子回答说:"子为政,焉用杀?子欲善而民善矣。"(《颜渊》)孔子对为政之德的这些要求,既有对传统德治的传承,也有自己的新见。

《尧曰》载对子张提出的"何以为政"这一问题,孔子的回答是"尊五美,屏四恶":

> 子张问于孔子曰:"何如斯可以从政矣?"子曰:"尊五美,屏四恶,斯可以从政矣。"子张曰:"何谓五美?"子曰:"君子惠而不费,劳而不怨,欲而不贪,泰而不骄,威而不猛。"子张曰:"何谓惠而不费?"子曰:"因民之所利而利之,

斯不亦惠而不费乎?择可劳而劳之,又谁怨?欲仁而得仁,又焉贪?君子无众寡,无大小,无敢慢,斯不亦泰而不骄乎?君子正其衣冠,尊其瞻视,俨然人望而畏之,斯不亦威而不猛乎?"子张曰:"何谓四恶?"子曰:"不教而杀谓之虐;不戒视成谓之暴;慢令致期谓之贼;犹之与人也,出纳之吝,谓之有司。"

这段话比较完整地反映了孔子的"为政之道"。

先看第一"美"——"惠而不费"。惠,即给人以好处之意;不费,即不耗费之意。在孔子看来,"惠而不费"实际上是"因民之所利而利之"的一体两面。为政者如果能够满足民众的要求,作为统治者自己既给人以好处,而自己又无所耗费,便是一件于民于君皆为有利之"美"事。

第二"美"——"劳而不怨"。有劳于百姓而又能使之无怨,这也是一件难事。但孔子认为,同样使用劳力,做和老百姓利益相攸关的事情,如"使民以时"(《学而》),人们就会去做,而且会劳而不怨。这仍然是站在"民"的立场,是"因民之所利而利之"的另一表现形式。所以,第一"美"和第二"美"体现了孔子的民本政治观,是"王道"政治"外王"方面的表现。

第三"美"——"欲而不贪"。孔子认为,人生都有本能的欲望,但必须把握尺度,对于富贵不可过分贪婪。但人如果追求仁道并且得到仁道,那就不会有分外之贪。

第四"美"——"泰而不骄"。泰,舒泰也;骄,傲慢也。这是就为政者的为政态度、心境而言。在政治过程中,很容易形成双重人格,即一方面卑躬屈膝于上,另一方面则骄傲无礼于下。所以,孔子认为,有修养的为政者应该不论对方的势力大小、力量强弱,都要予以尊重,不能以傲慢的态度待之。

第五"美"——"威而不猛"。威,威严也;猛,凶猛。孔子认为,为政者对人要有威严,但绝不是恶狠狠的。一个人有修养,人家看见自然有敬畏、敬重之意,这就是威,但不是恐惧。如果这种威使人真心恐惧,那就是猛了。所以孔子认为有修养的为政者如果能够衣冠端正,礼貌周全,每个人都生敬畏之心,这就是威而不猛。据说,孔子给人的形象是:"子温而厉,威而不猛,恭而安。"(《述而》)孔子温和而又严厉,威严而不凶猛,恭敬而又安详。

由是可见,第三"美"、第四"美"和第五"美",都是就"君子"即统治者的政治道德修养而言,属于"王道"政治的"内圣"方面。

至于"四恶","不教而杀谓之虐;不戒视成谓之暴;慢令致期谓之贼;犹之与人也,出纳之吝,谓之有司。"为政者对待老百姓或者对待部下,如果没有教育教导他,他做错了,便大加惩罚甚至杀戮,这就是暴虐。这样的情况,为政者要自己承担责任。假如教导了他,还是没有改过来,这时才能处罚他。为政者对属下应该事前就要告诫哪些该做,哪些不该做。假如事前不告诫属下,到时候又逼他拿出成绩或者成果来,这样就因为要求太高而不合情理,这就是暴政。为政者对于法规、命令没有严肃的态度,自己视法令为儿戏,却还希望属下达到目的,完成任务,符合你的期望,开始懈怠,突然限期,这就称为贼。为政之道,一切事情都要提前想到。我们所需要的,别人也需要。假使一件事情临到我们身上,我们很不愿意,那么临到别人身上也是一样的。所以真心给人财物,却出手吝啬,这就是有司。在古代,为政之人经常要发放俸禄、福利、生产生活用品之类的财物给人,这些事项都有专人负责,所以叫作有司——即有人管理之意,而司职的官吏给人财物、福利的时候,严格按制度办事,往往会比较严格,出手相当吝啬,这叫作小气,甚至近乎苛刻。这四个方面都是与德政不相符合的政治行为,故孔子主张要摒弃之。

孔子在"为政以德"的总体治国原则下,继承和发展了西周"明德慎罚"的思想,重道(导)德齐礼,轻道(导)政齐刑,为政理民的整体构架。

《为政》载孔子说:"道之以政,齐之以刑,民免而无耻;道之以德,齐之以礼,有耻且格。"皇侃《义疏》:"此章证'为政以德'所以胜也。将言其胜,故先举其劣者也。导,谓诱引也。政,谓法制也。谓诱引民用法制也。……齐,谓齐整之也;刑,谓刑罚也……免,犹脱也。耻,耻辱也。为政若以法制导民,以刑罚齐民,则民畏威苟且,百方巧避,求于免脱罪辟而不复知避耻,故无耻也……此即举胜者也,谓诱引民以道德之事也……以礼齐整之也……既导德齐礼,故民服从而知愧耻,皆归于正也。"《汉书·董仲舒传》颜师古注:"言以政法教导之,以刑戮整齐之,则人苟免而已,无耻愧也。"邢昺《注疏》:"此章言为政以德之效也。'道之以政'者,政,谓法教;道,谓化诱。言化诱于民,以法制教命也。'齐之以刑'者,齐,谓齐整;刑,谓刑罚。言道之以政而民不服者,则齐整之以刑罚也。'民免而无耻'者,免,苟免也。言君上化民,不以德而以法制刑罚,则民皆巧诈苟免,而心无愧耻也。'道之以德,齐之以礼,有耻且格'者,德,谓道德;格,正也。言君上化民,必以道德。民或未从化,则制礼以齐整,使民知有礼则安,失礼则耻。如此则民有愧耻而不犯礼,且能自修而归正也。"皇侃、邢昺解释大同小异,解"道"为"诱导","政"为"法制(教命)","齐"为"齐整","刑"为"刑罚","德"为"道德","格"为"正",认为是第一章"为政以德"的具体效应,主要是从治理层面的发挥。如果只用政治去开导民众,用刑法去惩罚民众,虽然可能畏法而不敢犯法,但缺乏道德自觉。如果用仁德去教导民众,启发他们的道德自觉,同时又用礼去规范他们的行为,民众的行为就能合乎社会的规范,达到社会的和谐。

朱熹《集注》:"道,犹引导,谓先之也。政,谓法制禁令也。齐,所以一之也。道之而不从者,有刑以一之也。免而无耻,谓苟免刑罚。而无所羞愧,盖虽不敢为恶,而为恶之心未尝忘也。礼,谓制度品节也。格,至也。言躬行以率之,则民固有所观感而兴起矣,而其浅深厚薄之不一者,又有礼以一之,则民耻于不善,而又有以至于善也。一说,格,正也。《书》曰:'格其非心。'愚谓政者,为治之具。刑者,辅治之法。德礼则所以出治之本，而德又礼之本也。此其相为终始，虽不可以偏废，然政刑能使民远罪而已，德礼之效，则有以使民日迁善而不自知。故治民者不可徒恃其末，又当深探其本也。"朱熹解为"引导"，与诱导差不多。"政"为"法制禁令"，与"法制教命"有同有异。"齐"为"齐一"，与"齐整"相近。"刑"为"刑罚"，一样。"礼"为"制度品节"是朱熹自己的新解。"德"为"道德"，"格"为"至"，又保留了皇侃、邢昺的"正"。朱熹的贡献是把德、礼、政、刑看成一个有机的整体，梳理了四者的关系，认为"刑""政"是实现"治"的辅助方式，而"德""礼"则是实现"治"的根本途径，而"德"又是根本的根本。如果只用法制禁令去引导民众，用刑法去惩罚民众，虽然人们可能因畏惧刑罚而不敢犯罪，但缺乏道德自觉，没有羞耻心之。如果用道德去教导民众，启发他们的道德自觉，同时又用礼去规范他们的行为，民众就会以不善为耻，自觉地使自己行为合乎社会规范。概括地说，治理国家德、礼、政、刑四者相为终始，不可偏废，但应以道德教化为主，政令刑罚为辅。《朱子语类》卷二十三《论语五》黄幹问："政刑德礼四者如何说？"朱熹曰："此政与道德功术一般。有德礼，则政刑在其中。不可专道政刑做不得底，但不专用政刑。"张栻《论语解》："德礼者，治之本；政刑非不用也。然德立而礼行，所谓政刑者，盖亦在德礼之中矣。故其涵咏熏陶有以养民之心，使知不善之为耻，而至于善道。若其本不立而专事于刑政之末，则民有苟免之意而不知不善之为耻，何以禁其非心乎？后世之论治，及于教者鲜矣。"张栻深化了朱熹的观点，认为后世论政遗失了德礼为政教之本，政刑为政教之末的精义。

类似的说法还见于《礼记·缁衣》："子曰：'夫民教之以德，齐之以礼，则民有格心；教之以政，齐之以刑，则民有遁心。'"又见于《孔丛子·刑论》："齐之以礼，则民耻矣；刑以止刑，则民惧矣。""无礼则民无耻，而正之以刑，故民苟免。"《孔子家语·刑政》引孔子话说："太上以德教民，而以礼齐之。其次以政焉导民，以刑禁之，刑不刑也。化之弗变，导之弗从，伤义以败俗，于是乎用刑矣。"孔子还通过比喻形象地说明以礼齐民与以刑齐民的关系,"以礼齐民,譬之于御,则辔也;以刑齐民,譬之于御,则鞭也。执辔于此而动于彼,御之良也。无辔而用策,则马失道矣。"在礼与刑(辔与策)二者之中,孔子认为重点应该放在礼(辔)上,"吾闻古之善御者,执辔如组,两骖如舞,非策之助也。是以先王盛于礼而薄于刑,故民从命"(《孔丛子·刑论》)。

在中国思想史上,儒家主张道德教化为主,政令刑罚为辅,而法家则主张法治,以政令、刑法驱遣民众,儒家、法家在先秦构成了一定的冲突。到了秦汉以后,儒家思想居于主导地位,统治者儒法并用,形成了《汉书·礼乐志》所说的"礼节民心,乐和民声,政以行之,刑以防之。礼乐政刑四达而不悖,则王道备矣"。此处的礼乐政刑其实就是孔子的德礼政刑在汉代的表述,因为王国维先生对此曾有阐述:"礼乐用陶冶人心,而政刑则以法制禁令刑罚治民。前者为道德,在修人心;后者为政法,在律人身。虽此二者相合,然后成为政治,但其所最重者,则在礼乐。"[1]

孔子还把德、刑作为宽、猛两种统治手段,认为要根据客观情况的变化交替使用。政治上宽猛相济指的就是政治措施要宽和严互相补充,刚和柔相反相成。《尚书·洪范》:"三德,一曰正直,三曰刚克,三曰柔克。平康,正直;强弗友,刚克;燮(xiè)友,柔克。沈潜,刚克;高明,柔克。"克是能的意思。正直,中平之人。刚克:柔克,互文见义,刚者,柔克之,柔者,刚克之。刚而能柔,柔而能刚,宽猛相济,政治乃可以成功。用现代通俗的说法,在治理国家的时候,要学会刚柔相济之术:一是以正直的方式进行治理;二是以强制的方式进行治理;三是以温和的方式进行治理。《左传·昭公二十年》载:郑国执政子产死后,"子大叔为政,不忍猛而宽。郑国多盗,取人于萑苻之泽"。于是子大叔出兵镇压,"萑苻之盗,尽杀之,盗少止"。对此,孔子评论说:

---

[1] 王国维:《孔子之学说》,《王国维文集》第三卷,中国文史出版社,1997年,第150页。

"善哉！政宽则民慢，慢则纠之以猛。猛则民残，残则施之以宽。宽以济猛，猛以济宽，政是以和。"可见，孔子意识到，虽然"宽则得众"，但是，政宽也有它的缺点，"道之以德"也有它在功能上的不足，这就是"政宽则慢"。"慢"者，轻慢也，故必须"纠之以猛"。这样宽以济猛，猛以济宽，宽猛相济，德刑并用，才能有和谐的政治。

总之，孔子认为要治理好一个国家，为政以德是上策，其次为国以礼。如何具体落实德治？必须在满足百姓生活富裕的基础上，加强道德礼义教化，尊五美，摒四恶。在礼与刑问题上，孔子主张礼教是根本，不得已而用刑罚，必须慎用。在处理政事的方式上要德刑并用，宽猛相济，才能有和谐的政治。

六、王道政治——为政的理想模式

"王道政治"是孔子为政之道的理想政治模式，有悠久的历史渊源。我们先从"王"字说去，"王"字在甲骨文和金文中都有，但关于其本意，诸说纷纭，迄今没有定论。《说文》解"王"字云：

> 王，天下所归往也。董仲舒曰："古之造文者，三画而连其中，谓之王；三者，天地人也，而参通之者，王也。"孔子曰："一贯三为王。"

这里引孔子这句话中的"三"，是指天地人三才。

董仲舒《春秋繁露》解释"王"字的原话是："古之造文者，三画而连其中，谓之王。三画者，天地与人也，而连其中者，通其道也。取天地与人之中以为贯而通之，非王者孰能当是？"这就是说，"王"字的三横是天地人的象征，贯穿其中心的一竖"丨"则表示出王沟通天地人三域的职能。

王道，亦称王政、王术，即以德礼仁义治国理民之道。这里的"王道"一词，既指"王之道"即王的统治方式，包括政治制度安排、政治运作方式等，同时又指"王"之所以能"王天下"的内在根据。"王道"的基本意蕴是什么呢？对此，《尚书·洪范》早有界说："无偏无党，王道荡荡；无党无偏，王道平平；无反无侧，王道正直。"何谓"无党无偏"？"党"，实际上就是指为了某种私利而拉帮结派的行为，所谓"结党营私"；而"偏"，不正之意，指在处理问题或制度安排过程中不能站在公正的立场，而偏向于其中的某一方。可见，"王道"在本质上是指一种大公无私、正直无偏之道。《尚书·大禹谟》也揭示了王道的精义："人心惟危，道心惟微，惟精惟一，允执厥中。"这里"允执厥中"是其核心，指言行符合不偏不倚的中正之道。

孔子处于社会转型时期的天下失道，礼崩乐坏的混乱时代，对历史上的圣王政治进行了理论总结和道德升华，提出完整的王道学说。我们看一些史籍的论述：

《史记·十二诸侯年表》："是以孔子明王道，干七十余君，莫能用，故西观周室，论史记旧闻，兴于鲁而次春秋，上记隐、下至哀之获麟，约其辞文，去其烦重，以制义法，王道备，人事浃。七十子之徒口受其传指，为有所刺讥褒讳挹损之文辞不可以书见也。"

《汉书·地理志下》："孔子闵王道将废，乃修六经，以述唐虞三代之道，弟子受业而通者七十有七人。是以其民好学，上礼义，重廉耻。"

《淮南子·泰族训》："孔子欲行王道，东西南北，七十说而无所偶。故因卫夫人、弥子瑕而欲通其道。"

王道与霸道一开始并不是对立的。春秋时期，尽管王道衰微，诸侯争霸，而管仲、子产还能礼法合用，"尊王攘夷"可以说是春秋时代标示王霸共存的一个口号。在当时，这一口号起过一定的实际作用，即对华夏共同体起过凝聚的作用，也对王道的急剧衰微提供过延缓的作用。桓、管以"尊王"行仁，以"攘夷"行霸，对此孔子是肯定的：

子曰：管仲相桓公，霸诸侯，一匡天下，民到于今受其赐；微管仲，吾其被发左衽矣。岂若匹夫匹妇之为谅也，自经于沟渎而莫之知也(《宪问》)

子曰：桓公九合诸侯，不以兵车，管仲之力也。如其仁！如其仁！(《宪问》)

这颇能说明孔子对以王道为理想，同时有限认可霸道的思想倾向。

在孔子这里，广义的"王道"是指以尧、舜、禹、汤、文、武、周公等为代表的治国之道，孔子称之为"先王之道"，孔子的学生有子说："礼之用，和为贵。先王之道斯为美。小大由之。"(《学而》)皇侃《义疏》："先王，谓圣人为天子者也。"这里的所谓"先王之道"，主要是指以尧、舜、禹、汤、文、武、周公等为代表的治国之道，它最突出的特点是礼乐政治文明，而这种"先王之道"之所以为历代儒家所推崇，被视为政治文明的理想形态，原因就在于它突出了"和为贵"这一价值原则，强调确立一切事情，无论大小，都要以"和"为出发点和归宿。由于孔子主张"从周"，故狭义的"先王之道"是指"文武之道"而言。文武之道，本意是指周文王、周武王之道。在文王、武王父子两代，文王继承前代的功业，成为"西伯"，直至与殷纣王分庭抗礼，为灭殷奠定了坚实的基础；周武王秉承父志，又进一步扩展势力，再建都于镐京，终于完成了灭殷的统一大业。孔子对文武之道有独特的体认、阐发与传承。《子张》：卫公孙朝问于子贡曰："仲尼焉学？"子贡曰："文武之道，未坠于地，在人。贤者识其大者，不贤者识其小者，莫不有文武之道焉。夫子焉不学？而亦何常师之有？"卫国的公孙朝问子贡："仲尼的学问是从哪儿学来的？"子贡说："周文王、周武王之道，并未失传，而是散落在民间。贤能的人了解记住大的方面，不贤的人了解记住小的方面，无处不有文武之道。我的老师何处不能学呢？又为什么要有固定的老师呢？"这一章讲到孔子之学何处而来的问题。子贡说，我的老师承袭了周文王、周武王之道，并没有固定的老师给他传授。这实际上是说，孔子自觉地担当了上承文武之道,并把它发扬光大的责任,不需要什么人专门传授。

七、天下大同——为政的最高理想

孔子理想的社会目标是大同社会,但是怎么走向大同?孔子认为,循序渐进,先把国内的事情做好,再逐渐推到治理天下。《季氏》:"丘也闻有国有家者,不患寡而患不均,不患贫而患不安。盖均无贫,和无寡,安无倾。夫如是,故远人不服,则修文德以来之。既来之,则安之。"我孔丘也听说,对于诸侯和大夫,不用发愁境内的财富少,而怕的应该是财富不均;不用发愁所统治的人口少,而怕的应该是不安定。如果财富均平了,也就没有贫穷现象;如果大家和睦相处,就不用发愁;如果国家安定了,也就没有倾覆的危险。做到这样,远方的人还不归附,便倡导文教和德政去招致他们。既然让他们前来归附,就使他们安心。孔子认为,治国首先是修内政,内政搞好了,再以文教和德政影响感化远处的夷狄,使他们来归附。这就叫治国平天下。如果天下能平,大同社会就不远了。

司马牛忧曰:"人皆有兄弟,我独亡。"子夏曰:"……四海之内,皆兄弟也。君子何患乎无兄弟也?"(《颜渊》)四海:即北海、东海、南海、西海。这里的"海",其本意是泛指辽远无边的未知地域(含水域),并不仅指储水的"海"。实际上是指中国以外的其他地方。司马牛忧虑地说:"别人都有兄弟,唯独我没有。"子夏说:"……四海之内,都是兄弟。君子何必担心没有兄弟。""四海之内皆兄弟也"这句话是有来历的。远古中国人认为自己居住在"四海"的中央,称四周天下为"四海"。作为《论语》里一句经典的语录,它是孔子一个很高境界的政治理想。这一句经典语录把中国人以血脉为经,以文化为纬织起了一张富有人情味的网络,让我们彼此感到人性仁爱的交融和手足情深的温暖,反映了中国文化巨大的包容性、涵盖性和人文精神。在联合国也挂上了这句名言,说明这句经典语录已经为世界所认同。它以一种特殊的方式传达一个声音:世界无论多大,其实就是一个大家庭,而我们每一个生命的个体彼此为兄弟姐妹。今天全球化已经是不可阻挡的历史趋势,经济科技的发展使不同种族、不同文明紧密地联系在一起。世界经济的相互融合,世界文化的相互渗透,世界科技的相互协作,世界秩序的相互协调,都需要我们用同样一个友爱的声音表达——"四海之内皆兄弟也"。这一表达可以说是世界大同的先声,早就在两千多年前被我们的圣贤朴素地表达了出来。

《雍也》载孔子说:"齐一变,至于鲁;鲁一变,至于道。"孔子说:"齐国一变革,可以达到鲁国这个样子;鲁国一变革就可以达到天下有道了。"本章孔子就齐鲁两国不同的治国模式和发展道路进行比较的基础上,提出了社会变革的方向与社会发展的最高理想,这就是天下有道的大同社会。春秋时期,齐国实行了一些改革,封建经济发展较早,而且成为当时最富强的诸侯国家。与齐国相比,鲁国封建经济的发展比较缓慢,但道德文明与礼乐文化保存得比较完备,所以孔子说,齐国变革就能达到鲁国的样子;而鲁国再一变革,就达能到了大道之行的大同之世。

关于齐鲁的差异,《说苑·政理》曰:

> 齐之所以不如鲁者,太公之贤不如伯禽。伯禽与太公俱受封而各之国,三年,太公来朝。周公问曰:"何治之疾也?"对曰:"尊贤,先疏后亲,先义后仁也。"此霸者之迹也。周公曰:"太公之泽及五世。"五年,伯禽来朝,周公问曰:"何治之难?"对曰:"亲亲,先内后外,先仁后义也。"此王者之迹也。周公曰:"鲁之泽及十世。"故鲁有王迹者,仁厚也;齐有霸迹者,武政也。齐之所以不如鲁也,太公之贤不如伯禽也。

《淮南子·齐俗》曰:

> 昔太公望、周公旦受封而相见。太公问周公曰:"何以治

鲁?"周公曰:"尊尊亲亲。"太公曰:"鲁从此弱矣。"周公问太公曰:"何以治齐?"太公曰:"举贤而上功。"周公曰:"后世必有劫杀之君。"其后齐日以大,至霸,二十四世而田氏代之。鲁削,至三十二世而亡。

据以上史料可知,齐国与鲁国的历史文化传统存在很大的差异:齐的治国模式从开国的姜太公就注重功利,由"霸术"而"霸业",对内以法制民,对外以武制敌,强调的是以暴制暴,以力制力,重武功,行霸道。而鲁的治国模式从开国的伯禽就注重礼乐,为政仁厚,有王道之迹,重文治,行王道。但至孔子时,鲁由三家执政,也无道。尽管鲁无道,礼乐还存在,齐还是不如鲁。就是说,在孔子看来,急功近利,究竟不如仁义礼乐。

关于本章的思想历代注释家有不同的解读。何晏《集解》引包咸注说:"言齐、鲁有太公、周公之余化。太公大贤,周公圣人。今其政教虽衰,若有明君兴之,齐可使如鲁,鲁可使如大道行之时。"齐国是姜太公后代分封而形成的国家,鲁国是周公后代分封形成的国家,姜太公是大贤,周公是大圣人。在孔子这个时代虽然两国政教都出现了衰微,但孔子认为如果有明君出现的话,就会使齐国变革达到鲁国的样子,鲁国再一变革达到大道之行的大同之世。

朱熹《集注》:"孔子之时,齐俗急功利,喜夸诈,乃霸政之余习。鲁则重礼教,崇信义,犹有先王之遗风焉,但人亡政息不能无废堕尔。道,则先王之道也。言二国之政俗有美恶,故其变而之道有难易。"朱熹比较两国的风俗民情的不同,不过他认为这里"道"是先王之道,即广义的王道。他还引程子曰:"夫子之时,齐强鲁弱,孰不以为齐胜鲁也,然鲁犹存周公之法制。齐由桓公之霸,为从简尚功之治,太公之遗法变易尽矣,故一变乃能至鲁。鲁则修举废坠而已,一变则至于先王之道也。"

顾炎武《日知录》:"变鲁而至于道者,道之以德,齐之以礼;变齐而至于鲁,道之以政,齐之以刑。"顾炎武把齐变至鲁,鲁变至道与道(导)德齐礼,道(导)政齐刑对应起来,意思与朱熹差不多。

不过,杨树达《论语疏证》按:"齐为霸业,鲁秉周礼,则王道也。齐一变至于鲁,由霸功变为王道也。《礼运》以禹、汤、文、武、成王、周公六君子为小康,是王道为小康也。鲁一变至于道者,由小康变为大同也。《礼运》言大道之行天下为公,此道正彼文所谓大道矣。"熊十力先说《礼运》"以礼运名者,诚以小康之礼教当变易而进乎大道。"①这就说得很清楚,齐为霸政,鲁行王道,结合《礼记·礼运》王道对应小康,大道是指大同,所以鲁一变至于道就是指由小康变为大同。

在《礼记·礼运》,孔子描绘了人类社会最高理想蓝图:"大道之行也,天下为公,选贤与能,讲信修睦。故人不独亲其亲,不独子其子。使老有所终,壮有所用,幼有所长,矜(鳏)寡孤独废疾者,皆有所养。男有分,女有归。货恶其弃于地也,不必藏于己,力恶其不出于身也,不必为己。是故谋闭而不兴,盗窃乱贼而不作。故外户而不闭,是谓大同。"

在孔子的心目中,大同社会是一个非常美好的理想社会,其总原则就是"天下为公",是派生其他具体内容的根源和出发点。体现的具体原则有:在经济上,财产公有,这是大同社会的经济基础;在政治上举贤能,用人才,讲信用,实行社会民主;在社会生产上,按性别、年龄和社会需要进行分工,各尽其力,为社会劳动;人人从事劳动,社会成员平等地享用劳动成果;在社会生活中人们的地位是平等的,大家互敬互爱,互靠互养,诚实无欺,过着美满幸福的生活;没有盗贼,战争也不会发生,社会安定,秩序井然,天下太平。

总之,虽然这里只有短短的107个字,但是它提纲挈领,向我们展示了一幅以公有制为基础的大同社会的美丽画卷。如果用现代语言来表述,大同社会就是人与自然和谐相处,经济可持续

---

①熊十力:《原儒》,中国人民大学出版社,2006年,第96—97页。

发展；社会有选贤与能的机制，人与人之间讲信修睦，在家庭关系上提倡仁义孝悌，物质文明、制度文明与精神文明和谐发展的社会。天下为公、世界大同，寄托了中华民族的理想和信念，也必然是人类的理想归宿。

今天，我们正在构建和谐社会，建设具有中国特色的小康社会，要继承中国古代的大同小康的基本思想和理念。同时结合当代人类文明的丰富成果，立足传统，延续命脉，面向世界，建设小康，走向大同。

第三章 礼乐之道

一、礼、乐、礼乐文化

《说文》对"礼"的解释是人们所熟知的:"禮,履也,所以事神致福也。从示从豊"。徐灏注笺:"礼之言履,谓履而行之也。礼之名,起于事神。""示"是示范与取材的意思,盖源于《易》"天垂象""示人"之意。"豊"上面两个"丰"像玉条,下面的"豆"像木做的祭器,合起来是祭祀用的物品。从字面上看,礼(禮)字的一半(豊)与事神致福的祭祀活动紧密相连,另一半(示)则通过祭祀以明天命、行政教的意思。

"礼"一词在不同层次上具有不同的含义。

最狭义的"礼"(也可能是"礼"的原始含义)是表示各种宗教仪式的特定方式。关于祭祀祖宗的时间、地点、祭祀方式和献祭时的姿势等方面的规定,都被称作"礼"。广义的"礼"是指所有的礼节性或者礼貌性行为,既涉及世俗社会,也涉及宗教领域。在社会习俗中,涉及各种社会关系的礼不计其数。待客、娶妻、交战以及其他各种讲究礼节的场合,都有应遵循的礼。第三种,也是最广义的礼就是儒家所想望的理想社会中所有的国家制度和社会关系。[①] 邹昌林先生也说:"礼在中国,乃是一个独特的概念,为其他任何民族所无。其他民族之礼一般不出礼俗、礼仪、礼貌的范围。而中国之礼,这与政治、法律、宗教、思想、哲学、习俗、

---

① D.布迪、C.莫里斯著:《中华帝国的法律》,朱勇译,江苏人民出版社,1995年,第13—14页。

文学、艺术，乃至于经济、军事，无不结为一个整体，为中国物质文化和精神文化之总名。"①

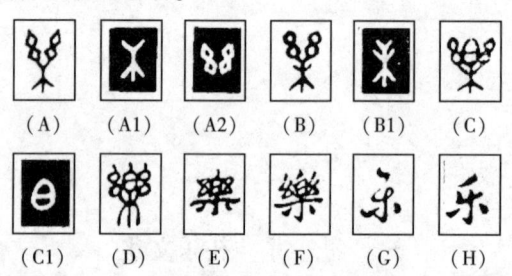

(A)　(A1)　(A2)　(B)　(B1)　(C)
(C1)　(D)　(E)　(F)　(G)　(H)

甲骨文中的"乐"字(图 A)是个象形兼会意字，下面是弦乐本身的木结构(图 A1)，上面是以丝做成的弦(图 A2)，表示其本义是一种弦乐器，因为音乐使人愉悦和高兴，故"乐(yuè)"字后来转声为喜悦欢乐的"乐(lè)"。金文中"乐"字图 B(见《乐鼎》)是东周时代金文中的"乐"字，乐架的结构从图 A1 的形状变成了图 B1 的形状。东周以后，"乐"字发展为图 C，在两条丝弦之间多加了一面鼓(图 C1)，把打击乐和弦乐糅合在一起。图 C1 是"白(bó)"，作"乐"字的声符用，使得"乐"字变成形声字。小篆中的"乐"字(图 D，见《说文解字》)、隶书中的"乐"字(图 E，见《好太王碑》)和楷书中的"乐"字(图 F)都是由"乐"字的东周金文(图 C)演变来的。到了东晋时代，出现了书法大家王羲之草书的"乐"字(图 G)，于是，六朝以后，便出现了草书楷化的民间俗字"乐"(图 H)，最终成为如今使用的简化"乐"字。②

关于"乐"的含义，《说文解字》："乐，五声八音总名。"所谓"五声"指宫、商、角、徵、羽，声也；所谓"八音"指丝、竹、金、石、匏、土、革、木八种乐器之音。引申为愉悦、使……愉悦等。

礼与乐二者不可分割，不可偏废，具有一致的内在精神，具体实践过程中相互配合，共同发挥作用。礼乐并称，有着深远的

---

①邹昌林：《中国礼文化》，社会科学文献出版社，2000 年，第 14 页。
②陈政：《字源谈趣》，广西人民出版社，1986 年，第 155—156 页。

根源,是中华民族的祖先进入文明社会的独特创造,在远古的时代,宗教性、政治性的礼总是与音乐舞蹈同时兴起,互相联系。所谓"国之大事,在祀与戎"(《左传·成公十三年》),有祭祀之礼也就必然有乐舞,有文字可考的礼乐始自夏商,到周朝初期周公既制礼,又作乐,使礼乐成为西周一套完备制度,形成文化体系。春秋战国,社会大变革,礼坏则乐亦崩。而后经孔子、孟子和荀子承前启后,发扬光大,形成了礼乐合用,内外同治,范围极广的文化系统,历代得以传承发展至今,是中国古代文明的重要组成部分。中华民族的"礼乐文化",奠定了中国成为"礼乐之邦",也被称之为"礼仪之邦"。

二、春秋礼崩乐坏

孔子生长的春秋时期是一个礼崩乐坏,天下无道的时代,礼崩乐坏的情形大致有以下几种:

1. 废弃。从周天子到其他贵族对传统礼仪制度废弃不用。周王朝在宣王时尽管有短暂的中兴,但他却开始了也对传统礼仪制度有废弃之举。《国语·周语上》载曰:

> 宣王即位,不籍千亩。虢文公谏曰:"不可。夫民之大事在农,上帝之粢盛于是乎出,民之蕃庶于是乎生,事之供给于是乎在,和协辑睦于是乎兴……今天子欲修先王之绪而弃其大功,匮神乏祀而困民之财,将何以求福用民?"

周宣王在位时要废掉籍礼,虢文公对他进行劝谏。原来籍礼所要耕作的籍田是要提供祭祀上帝的祭品的。《礼记·祭统》说:"是故天子亲耕于南郊,以共齐盛。"籍田礼的废除是周礼衰落的先兆,也反映了当时土地制度的变化。鲁国是春秋列国中号称"犹秉周礼"(《左传·闵公元年》)的,然而朝聘之礼也几被废弃。据《春秋》记载,鲁国诸侯从隐公到襄公二百四十二年间,朝天子仅三次。其中僖公在"践土之会"和"和于温"时,同与会的各国国君两次会见应召前来的周襄王。此外,公元前578年,鲁成公追随晋厉公伐秦路过成周,曾和他一起"朝王",鲁国派遣大夫"聘周"也只有四次。

2. 无知。所谓无知,是指贵族(甚至包括周王本人)对礼乐制度的条文、仪节的遗忘,对礼乐文化详细内涵缺乏了解。春秋后期贵族甚至周王都不知先王之礼。当时人们好谈先王之制、先王之礼。先王之礼究竟是什么,许多人也弄不清楚。一次晋派荀跞到周王室赴葬,以籍谈为助手。籍谈之祖主管典籍,因此为氏,且世世典守。在周王举行的第一次宴会上,周景王问籍谈,晋何以无贡物,籍答道,晋从未受过王室的赏赐,何来贡物。周景王就列举王室赐晋器物的旧典来,并责问籍谈,身为晋国司典的后代,怎么能"数典而忘其祖"(《左传·昭公十五年》),也就是说籍谈列举一堆典故来评论事情,却反而将自己祖先掌管典籍这件事给忘记了!

3. 虚文。所谓虚文,指的是贵族对礼乐文化的日常践履越来越应付了事,许多严肃的礼仪成为虚设的形式。如"告朔"之礼。杨树达《论语疏证》引《蔡邕集·月令篇名》曰:"古者诸侯朝正于天子,受月令以归而藏诸庙中。天子藏之于明堂,每月告朔朝庙,出而行之。周室既衰,诸侯怠于礼。鲁文公废告朔而朝,仲尼讥之。《经》曰:'闰月不告朔,犹朝于庙。'自是告朔遂废,而徒用其羊。子贡非废其令而请去之。仲尼曰:'赐也,尔爱其羊,我爱其礼。'庶望王复兴,君人者昭而明之,稽而用之耳。"按"周礼",每年秋冬之交,周天子把第二年的历书颁给诸侯,这历书包括那一年有无闰月,每月初一是哪一天,因之叫"颁告朔"。诸侯把这一历书藏于祖庙,每逢初一,便杀一只活羊祭庙,行告庙听政之礼。但周王衰微,诸侯都懒于行此礼,鲁君早已不亲临祖庙,而且也不听政,但是每月初一却要照例杀一只活羊"虚应故事"。当时辅佐鲁君的子贡,则干脆主张去掉饩羊。《八佾》载:"子贡欲去告朔之饩羊。子曰:'赐也,尔爱其羊,我爱其礼。'"孔子不同意,他大概认为即使某种典礼仪文已被虚文化了,但有这种形式比没有要好,他期待有明王复兴周礼,会有国君考察重用此礼。

4. 失礼和非礼。失礼就是该按礼制做的而不做,非礼就是按礼制不应做的偏做,都是对礼制的违反。《国语·吴语》载:"周室既卑,诸侯失礼于天子。"《后汉书·舆服志》载:"至周夷王下堂而迎诸侯,此天子失礼,微弱之始也。"例如楚国就曾"尔贡苞茅不入,王祭不共,无以缩酒"(《左传·僖公四年》)。楚不但不纳贡,反而兴师动众,军临洛阳,问象征统治权的周鼎之大小轻重。"诸侯失礼于天子",就激起了周王"讨不敬"的事件时有发生。早在公元前710年(周桓王十年)九月,"入杞,讨不敬也"(《左传·桓公二年》)。所谓"讨不敬",就是讨伐《礼记·王制》中说的对山川神祇"不举者",亦即对宗庙"有不顺者",也就是讨伐不祭祀王室宗庙的诸侯。这就加深了天子与诸侯的矛盾。

各国诸侯对天子不朝,不祭祀天子的宗庙,在各封国内的大夫们也不祭祀诸侯的祖庙。与周王室关系最近的鲁国,就出现了把公庙设于私家的事件:

大夫而飨君非礼也,大夫强而君杀之,义也。由三桓始也。(《礼记·郊特牲》)
公庙之设于私家,非礼也,由三桓始也。(《礼记·郊特牲》)

鲁国的季孙氏、叔孙氏和孟孙氏三家大夫,把公庙设于私家,即把诸侯的祖庙下移,由三桓掌握,这是"非礼",是表示已由他们掌握了鲁国的大权。

5. 僭越。是指在礼乐等级制度中下一级僭用上一级所用的礼乐规格,这是一种破坏礼乐制度的行为。在春秋时代最大的僭越现象是所谓"天子僭天"的现象,即周天子做出违背天道天理的行为。在春秋时代,天子僭天是各种僭越现象中最大的僭越现象,并且是各种僭越现象的总根源。因为天子不正,上行下效,诸侯大夫必不正,于是,就不断地出现诸侯僭用天子礼,大夫僭用诸侯礼,家臣僭用大夫礼的现象,用孔子的话说就是"礼乐征伐自诸侯出","自大夫出"以及"陪臣执国命"等破坏宗法等级制度的现象。如《八佾》和《左传》所载鲁三大夫季孙氏、叔孙氏、孟孙氏对礼制的僭越最为典型。三家在祭完自己的宗庙后竟"以《雍》彻"(《八佾》),即用着周天子祭宗庙完毕后撤去祭品时唱的诗来撤除祭品。叔孙氏甚至在自己的私人宴会上明目张胆地按天子的规格奏乐舞蹈——"八佾舞于庭"(《八佾》)。对这种僭礼坏乐的行为,孔子极为气愤:"是可忍也,孰不可忍也!"(八佾)这里的"忍"主要有两种解释:其一,忍心,指季氏僭用天子的八佾舞,蔑视鲁国的国君,这样是事情都忍心做出来,还有什么事情不忍做;其二,容忍,指孔子对季氏以大夫身份而僭用天子之礼如果能容忍,还有何事不能容忍。今从前说。不管人们对"忍"字做哪种理解,孔子对季氏的深恶痛绝之情溢于言表。他更深层的忧虑是人心的堕落,人性的泯灭,将使一个社会沦落到何等境地?另外,季康子还去祭祀泰山,《八佾》载季氏旅于泰山,子谓冉有曰:"女弗能救与?"对曰:"不能。"子曰:"呜呼!曾谓泰山不如林放乎?"按照周礼,天子才能祭祀天下的名山大川,诸侯只可祭祀自己邦国的山川。因此,卿大夫级别的季氏根本没有资格祭祀泰山。季氏竟然也去祭祀泰山,孔子认为这是僭越行径,但是由于季氏当时在鲁国权势很大,孔子的学生也没有办法阻止,于是孔子发出了这样的诘问。这是明知故问、正话反问,意思是神不享非礼,泰山之神自然比林放更知礼,如《论语·八佾》林放都知道问礼之本,所以不会接受季氏的违礼之祭。

从春秋墓葬的考古发掘中也可以看出各国贵族对礼制的僭越。20世纪50年代在山东临淄附近尧王庄发掘出土带有"国子"器铭的墓地,其中出土八鼎,国氏是春秋时鲁国的新兴贵族,依礼制是没有资格享用八鼎的。最有名的是70年代在湖北随县发掘的曾侯乙墓,完全采用九鼎八簋的组合方式,且随葬了配有铭文的编钟上下三层六十四件,编磬三十二种,还有鼓、琴、瑟、排箫、笛、笙等多种乐器。不但新贵族，就是平民庶人、边远野人也开始突破礼乐规制，他们不再只是用盆、罐简单的生活用品随葬，也开始使用鼎、簋等大型礼器，没有经济实力者就以仿铜的陶器代之。

除了以上四种情形外，当时还有阳奉阴违，利用乃至公开践踏礼乐的行为。阳奉阴违是口头上讲礼，实质上违礼，连周天子也常如此。如春秋初年"周郑交质"事件：当时郑武公、郑庄公为周平王的卿士。周平王对虢有二心，郑伯怨怼平王，平王却当面否认："没有这回事。"（《左传·隐公三年》）

利用，是指许多礼仪，如吊唁、庆贺、献俘已被诸侯、大夫利用成为列国办外交、搞阴谋的手段。如"献俘"原本是诸侯对周天子之礼，而在春秋时强国打了胜仗，却向自己的盟国献俘，以示武力强盛，令其慑服。

践踏礼制的事在春秋初年就发生了。郑庄公居然派人抢割成周的麦禾（《左传·隐公三年》）；在繻葛之战中与王对阵，"中射王肩"（《左传·桓公五年》）。

以上几种情形，亦因亦果，互为因果。其中以僭越为祸首罪魁，猛烈而又深刻地摧毁着经过长期积累而成的礼乐文化，破坏着西周的政治秩序和道德秩序，使西周政治文化模式结构的内核发生裂变，显示了世道衰微的征候。

对此，后来史家多有述评。《史记·礼书》谓："周衰，礼废乐坏，大小相逾，管仲之家，兼备三归。"《汉书·货殖列传》云："周室衰，礼法堕。诸侯刻桷丹楹，大夫山节藻棁，八佾舞于庭，《雍》彻于堂……陵夷至乎桓、文之后，礼谊大坏，上下相冒，国异政，家殊俗，耆欲不制，僭差亡极。"《汉书·游侠传》亦云："周室既微，礼乐征伐自诸侯出。桓、文之后，大夫世权，陪臣执命。陵夷至于战国，合从连衡，力政争强。"

礼乐文化中制度、仪规层面的"礼制"体系不断崩解的情形刺激着统治阶层的一部分人，他们觉得若任其发展下去，前途是不堪设想的。于是，他们首先想到"无礼必亡"（《左传·昭公二十五年》），自然起来维护，就先后发出了不少的关于"礼乐"的议论，对礼乐的观念化、人性化、人情化的思想意识层面的"礼论"于是获得了空前繁盛,为儒家学说的产生提供了直接的思想资源。春秋时代对礼的诸种论述甚多。

孔子处于这样的时代,也思考、探讨有关礼乐的各种问题。从家学渊源讲,孔子出身于殷商贵族家庭,从小深受礼乐文化传统的熏染,又谦虚谨慎,勤学好问,积累了丰富的礼乐知识。面对礼乐越来越趋于形式化的局面,他一方面在行动上坚持遵守这些形式化的礼,对于任何小的仪式细节都固守不放,关于拜上拜下的选择便是最有代表性的一例。《乡党》的记载足以说明孔子是怎样笃守小节、循规蹈矩、谨小慎微;另一方面,也是主要方面,从理论上极力提倡充实礼的精神实质,力图给形式化的礼注入新的内容。这说明,他不同于其他"儒",他不满足于对礼乐知识的掌握和以此谋生。《礼记·檀弓》中有大量关于孔子及其弟子靠给人办丧事谋生之类的记载。《论语》中也有孔子为人治丧相礼生活的自述:"出则事公卿,入则事父兄,丧事不敢不勉,不为酒困,何有于我哉?"说明他年轻时为生计从事过治丧相礼之类的事情,但在他看来,"君子谋道不谋食"(《卫灵公》),他要在把握礼乐的一般知识和具体仪节的基础上,了解礼乐文化的历史和内涵。他曾很自信地说:"夏礼,吾能言之,杞不足征也;殷礼,吾能言之,宋不足征也。文献不足征也,足则吾能征之。"(《八佾》)

三、礼乐的价值基础

礼乐有价值基础、内在精神,所谓"礼之本",与完美的形式相结合,形成礼乐之道。

西周礼制的价值基础是道德。王国维指出说:"周之制度典礼,乃道德之器械,而尊尊、亲亲、贤贤、男女有别四者之结体也,此之谓民彝。"[1]这就是说,西周的礼制是以道德为价值基础

---

[1] 王国维:《殷周制度论》,《观堂集林》卷十,中华书局,1999年,第477页。

的,而具体则由尊尊、亲亲、贤贤、男女有别四者构成,这就是"民彝",就是礼制的基本原则。《礼记·大传》云:"亲亲也,尊尊也,长长也,男女有别,此其不可得与民变革者也。"《丧服小记》亦云:"亲亲、尊尊、长长、男女之有别,人道之大者也。"所谓基本原则也就是"天不变道亦不变"的人伦道德准则,是人道当中最重要的。《尚书·康诰》:"天惟与我民彝大泯乱。"《伪孔传》:"天与我民五常,使父义、母慈、兄友、弟恭、子孝,而废弃不行,是大灭乱天道。"

孔子一方面"志于学"(《为政》),学什么?刘宝楠《论语正义》解释说:"学不外道与礼也。"就是说这里的"志于学"就是志于学"道"和"礼"。另一方面,"志于道"(《述而》),他要探求礼乐背后"一以贯之"的"道"。这成为他终生奋斗追求的目标,"朝闻道,夕死可矣"(《论语·里仁》)。对礼乐之道的追求就是对礼乐作为一种复合性文化实体进行解析,使之观念化、理性化、人性化。礼乐之道是怎么来的呢?他对春秋时代的社会有一个基本的判断:"天下有道,则礼乐征伐自天子出;天下无道,则礼乐征伐自诸侯出。自诸侯出,盖十世希不失矣;自大夫出,五世希不失矣;陪臣执国命,三世希不失矣。天下有道,则政不在大夫。天下有道,则庶人不议。"(《季氏》)"天下无道"指:一是周天子实权落入诸侯手中,二是诸侯国家实权落入大夫和家臣手中,三是老百姓抗议政事。对于这种情况,孔子认为是礼乐崩坏的结果,如果这样继续下去,政权就会垮台。他希望回到"天下有道"的时代,社会有秩序,百姓安居乐业。这段话显然是孔子考察了历史和现实而得出的结论,是站在道的高度对社会的评判。"道"的失落意味着文化价值理想的失落和价值标准的失范,一句话核心价值的失落。是儒者的文化良知促使孔子走到了历史的前沿,立志改变"道之不行"的现状,重新恢复"天下有道"的局面。孔子苦心孤诣要找回的"道",就是指儒家孜孜以求的古者先王之道,是尧舜禹汤文武周公一脉相承的文化传统,它代表着儒家文化的价值理想和最高典范。孔子的"道"自然是承继春秋以来中国文化由天道转到人道的这一历史趋势而进一步探讨的,其传统资源主要是礼乐文化,其价值指向基本上是人文精神,其最后的归宿大体上是社会政治秩序的重建。再就使他的"道"具有了更为广泛、深刻的历史文化意蕴。

要复兴礼乐,他认为不能光讲礼乐本身,还要追溯礼乐背后的"道"——用今天的话可以说相当于历史规律、文化精神、社会理想、政治理念等。他对道有了自觉的意识,这就是通过对礼乐文化的历史反思来"悟道"的,所体悟出来的是历史之道、人文之道。比较起来,与孔子同时代的老子也是通过对礼乐文化的历史反思来"悟道"的,然而他悟出的则是宇宙之道、自然之道。这样说当然只是一种方便说法,很容易被人误解,所以更确切地说孔子应该是以人道为主而下学上达,通天地人,而老子则是天道为本,上道下贯,涵天地人。

历史上,周公"制礼作乐",从而使礼制得以完善,所以孔子特别推崇周礼。在《论语》中,孔子屡屡称赞周代的礼乐文化:"周监于二代,郁郁乎文哉!吾从周。"(《八佾》)为什么孔子要从周?邢昺《注疏》说是因为"周之礼文犹备也……言以今周代之礼法文章,回视夏、商二代,则周代郁郁乎有文章哉。'吾从周'者,言周之文章备于二代,故从而行之也"。《汉书·礼乐志》亦曰:"周监于二代,礼文尤具,事为之制,曲为之防。故称礼经三百,威仪三千……孔子美之曰:'郁郁乎文哉!吾从周。'"不仅如此,周代礼乐还体现了至高无上的道德。"周之德,其可谓至德也已矣。"(《泰伯》)何晏《集解》引包咸曰:"殷纣淫乱,文王为西伯而有圣德,天下归周者三分有二,而犹以服事殷,故谓之至德。"这是孔子赞扬周文王有至圣之德。对于周礼的制定者周公,孔子更是钦佩有加:"甚矣吾衰也!久矣吾不复梦见周公!"(《述而》)何晏《集解》引孔安国说:"孔子衰老,不复梦见周公。明盛时梦见周公,欲行其道也。"他盛年时经常梦见周公,期望在春秋时期重建礼乐制度,实现周公的礼乐之道。《子罕》载孔子言:"文王既没,文不在兹乎?天之将丧斯文也,后死者不得与于斯文也;天之未丧斯文也，匡人其如予何？"对于孔子此处所说之"文"，朱熹《集注》曰："道之显者谓之文，盖礼乐制度之谓也，不曰道而曰文，亦谦辞也。"后来又强调："三代圣贤文章，皆从此心写出，文便是道。"（《朱子语类》卷一三九）就是说，这里的"文"就是礼乐，而礼乐体现了"道"，所以"文便是道"。戴震也说："周道衰，尧、舜、禹、汤、文、武、周公致治之法，焕乎有文章者，弃为陈迹。孔子既不得位，不能垂诸制度礼乐，是以为之正本溯源，使人于千百世治乱之故，制度礼乐因革之宜，如持权衡以御轻重，如规矩准绳之于方圜平直。"（《孟子字义疏证·序》）孔子通过对夏商周三代礼乐文化的对比研究，首先认识到礼乐文化是一脉相承的，但又不是一成不变的，而是有损益增删的，是随时世变化而变化的。他说："殷因于夏礼，所损益，可知也；周因于殷礼，所损益，可知也。"（《为政》）朱熹《集注》曰："三纲五常，礼之大体，三代相继，皆因之而不能变。其所损益，不过文章制度小过不及之间，而其已然之迹，今皆可见。"损益之道其实也就是在谈文化"不变"与"变"的关系。礼乐尽管外在形式，即具体礼节仪式每代有变，而其精神实质，即纲常伦理相因不变。因此，礼中小过不及之类的具体仪式是可以损益的，如"麻冕，礼也，今也纯，俭。吾从众"（《子罕》）。但是礼乐文化中那些有关上下、长幼、尊卑等涉及宗法关系根本的规定，是不能因时代改变而变化的，故"拜下，礼也；今拜乎上，泰也。虽违众，吾从下"（《子罕》）。这说明孔子透视到了礼乐文化的社会经济和政治组织（宗法）的实质。

孔子对西周礼乐的传承、挖掘和阐发形成了自己的学说体系，成为儒家的鼻祖，因此汉唐人们把儒学称为"周孔之道"。现代大儒梁漱溟说："中国数千年风教文化之所由形成，周孔之力最大。举周公来代表他以前那些人物，举孔子来代表他以后那些人物，故说'周孔教化'。周公及其所代表者，多半贡献在具体创造上，如礼乐制度之制作等。孔子则似是于昔贤制作，大有所悟，从而推阐其理以教人。道理之创发，自是更根本之贡献，启迪后人于无穷。所以在后两千多年的影响上说，孔子又远大过周公。"①现代新儒家牟宗三说："周公之制礼是随军事之扩张、政治之运用，而创发形下之形式。此种创造是广度之外被，是现实之组织。而孔子之创造，则是就现实之组织而为深度之上升。此不是周公的'据事制范'，而是'摄事归心'。是以非广被之现实之文，而是反身而上提之形上的仁义之理。……现实的周文以及前此圣王之用心及累积，一经孔子勘破，乃统体是道。是以孔子之点醒乃是形式之涌现，典型之成立。孔子以前，此典型隐而不彰；孔子以后，只是此典型之继体。"②可见，孔子正是通过礼乐文化的反思达致对"道"的自觉，形成了礼乐之道，开创了儒家之道统和学统。到中唐，韩愈提出儒家的道统之说，认为儒家之道是尧传舜，舜传禹，禹传商汤，商汤传文、武、周公，文、武、周公传孔子，孔子传孟子，孟子死了以后这个道统就没有传承了。韩愈重视《孟子》《大学》《中庸》，在他看来，儒家之道主要是仁义之道而非礼乐之道，这是"周孔之道"向"孔孟之道"转变的开始。到了宋明理学，"孔孟之道"更是后来居上，"周孔之道"反倒隐而不彰了。

孔子还提出"射以观德"。《八佾》子曰："君子无所争，必也射乎。揖让而升，下而饮，其争也君子。"邢昺《注疏》："此章言射礼有君子之风也。'君子无所争'者，言君子之人，谦卑自牧，无所竞争也。'必也射乎'者，君子虽于他事无争，其或有争，必也于射礼乎！言于射而后有争也。'揖让而升，下而饮'者，射礼于堂，将射升堂，及射毕而下，胜饮不胜，其耦皆以礼相揖让也。'其争也君子'者，射者争中正鹄而已，不同小人厉色援臂，故曰'其争也君子'。"射礼不是非要争个胜负，关键是要展现君子之风，体现礼让精神。《八佾》又载："射不主皮，为力不同科，古之道也。"朱熹《集注》："古者射以观德，但主于中而不主于贯革，盖以人之力有强弱不同等也。"《孟子·公孙丑上》："仁者如射。

---

① 梁漱溟：《中国文化要义》，学林出版社，1987年，第102页。
② 牟宗三：《历史哲学》，广西师范大学出版社，2007年，第88页。

射者正己而后发,发而不中,不怨胜己者,反求诸己而已矣。"射者要是个仁者,要自身要正,即是射不中,也怨胜过自己的人,要学会反求诸己。仁即是射礼的内在精神,是仁者才能自身端正,能够反求诸己。《礼记·射义》说:"射者,所以观盛德也。""射者进退周还必中礼,内志正,外体直,然后持弓矢,审固;持弓矢,审固,然后可以言中。此可以观德行矣。"观射礼,不只是看射中多少,还看射者的心态、仪表、动作的规范与节奏,以及决胜之后的风格。通过射礼过程中的进退周还,内正外直,就能体现出一个人的道德修养如何,这就是所谓"射以观德"。

《礼记·射义》还讲了这样一个故事:"孔子射于矍相之圃,盖观者如堵墙。射至于司马,使子路执弓矢,出延射曰:'贲军之将,亡国之大夫,与为人后者不入,其余皆入。'盖去者半,入者半。又使公罔之裘、序点,扬觯而语,公罔之裘扬觯而语曰:'幼壮孝弟,耆耋好礼,不从流俗,修身以俟死者,不,在此位也。'盖去者半,处者半。序点又扬觯而语曰:'好学不倦,好礼不变,旄期称道不乱者,不,在此位也。'盖仅有存者。"说的是在一次矍相之圃的射礼上,射手们到齐后,孔子令子路宣布:战败、亡国、冲锋落后的,不得入场。于是只剩下一半人了。又令公罔求宣布:从小就孝顺,到老还好礼,勇于为国捐躯的,留下来。于是又退掉一半。接着,还令序点宣布:好学不倦,好礼不变,能终身守道不乱的,留下来。结果,剩下的射手只有几个人。这个故事未必真实,但从中可以看到孔门儒家对射礼意义的深刻认识与对射礼参与者的严格要求:以射选士,不只是选他的气力,更要选他的德行,看他的道德修养和综合素质。

四、礼乐的内在精神

在礼崩乐坏的情形下,许多严肃的礼仪成为虚设的形式,没有了内在精神。孔子说:"礼云礼云,玉帛云乎哉!乐云乐云,钟鼓云乎哉!"(《阳货》)邢昺《注疏》:"此章辨礼乐之本也……重言之者,深明乐之本不在玉帛钟鼓也。"礼、乐之道不在那些玉帛、钟鼓的外在形式,而是有内在的精神实质,即所谓礼之本。只是当时很多人都不懂,故礼乐成为虚文。孔子认为,礼乐之所以成为虚文,是因为礼乐丧失了内在精神。所以他复兴礼乐,主要就是要给流于虚文的礼乐充实以内在精神。

礼乐的内在精神主要是指仁、孝、义、情、恭、敬、让、中、和等。

在孔子看来,"仁"是礼乐的实质内容,是人之为人的必然要求。离开了"仁",礼乐就成了没有意义,并成为异化于人的具文。孔子仁礼并重,二者有机地结合统一在他的思想学说和生命实践中,显示出完整的人道观。例如,他一方面强调"人而不仁,如礼何?人而不仁,如乐何?"视仁为礼、乐的灵魂;另一方面又要求"克己复礼为仁,一日克己复礼,天下归仁焉"(《渊颜》),以礼为仁的条件。"仁"与"礼"的结合便相互影响:从"礼"这方面说,由于"仁"作为"礼"的内容或内在的道德依据,国家的典章制度受"仁"的制约,而体现了"仁者爱人"的道德原则。建立在这种道德原则基础上的"礼",便成为人们自觉的道德实践。从"仁"这方面说,由于以"礼"作为其外在的形式,"仁"亦受"礼"的制约。"礼"虽以"仁"为内容,但作为国家典章制度和调节诸关系的规范,又以"亲亲"为原则,这便渗透到"仁"的义理蕴涵中来。总之,必须是"仁""礼"结合,才能造成有道的社会,造就有道的人。

孔子对他的学生宰我不能行三年之孝的批评,也典型地反映了"仁"是"礼"的根本精神。《阳货》载宰我问:"三年之丧,期已久矣!君子三年不为礼,礼必坏;三年不为乐,乐必崩。旧谷既没,新谷既升,钻燧改火,期可已矣。"子曰:"食夫稻,衣夫锦,于女安乎?"曰:"安。""女安则为之!夫君子之居丧,食旨不甘,闻乐不乐,居处不安,故不为也。今女安,则为之!"宰我出。子曰:"予之不仁也!子生三年,然后免于父母之怀。夫三年之丧,天下之通丧也。予也有三年之爱于其父母乎?""三年之丧"是古代以来通行的丧葬之礼，是根据人情制定的，在《礼记·杂记下》中有详细的介绍。守丧期间，因为丧父母之痛太深，所以，君子不忍心吃精细的米面，穿锦绣的衣服，即使听到音乐，不仅不会感到快乐，而且会更增悲痛之情，这本是出于人之常情。孔子答宰我关于三年之丧的问题，没有直接回答可与不可，只问能否心安。为什么？因为在孔子看来，丧礼并不是一种外在的束缚，而是子女对父母养育之恩的回报，是子女发自内的仁爱之心的体现。假如父母去世，子女却无动于衷，心安理得地去享乐，他就是缺乏仁爱之心的人，所以孔子对宰我做出"不仁"的严厉批评，原因在于宰我忘却了生下来长到三岁，然后才离开父母怀抱所蕴含的父母对子女的亲情之爱，缺失了子女对过世父母应该视死如视生的孝道，就是"不仁"。孔子不说他是不孝，而说他是不仁呢，"不仁"比"不孝"更为严厉。因为在孔子看来，对父母不孝，就是缺乏仁德。"仁"是孔门最高的价值，而亲情之爱的孝道乃"为仁之本"。

孝悌"为仁之本"见于《学而》。有若说："其为人也孝弟，而好犯上者，鲜矣。不好犯上，而好作乱者，未之有也。君子务本，本立而道生。孝弟也者，其为仁之本与！"何晏《集解》："言孝弟之人必恭顺，好欲犯其上者少也。本，基也。基立而后可大成。先能事父兄，然后仁道可大成。"儒家的仁爱精神，是从对父母的孝开始，延伸到对兄弟的悌，对朋友的信，对天下人广泛的爱，同时要亲近那些有仁德的人，乃至对万物的珍爱。而孝的内容是"无违"，即敬顺父母。孝不仅仅是生前，死后也要孝。"生，事之以礼；死，葬之以礼，祭之以礼。"（《为政》）以礼事亲，以礼治丧，以礼祭祖，便是孝。这就是说，生前死后都能以礼待之，便是孝道的要求。"祭者，所以追养继孝也。"（《礼记·祭统》）"修宗庙，敬祀事，教民追孝也。"（《礼记·坊记》）丧葬、祭祀之礼要体现孝道精神，对人们进行道德教化。

《吕氏春秋·孝行览》曰："凡为天下，治国家，必务本而后末……务本莫贵于孝……夫孝，三皇五帝之本务，而万事之纪也。"

夫执一术而百善至，百邪去，天下从者，其惟孝也。"治国平天下之本在于孝，这是从三皇五帝传承下来的。"百善孝为先"。百善至，百邪去。

《孟子·尽心上》曰："人之所不学而能者，其良能也；所不虑而知者，其良知也。孩提之童，无不知爱其亲者；及其长也，无不知敬其兄也。亲亲，仁也；敬长，义也。无他，达之天下也。"又（《孟子·离娄上》亦曰："仁之实，事亲是也；义之实，从兄是也；智之实，知斯二者弗去是也；礼之实，节文斯二者是也；乐之实，乐斯二者，乐则生矣；生则恶可已也，恶可已，则不知足之蹈之手之舞之。"礼的实质是以仁、义为内容的文饰，乐的实质是喜好仁、义，进而产生发自内心的快乐，推动自己不断追求仁、义。

杨树达《论语疏证》按曰："爱亲，孝也；敬兄，弟也。儒家学说，欲使人本其爱亲敬兄之良知良能而扩大之，由家庭以及其国家，以及全人类，进而至于大同，所谓亲亲而仁民，仁民而爱物也。然博爱人类进至大同之境，乃以爱亲敬兄之良知良能为其始基，故曰孝弟为仁之本。孟子谓亲亲敬长，达之天下则为仁义，又谓事亲从兄为仁义之实，与有子之言相合，此儒家一贯之理论也。"

《礼记·问丧》云："此孝子之志也，人情之实也，礼义之经也。非从天降也，非从地出也，人情而已矣。"丧祭之礼所体现的是孝子对祖先父母血缘亲情之爱，儒家把它看成是人类普遍情感的出发点。

《礼记·檀弓下》载子路曰："伤哉贫也！生无以为养，死无以为礼也。"孔子曰："啜菽饮水尽其欢，斯之谓孝；敛首足形，还葬而无椁，称其财，斯之谓礼。"丧礼通达人情，孝主要是生前使父母尽欢，死后的丧礼尽力而为，与其奢也宁俭，这也是符合礼的精神的。

《八佾》林放问礼之本，子曰："大哉问！礼，与其奢也，宁俭；丧，与其易也，宁戚。""易"有多种说法，代表性三种：其一,和易(包咸、陆德明、皇侃等);其二,治办(朱熹等),指有关丧葬的礼节仪式办理得很周全;其三,息弛(刘宝楠)。朱熹《集注》分析这一章的语境时说:林放"见世之为礼者,专事繁文,而疑其本之不在是也,故以为问……孔子以时方逐末,而放独有志于本,故大其问。盖得其本,则礼之全体无不在其中矣。"林放见当时有些人把礼乐形式上搞得很烦琐豪奢,疑虑礼的根本不在这里,于是向孔子请教,孔子也认为当时人们在礼仪上舍本逐末,只有林放有志于探寻礼的根本,所以很高兴,称赞他是"大哉问"。为什么要探寻礼之本?朱熹认为把握了礼之本,礼的全体大用无不在其中了。这就是说,礼节仪式是表达礼的外在形式,而礼的根本在内心而不在形式。因而,要从内心和感情上体悟礼的内在精神。朱熹《集注》继续说:"凡物之理,必先有质而后有文,则质乃礼之本也。"还引范祖禹曰:"夫祭与其敬不足而礼有余也,不若礼不足而敬有余也。丧与其哀不足而礼有余也,不若礼不足而哀有余也。礼失之奢,丧失之易,皆不能反本,而随其末故也。礼奢而备,不若俭而不备之愈也;丧易而文,不若戚而不文之愈也。俭者物之质,戚者心之诚,故为礼之本。"以文质关系说明礼之文与礼之本的关系。朱熹在《朱子语类》卷二十五还说:"初间只有个俭戚,未有那文。俭戚是根,有这根然后枝叶自发出来。"认为俭戚是本根,而文——礼仪形式都由此生发。说明俭戚内涵是根本,礼仪形式是枝叶。王国维对此有精辟的论释:"礼之本质为情,形式为文,此本质与形式相合而为礼。恭敬辞逊之心之所动者,情也;动容周旋之现于外形者,文也。弃本质而尚形式,是为虚礼;弃形式而守本质,是为素朴。"①类似的话亦见于《礼记·檀弓》,该篇记子路引孔子的话说:"丧礼,与其哀不足而礼有余也,不若礼不足而哀有余也。祭礼,与其敬不足而礼有余也,不若礼不足而敬有余也。"这说明了孔子对于丧祭之礼特别注重其情感的本质。

---

①《王国维文集》第三卷,中国文史出版社,1997年,第132页。

《八佾》载子曰:"居上不宽,为礼不敬,临丧不哀,吾何以观之哉?""宽"即宽容精神;"敬"参加礼仪活动时要内心虔敬,态度恭敬;"哀"是一种情感,是参加丧葬之礼应有的哀戚之情。三者都是礼的内在精神。邢昺《注疏》:"此章揔(总)言礼意。居上位者,宽则得众,不宽则失于苛刻。凡为礼事在于庄敬,不敬则失于傲惰。亲临死丧当致其哀,不哀则失于和易。凡此三失,皆非礼意。人或若此,不足可观,故曰吾何以观之哉。"朱熹《集注》:"居上主于爱人,故以宽为本。为礼以敬为本,临丧以哀为本。既无其本,则以何者而观其所行之得失哉?"钱穆《论语新解》:"苟无其本,则无可以观其所行之得失。故居上不宽,则其教令施为不足观。为礼不敬,则其威仪进退之节不足观。临丧不哀,则其擗踊哭泣之数不足观。"①本章所言三失就是礼的精神的丧失,对做人为政来说乃是大本之失。大本一失,做人为政的结果可想而知。三者也见于其他典籍。《大戴礼记·曾子立事》曰:"临事而不敬,居丧而不哀,祭祀而不畏,朝廷而不恭,则吾无由知之矣。"《春秋繁露·仁义法》曰:"君子攻其恶,不攻人之恶。不攻人之恶,非仁之宽与?自攻其恶,非义之全与?此之谓仁造人,义造我,何以异乎?……是故以自治之节治人,是居上不宽也;以治人之度自治,是为礼不敬也。为礼不敬,则伤行而民弗尊;居上不宽,则伤厚而民弗亲。"《左传·僖公十一年》曰:"天王使召武公内史过赐晋侯命,受玉惰。过归,告王曰:'晋侯其无后乎。王赐之命而惰于受瑞,先自弃也已,其何继之有?礼,国之干也;敬,礼之舆也。不敬则礼不行,礼不行则上下昏,何以长世?'"《礼记·曲礼上》曰:"临丧则必有哀色。"

儒家认为,礼生于情,乐本情性,所以要"称情立文"。《荀子·礼论》云:"三年之丧,称情而立文,所以为至痛极也。齐衰、苴杖、居庐、食粥、席薪、枕块,所以为至痛饰也。"丧礼一方面要让人们的哀痛之情得以宣泄,另一方面又要通过礼仪使情感的

---

① 钱穆:《论语新解》,生活·读书·新知三联书店,2002年,第75页。

宣泄不至于过度，过度伤生又背离了人道。圣人的职责就是通过礼仪引导人们调节情感，所以《礼记·礼运》说："夫礼，先王以承天之道，以治人之情……故圣王修义之柄，礼之序，以治人情。故人情者，圣王之田也，修礼以耕之。"古代圣王制礼作乐是以天道为本，治理人情的。人情就像田地一样，需要通过礼仪修养耕耘，生长庄稼，结出果实。《礼记·三年问》："三年之丧，何也？曰：称情而立文，因以饰群，别亲疏贵贱之节，而弗可损益也。"郑玄注："称情而立文，称人之情轻重，而制其礼也。"说明制定丧礼的规定是按照生者与死者的感情深浅来确立的，而感情的深浅是由彼此关系的亲疏远近决定的。《礼记·坊记》指出礼乐之义，要在其"因人之情而为之节文"，故能作为与人伦日用密合无间的生活样式而化民于无迹。《史记·礼书》："缘人情而制礼，依人性而作仪。"是说礼仪是按照人情人性制作的。《全唐文·卷九十七》也说："夫礼缘人情而立制，因时事而为范。"礼的关键在于以礼节制、以乐调和人的情感，不使人因为过分放纵情欲而堕入动物界，这就是《毛诗大序》所说的"发乎情，止乎礼义"，《中庸》所说的"喜怒哀乐……发而皆中节"。梁漱溟说："在孔子便不是以干燥之教训给人的；他根本导人以一种生活，而借礼乐去条理情意。"①"大兴礼乐教化，从人的性情根本处入手，陶养涵育一片天机活泼而和乐恬谧的心理，彼此顾恤、融洽无间。"②

孔子对于鬼神问题采取存而不论、敬而远之的态度。《述而》："子不语怪力乱神。"《雍也》："敬鬼神而远之。"对待鬼神礼敬而远之，是敬而不侮慢的态度。朱熹《集注》引程子曰："人多信鬼神，惑也。而不信者又不能敬，能敬能远，可谓知矣。"说明孔子对待鬼神既不迷信，也不全然否定鬼神，是在无神论和有神

---

① 梁漱溟：《东西人的教育之不同》，马秋帆编《梁漱溟教育论著选著》，人民教育出版社，1994年，第11—12页。
② 梁漱溟：《人心与人生》，《梁漱溟全集》第三卷，山东人民出版社，2005年，第596页。

论之间走中道,强调了一种敬而远之的理智态度与中道智慧。但对于祭祀礼仪,孔子强调必须以虔敬之心亲自参加祭祀:"祭如在,祭神如神在。子曰:'吾不与祭,如不祭。'"(《八佾》)这里强调的是对祭祀对象的尊崇以及自身的崇敬之心,在祭祀过程中体验与鬼神沟通的宗教性感情。因此,祭祀不只是一套礼仪形式,而是致诚敬于鬼神以通死生之界限,使幽明不隔,古今同在。鬼神之情,则感而遂通;诚则相感,思则相通。临祭之时,致诚敬以感格神灵,则神灵下降,宛如活现于我之前。通过祭祀礼仪教人要有所敬畏,有所敬畏则不敢胡作非为。

孔子在社会政治生活中严守礼仪,最能体现以礼而行的恭敬精神,《乡党》集中记载了孔子的容色言动、衣食住行,颂扬孔子是个一举一动都符合于礼、体现礼乐精神的正人君子。如第一章"孔子于乡党,恂恂如也,似不能言者。其在宗庙、朝廷,便便言,唯谨尔"。孔子回到本乡地方上,教化于乡党时显得很温和恭敬,像是不会说话的样子。但他在宗庙里、朝廷上,却很善于言辞,只是说话时比较谨慎罢了。第四章"入公门,鞠躬如也,如不容。立不中门,行不履阈。过位,色勃如也,足躩如也,其言似不足者。摄齐升堂,鞠躬如也,屏气似不息者。出,降一等,逞颜色,怡怡如也。没阶,趋进,翼如也。复其位,踧踖如也。"孔子走进朝廷的大门时,谨慎而恭敬的样子,好像容不下他一样。站,他不站在门的中间;走,也不踩着门槛。经过国君的座位时,他脸色立刻庄重起来,脚步也加快了,说话也好像中气不足一样。提起衣裳下摆向堂上走的时候,恭敬谨慎的样子,屏住呼吸好像中气不足一样。退出来,走下一级台阶,脸色便舒展开了,怡然和悦的样子。走完了台阶,便快快地向前走,姿态像鸟儿展翅一样。回到自己的位置,又是恭敬而谨慎的样子。在朝廷之上,孔子也是非常庄重谨严,一举一动,丝毫都不马虎,不草率,时时刻刻保持恭敬而谨慎的态度。

《子路》子曰:"上好礼,则民莫敢不敬。"如果国君能够真正遵照先王的礼乐,时时刻刻以礼而行,那么,下面的老百姓肯定都会对你非常尊敬。

有若说:"恭近于礼,远耻辱也。"(《学而》)不论在任何时候,只要对人恭敬以待,别人就不会平白无故地羞辱你。

子夏说:"君子敬而无失,与人恭而有礼。四海之内,皆兄弟也。"(《颜渊》)我们常常引用"四海之内,皆兄弟也"一句表示人与之间的友谊和不同国别、不同民族之间的友好,很少考虑要达到这些,就要做到办事谨敬而无差错,恭敬而有礼貌。只有这样,你才能与把天下人都看成你的同胞兄弟。

孟子强调礼的恭敬精神要发自内在本心:"恭敬之心,礼也。"(《孟子·告子上》)"君子以仁存心,以礼存心。仁者爱人,有礼者敬人。爱人者,人恒爱之,敬人者,人恒敬之。"(《孟子·离娄下》)孟子十分注重礼的内在心理情感动因,即恭敬之心,并以其为处理人际关系的基本前提,即有了这样的心性修养,礼仪才能够"诚于中,形于外"(《中庸》),真诚而不是虚伪的。

《孝经·广要道章》说:"礼者,敬而已矣。"因此,礼敬地处理好人伦关系,是和睦家庭、和谐社会的普世之道。

《礼记·曲礼》曰:"毋不敬。"《礼记正义》引郑玄:"礼主于敬。"孔颖达《正义》解释"毋不敬"云:"人君行礼无有不敬,行五礼皆须敬也""在貌为恭,在心为敬。"所以礼主于敬,君王行礼要时时处处体现出敬,所有的礼节都要体现出敬。如何体现?是由内而外,由敬而恭。

《礼记·表记》子曰:"恭近礼,俭近仁,信近情。敬让以行此,此虽有过,其不甚矣。"本篇又载子曰:"君子慎以辟祸,笃以不掩,恭以远耻。"恭近于礼,可以远耻。

"让"也是礼的重要精神之一。《里仁》子曰:"能以礼让为国乎,何有?不能以礼让为国,如礼何?"孔子有感于当时诸侯争霸,天下大乱,故欲树立礼让之本,以明治国之道。邢昺《注疏》:"此章言治国者必须礼让也。'能以礼让为国乎'者,为,犹治也。礼节民心,让则不争。言人君能以礼让为教治其国乎?云'何有'者,谓以礼让治国,何有其难。言不难也。'不能以礼让为国'者,言人君不能明礼让以治民也。'如礼何'者，言有礼而不能用，如此礼何！"古代圣王以礼让为教化治国，因礼节制人心的膨胀，有礼让则民不争，治国不难。朱熹《集注》："让者，礼之实也……有礼之实以为国，则何难之有。不然，则其礼文虽具，亦且无如之何矣，而况于为国乎？"刘宝楠《论语正义》曰："让者，礼之实；礼者，让之文。先王虑民之有争也，故制为礼以治之。"可见，让是礼的精神实质。

以礼让治国还见于其他经籍。《左传·襄公十三年》："晋侯蒐于緜上以治兵。使士匄将中军，辞曰：'伯游长。昔臣习于知伯，是以佐之，非能贤也。请从伯游。'荀偃将中军，士匄佐之。使韩起将上军，辞以赵武。又使栾黡，辞曰：'臣不如韩起，韩起愿上赵武。君其听之。'使赵武将上军，韩起佐之。栾黡将下军，魏绛佐之。新军无帅，晋侯难其人，使其什吏率其卒乘官属以从于下军，礼也。晋国之民是以大和，诸侯遂睦。君子曰：'让，礼之主也。范宣子让，其下皆让。栾黡为汏，弗敢违也。晋国以平，数世赖之，刑善也夫。一人刑善，百姓休和，可不务乎？《书》曰：一人有庆，兆民赖之，其宁惟永。其是之谓乎！周之兴也，其《诗》曰：仪刑文王，万邦作孚。言刑善也。及其衰也，其《诗》曰：大夫不均，我从事独贤。言不让也。世之治也，君子尚能而让其下，小人农力以事其上，是以上下有礼，而谗慝黜远。由不争也，谓之懿德。及其乱也，君子称其功以加小人，小人伐其技以冯君子，是以上下无礼，乱虐并生。由争善也，谓之昏德。国家之敝，恒必由之。"《孟子·公孙丑上》："辞让之心，礼之端也。"孟子把礼让归结于四心之一。《说苑·君道》："虞人与芮人质其成于文王。入文王之境，则见其人民之让为士大夫；入其国，则见其士大夫让为公卿。二国者相谓曰：其人民让为士大夫，其士大夫让为公卿，然则此其君亦让以天下而不居矣。二国者未见文王之身，而让其所争以为闲田而反。孔子曰：'大哉！文王之道乎，其不可加矣。不动而变，无为而成，敬慎恭己而虞芮自平。'故《书》曰：'惟文王之敬忌。'此之谓也。"《礼记·曲礼上》："是以君子……退让以明礼。"孔颖达疏:"应进而迁曰退,应受而推曰让。"君子应进而迁,应受而推以修明礼仪。

中、和也是礼乐的基本精神,形成了"礼以制中""乐以致和"的观念。《礼记·仲尼燕居》:

> 仲尼燕居,子张、子贡、言游侍,纵言至于礼。子曰:"居!女三人者,吾语女礼,使女以礼周流,无不遍也。"子贡越席而对曰:"敢问何如?"子曰:"敬而不中礼,谓之野;恭而不中礼,谓之给;勇而不中礼,谓之逆。"子曰:"给夺慈仁。"子曰:"师,尔过;而商也,不及。子产犹众人之母也,能食之不能教也。"子贡越席而对曰:"敢问将何以为此中者也?"子曰:"礼乎礼!夫礼所以制中也。"

"制中"犹言"执中",是恪守中正之道,无过与不及的意思。这些都集中地体现了"礼以制中""乐以致和"的观念。叶适《习学记言序目》卷七云:"礼乐兼防而中和兼得,则性正而身安,此古人之微言笃论也。若后世之师者,教人抑情以徇伪,礼不能中,乐不能和,则性枉而身病矣。"这样,中、和观念就通过礼乐深入到各种人际关系以及日常生活之中了。

"中"是礼乐实践的根本依据与原则,如荀子说:"曷谓中?曰:礼义是也。"(《荀子·儒效》)《礼记·丧服四制》道:"圣人因杀以制节,此丧之所以三年,贤者不得过,不肖者不得不及。此丧之中庸也,王者之所常行也。""三年之丧"的规定"不过亦不及",便是礼乐之"中"。所以,朱熹《集注》注"林放问礼之本"章时明确地说:"礼贵得中,奢易则过于文,俭戚则不及而质,二者皆未合礼。"是否"得中"是衡量是否合礼的现实尺度。

"和"是礼乐实践的最高境界和目标。《学而》载"有子曰:'礼之用,和为贵。先王之道,斯为美,小大由之。有所不行,知和而和,不以礼节之,亦不可行也。'"尽管这段话出自有子之口,但它实际上反映出孔子思想的精神。这就是说,礼在应用的时候以实现和谐为最高境界，礼的目标是实现社会在等差条件下的和谐。当然，如果一味地为和而和，一团和气，不以礼来进行约束，也是不行的。所以，这里的"和"就是"和而不同"的"和"，而不是没有任何差别的同和，不是毫无原则的苟合。在孔子看来，君臣父子，各有严格的等级身份，若能各安其位，各得其宜，各行其道，各得其利，做到"君君、臣臣、父父、子子"，这就是"和"。所以朱熹说："如天之生物，物物有个分别。如'君君、臣臣、父父、子子'。至君得其所以为君，臣得其所以为臣，父得其所以为父，子得其所以为子，各得其利，便是和。"(《朱子语类》卷六十八)。又说："君尊于上，臣恭于下，尊卑大小，截然不可犯，似若不和之甚。然能使之各得其宜，则其和也孰大于是！"(《朱子语类》卷六十八)朱熹《集注》还引范氏曰："凡礼之体主于敬，而其用则以和为贵。敬者，礼之所以立也；和者，乐之所由生也。"而礼之和则主要是通过与礼配合的乐实现的。

　　孔子非常重视乐的中和精神。《孔子家语·辨乐》载："子路鼓琴，孔子闻之，谓冉有曰：'甚矣，由之不才也！夫先王之制音也，奏中声以为节，流入于南，不归于北。夫南者生育之乡，北者杀伐之域。故君子之音，温柔居中，以养生育之气。……小人之音则不然，亢丽微末，以象杀伐之气。'"在这段比较中，孔子痛心地指责子路不去弹奏先王制作的、风格近于南方的、用中正平和的声音来节制欲念、修身养性的"君子之音"，却去弹奏声音高亢挺拔，渲染征讨杀伐气氛具有北方风格的"小人之音"，从中可以看到孔子选择琴曲的标准就是中和之道。《汉书·地理志》里说："凡民函五常之性，而其刚柔缓急，音声不同，系水土之风气，故谓之风。好恶取舍，动静亡常，随君上之情欲，故谓之俗。孔子曰：'移风易俗，莫善于乐。'言圣王在上，统理人伦，必移其本而易其末。此混同天下一之乎中和，然后王教成也。"孔子之所以特别重视音乐，其中一个重要的原因，就是音乐有"致中和"的效应，可以用来对人们进行社会教化，移风易俗，改变社会风气，培养道德品质，实现王道理想。

五、礼乐与道德人格

有价值基础,内在精神与完美形式的礼乐,其目标是培养人们的道德品质,提升人格境界。通过礼仪、礼节、仪式进行教化,使之成为一种日常的行为习惯,从而在不知不觉中促进道德品质的形成,人格境界的提升。《礼记·乐记》说:"是故先王之制礼乐也,非以极口腹耳目之欲也,将以教民平好恶而反人道之正也。"古代圣王制礼作乐是为了让人们节制欲望,平正好恶,返归人生正道。《礼记·曲礼上》"道德仁义,非礼不成。"孔颖达疏曰:"'道德仁义,非礼不成'者,道者通物之名,德者得理之称,仁是施恩及物,义是裁断合宜,言人欲行四事,不用礼无由得成,故云'非礼不成'也。道德为万事之本,仁义为群行之大,故举此四者为用礼之主,则余行须礼可知也。……今谓道德,大而言之则包罗万事,小而言之则人之才艺善行,无问大小,皆须礼以行之,是礼为道德之具,故云'非礼不成'。"这说明道德仁义为礼之本,礼为道德仁义之具,不通过礼就不能实行实践道德仁义。《礼记·经解》:"礼之教化也微,其止邪也于未形,使人日徙善远罪而不自知也。"礼的教化具有防微杜渐、徙善远罪的功能,能够促进人的道德修养。《孔子家语·五刑解》引孔子说:"明丧祭之礼,所以教仁爱也。能教仁爱,则服丧思慕,祭祀不解人子馈养之道。丧祭之礼明,则民孝矣。……朝聘之礼者,所以明义也。义必明则民不犯,故虽有弑上之狱,而无陷刑之民。斗变者生于相陵,相陵者生于长幼无序而遗敬让。乡饮酒之礼者,所以明长幼之序而崇敬让也。长幼必序,民怀敬让,故虽有斗变之狱,而无陷刑之民。淫乱者生于男女无别,男女无别则夫妇失义。婚礼聘享者,所以别男女、明夫妇之义也。男女既别,夫妇既明,故虽有淫乱之狱,而无陷刑之民。"通过不同的礼仪形式,可以教化人们懂得仁爱、孝敬、道义、敬让,处理好各种人伦关系,形成良好的社会关系。

通过礼仪的教养主要是培养内外交修，文质彬彬的君子："质胜文则野，文胜质则史。文质彬彬，然后君子。"(《雍也》)皇侃《义疏》："彬彬，文质相半也。若文与质等半，则为会时之君子也。"邢昺《注疏》："彬彬，文质相半之貌。言文华质朴相半，彬彬然，然后可为君子也。"戴望《论语注》："质，质性；文，仪貌。质由中出，文自外作。野人多直情径行，不为仪貌。史，祝史也，唯司威仪，诚敬非其事也。君子贵文质得中。"内质与外文兼备就是君子人格的必要条件。就是说，君子既要有文，又要有质，而且二者要相互结合，不能偏胜。所以当棘子成言"君子质而已矣，何以文为"时，子贡批评他是信口开河，"文犹质也，质犹文也，虎豹之鞹犹犬羊之鞹矣"(《颜渊》)。通过比喻给予文质关系以形象的说明，认为两者一内一外，互为表里，密不可分，君子应文质兼备。

《雍也》又载子曰："君子博学于文，约之以礼，亦可以弗畔矣夫。"这里的"畔"字有解作"违背"，何晏《集解》引郑玄："弗畔，不违道。"皇侃《义疏》："博，广也。约，束也。畔，违也，背也。言君子广学六籍之文，又用礼自约束，能如此者，亦可得不违背于道理也。"邢昺《注疏》曰："畔，违也。此章言君子若博学于先王之遗文，复用礼以自捡约，则不违道也。"朱熹《集注》也说："畔，背也。君子学欲其博，故于文无不考；守欲其要，故其动必以礼。如此，则可以不背于道矣。"韩愈、李翱则解为"中道"。《论语笔解》韩曰："畔，当读如偏畔之畔。弗偏，则得中道。"李曰："文胜则流靡，必简约礼称，君子之中庸是也。"所以，"弗畔"即不偏，合乎中道。孔子告诉人们博学诗书礼乐以这些书籍文献资料还不够，还要在生活实践中以礼约束自己，不激不随，恪守中道，这样才能成为一个君子。

《学而》子曰："君子不重则不威。"邢昺《注疏》："言君子当须敦重。若不敦重，则无威严。"重，庄重、稳重。君主不庄重，自然就没有威严。庄重威严是在礼乐活动体现出来的，是君子应有的修养。

《泰伯》子曰:"恭而无礼则劳,慎而无礼则葸,勇而无礼则乱,直而无礼则绞。"孔子说:"只是恭敬而不以礼来节制,就会觉得辛劳;一味谨慎而不以礼来节制,就会显得胆怯;只知勇猛而不以礼来节制,就会造成混乱;讲究直率而不以礼来节制,就会急切伤人。"人的德行如果不以"礼"来节制,就会走向偏颇。皇侃《义疏》:"此章明行事悉须礼以为节也。"邢昺《注疏》:"子曰:'恭而无礼则劳'者,劳谓困苦,言人为恭孙,而无礼以节之,则自困苦。'慎而无礼则葸'者,葸,畏惧之貌。言慎而不以礼节之,则常畏惧也。'勇而无礼则乱'者,乱谓逆恶。言人勇而不以礼节之,则为乱矣。'直而无礼则绞'者,正曲为直。绞谓绞刺也。言人而为直,不以礼节,则绞刺人之非也。""恭""慎""勇""直"等德行发自于内,行之于外,作为道德规范必然与外在的礼仪规范要密切配合,必须以"礼"来节制;如果没有"礼"的节制,就会出现"劳""葸""乱""绞"的弊端,就不可能达到修己安人、修己安百姓的目的。正如《礼记·曲礼》所云:"道德仁义,非礼不成。"这里通过德与礼关系的讨论说明德行要以礼来规范就不会有失误和偏颇。

孔子很重视礼教和乐教,认为一个人通过礼乐的学习,应该"立于礼,成于乐"(《泰伯》)。即凭借礼一个人才可以立足于社会,而乐可以成就人格的圆满。因此通晓礼乐,以礼践行是一个人立足于社会的根本,"不学礼,无以立"(《季氏》)。朱熹《集注》:"品节详明,而德性坚定,故能立。"钱穆《论语新解》:"礼教恭俭庄敬,此乃立身之本。有礼则安,无礼则危。故不学礼,无以立身。"[1]孔子自己"三十而立",即是"立于礼"。杨树达《论语疏证·为政》按:"三十而立,立谓立于礼也。盖二十始学礼,至三十而学礼之业大成,故能立也。""不知礼,无以立也"(《尧曰》),邢昺《注疏》:"礼者,恭俭庄敬,立身之本。若其不知,则无以立也。"朱熹《集注》:"不知礼,则耳目无所加,手足无所

---

[1] 钱穆:《论语新解》,生活·读书·新知三联书店,2002年,第397页。

措。"《左传·昭公七年》："孟僖子病不能相礼,乃讲学之,苟能礼者从之。及其将死也,召其大夫曰:'礼,人之干也。无礼,无以立。'"

孔子还是提出了"成人"。当子路问孔子什么是"成人"时,孔子没有正面回答,而是说:"若臧武仲之知,公绰之不欲,卞庄子之勇,冉求之艺,文之以礼乐,亦可以为成人矣。"(《宪问》)孔子的意思是,像臧仲武那样有智谋,像孟公绰那样清心寡欲,像卞庄子那样勇敢无畏,像冉求那样多才多艺,再用礼乐来成就他们的文采,就可以说是"成人"了。朱熹《集注》曰:"成人,犹言全人……言兼此四子之长,则知足以穷理,廉足以养心,勇足以力行,艺足以泛应,而又节之以礼,和之以乐,使德成于内,而文见乎外,则材全德备,浑然不见一善成名之迹;中正和乐,粹然无复偏倚驳杂之蔽,而其为人也亦成矣。"可见,在智谋、心性、勇敢、才艺的基础上再通晓礼乐,成为一个德才兼备,内外兼修,中正和乐的人就是"成人"。

君子通过礼乐内外交修,可以修己治人。《礼记·乐记》:"君子曰:礼乐不可斯须去身。致乐以治心,则易直子谅之心油然生矣。易直子谅之心生则乐,乐由安,安则久,久则天,天则神。天则不言而信,神则不怒而威。致乐以治心者也。致礼以治躬则庄敬,庄敬则严威。心中斯须不和不乐,而鄙诈之心入之矣;外貌斯须不庄不敬,而易慢之心入之矣。故乐也者,动于内者也;礼也者,动于外者也。乐极和,礼极顺。内和而外顺,则民瞻其颜色而弗与争也,望其容貌而民不生易慢焉。故德辉动于内而民莫不承听,理发诸外而民莫不承顺。故曰:致礼乐之道,举而错之天下无难矣。"一个人可以通过自身的礼乐修养,成就道德人格。君子以礼乐修养自我,乐修内心,心平气和,礼修身体,庄敬威严,从内心到外表都光明磊落,有所规范,言行一致,知行合一,这样就能对一般人起到表率作用,赢得人们的信任和尊重。《礼记·仲尼燕居》引子曰:"师!尔以为必铺几筵,升降、酌献、酬酢,然后谓之礼乎?尔以为必行缀兆,兴羽龠,作钟鼓,然后谓之乐乎？言而履之，礼也。行而乐之，乐也。君子力此二者，以南面而立，夫是以天下太平也。"礼乐不仅仅是各种外在仪式，而是通过这些仪式培养实行实践能力，并在实行实践中实现内外和悦。所以，君子就是凭借礼乐才能南面而立，治国平天下。

第四章　行仁之道

一、"仁"的渊源与演变

"仁"是中国古代最重要,也是儒家思想最核心的一个概念。从孔孟到程朱的历代大儒,都把仁作为一种最高的道德准则,成为中国古代伦理道德的宗旨和根本,是人们立身处世、为政治国的指南和规范,是中华人文精神的集中体现。仁对中国传统文化的基本精神,儒家思想的核心价值以及中华民族的道德修养,都有着深远的影响。孔子的思想博大精深,其主体是仁学。徐复观先生说:"《论语》一书,应该是一部'仁书',即是应用仁的观念去贯穿全部《论语》,才算是真正读懂了《论语》。"①

《说文解字》解释"仁"字说:"亲也。从人二。忎,古文仁,从千心作。尼,古文仁,或从尸。"这就是说,许慎认为"仁"字有三种写法:仁、忎、尼。

仁忎尼
仁忎尼

关于"仁",东汉大经学家郑玄注《中庸》"仁者,人也"一句说:"人也,读如'相人偶'之人,以人意相存问之言。"就是说"仁"表示两个人之间的亲密,所以"仁"字"从人二",就是指两个人互相以人意相存问,以人意尊偶,即互相亲爱的意思。所谓"相

---

① 徐复观:《释〈论语〉的仁》,《中国思想史论集续编》,上海书店出版社,2004年,第232页。

人偶"是汉代的特殊用语,"偶(耦)"有"匹""配""合""对"之意,两人见面相揖为礼,彼此之间互致敬意与问候,表示相亲相敬,便是"相人偶"。这都说明"仁"的本义表示两个人彼此间一种相亲相爱相敬的意思。

关于"忎",段玉裁说:忎,"从心,千,声也"。"悬"首见于战国玺印文,新见于郭店楚简。学者认为,仁字较早的构形为"悬",后来讹变为"忎",再省变为"仁",包括了"爱己"和"爱人"两个方面。

关于"层"字,有学者已经尝试着结合近些年来新出土的文字材料对此字进行考辨,认为"层"字也是由一个人形"(尸)"与"二"字构成。"尸"字是一个象形字,甲骨文、金文像人屈膝坐下之形。古人的"坐"相当于今天的跪坐,而比起跪着、蹲着,屁股着地的坐姿较为舒适。另外,古人称代表死人接受祭祀的活人为"尸"。"仁"和"层"构字的原则和要素是完全相同的,都是许慎所说的"从人二",它们要表达的,都是"亲也"的"同类意识"。

一些古代文献还有这样的说法,即"仁"的观念最早可能萌芽于东夷人。如许慎《说文解字》在《大部》中解释了"夷,东方之人"之后,又在《羊部》中指出:"夷俗仁,仁者寿,有君子不死之国。"是说夷是东方诸多部落的总称,其风俗仁厚、纯朴,活得长寿,有君子不死之国之说。王献唐先生就曾提出东夷古国的道德观念是仁道,孔子本是接受东方传统的仁道思想,又进一步发展为儒家的中心理论。

从传统文献来看,西周后期,"仁"的观念肯定出现了,到了春秋时期,随着从重神向重人的转变,人本意识渐浓,《左传》《国语》中的"仁"逐渐多了起来。这些"仁"字的含义丰富,但多从道德原则和治国之道立论。《国语·周语上》记载了周襄王时代内史兴的一段语,其中多次提及"仁":"礼,所以观忠、信、仁、义也。忠,所以分也;仁,所以行也;信,所以守也;义,所以节也。忠分则均,仁行则报,信守则固,义节则度。"意思是说,礼仪就是用来观察忠、信、仁、义的,忠是用于判断,仁是用于施行，信是用于维护，义是用于节制。以忠判断才公正，以仁施行才生效，以信维护才稳固，以义节制才适度。这里"仁"与"忠""信""义"并列，为礼所涵摄下的一个具体德目。《左传·昭公十二年》载，仲尼曰："古也有《志》：'克己复礼，仁也'，信善哉！"这表明，孔子也承认"仁"是古已有之的观念，而且本意就是为了克己复礼。

春秋时"仁"的内涵正在不断丰富，但一则还是礼乐文化传统中一个不起眼的"德目"，二则还比较零散，没有形成体系。孔子在反思礼乐文化时，注意到了这一点，他发现了其中蕴涵的丰富的可资开掘的人文信息，对"仁"进行了哲理化的升华和系统阐述，在生活和政治实践中赋予"仁"以多种新意，使之成为其学说体系的一根新的支柱，与"礼"一起支撑起了一座巍峨的仁学思想体系的大厦。孔子正是在深远的历史文化渊源和深厚的思想土壤中形成其仁学思想体系的。

二、仁：《论语》思想的核心

"核心"是指事物最主要且赖以生存和发展的那一部分。《古代汉语词典》谓"核"为果实中坚硬并包藏果仁的部分，如桃核、杏核等，引申为核心、中心。"心"，本义为心脏。《说文解字·心部》："人心。土藏，在身之中。象形。"引申为中心、中央、枢纽等。关于孔子思想体系的核心是什么？有多种不同说法：仁、礼、和、中庸等，但多数学者认为是"仁"。《礼记·儒行》谈到仁与诸种德行的关系时说："温良者，仁之本也；敬慎者，仁之地也；宽裕者，仁之作也；孙接者，仁之能也；礼节者，仁之貌也；言谈者，仁之文也；歌乐者，仁之和也；分散者，仁之施也。儒皆兼此而有之。"温和善良是仁的根本，恭敬谨慎是仁的质地，宽宏大量是仁的兴作，谦逊待人接物是仁的功能，礼节是仁的外貌，言谈是仁的文采，歌乐是仁的和谐，分财散物是仁的施与。这些美德儒者兼而有之。显然，儒者们的诸多德行都是仁的体现。《论语·述而》载孔子曰:"志于道,据于德,依于仁,游于艺",可以说是《论语》乃至整个儒家思想的纲要,集中体现了统摄形上之"道""德"与形下之"艺"的形而中之"仁"。何晏《集解》:"志,慕也。道不可体,故志之而已。据,杖也。德有成形,故可据。依,倚也。仁者功施于人,故可依。艺,六艺也。不足据依,故曰游。"朱熹《集注》说:"此章言人之为学当如是也。盖学莫先于立志,志道,则心存于正而不他;据德,则道得于心而不失;依仁,则德性常用而物欲不行;游艺,则小物不遗而动息有养。学者于此,有以不失其先后之序,轻重之伦焉,则本末兼该,内外交养,日用之间无少间隙,而涵泳从容,忽不自知其入于圣贤之域矣。"江谦《论语点睛补注》:"道、德、仁、艺,只是仁耳。行之,谓之道;得之,谓之德;守之,谓之仁;取之左右逢源,著于事物,谓之艺。"可见,这里的"道"是形而上之道,是人之为人必须遵循的总原则、总目标,所以要志于道;"德"者得也,得道也,道体现在人身上就是德,德是人的一切行为的依据;"仁"是人德性之本,符合于"仁"的行为才是道德行为,故依于"仁";至于"艺",即礼、乐、射、御、书、数六艺。道、德也就是仁道、仁德,三者相通而归于仁。道、德是"仁"的形而上之维;"艺"是承载仁道、仁德的六艺,是"仁"的形而下之维。在这个意义上,"仁"可贯通形上形下,完全可以说"形而中之谓仁",即朱熹所谓"仁通乎上下"(《朱子语类》卷三十三),所以本章的中心点则在"仁"。后来历代儒家大致就沿着这个脉络,以"仁"为核心,不断传承与发展孔子的思想,形成了一脉相承,博大精深的儒学思想史。

如何理解"仁"是《论语》思想核心之核心呢?

"仁"的观念在孔子以前就有了,在春秋时代只不过是"德"之一目,到了孔子手里获得了大大提升,成为诸多德目的总德,孝、悌、忠、信、知、勇、诚、敬、恕、礼、义、廉、耻、温、良、恭、俭、让、宽、信、惠等都是"仁"的推衍和发展。孔子继承发展了前人的观念,并且把"仁"发展成为系统的学说——仁学。在《论语》中,有58章涉及仁,一共有109个仁字,可见孔子对仁的重视，就今人看来，"仁"的概念内涵很丰富，但孔子并没有给"仁"以确定的定义，只是根据对象、情境的不同，采取不同的阐述方式，表达不同的思想内容，在现实生活中"能近取譬"地揭示"仁"的不同内涵，给后人留下了不断诠释发挥的空间。

人不同于其他动物的地方在于，他不是满足、停留于自然、本能的生活，也不仅仅是在消极地适应环境中求得自身的生存，人之为人就在于他在满足了生命的基本需求之后，更进一步对生命的意义发生追问：到底什么是人？如何才能真正成为人？《中庸》《孟子·尽心下》《礼记·表记》《孔子家语·哀公问政》都引用孔子的话说："仁者，人也"。《中庸》载孔子说："仁者人也，亲亲为大。"《孟子·尽心下》："仁也者，人也；合而言之，道也。"孙奭疏曰："此章指言仁恩须人，人能弘道也。孟子言为仁者，所以尽人道也，此仁者所以为人也。盖人非仁不立，仁非人不行。合仁与人而言之，则人道尽矣。"这说明"仁"与人可以互训，二者合起来就是人道的全部含义。朱熹《集注》解释道："仁者，人之所以为人之理也。""仁"就是说的人之所以为人的道理。换句话说，人之为人的根本道理就在于人具有仁德。人非"仁"不立，"仁"非人不行。"仁"与人合而言之，就是人道的基本含义。"仁"与人就像一个硬币的两面，互为表里，而二者合起来就是"人道"。董仲舒《春秋繁露·仁义法》："仁之为言，人也。"这就是说，"仁"是人之为人的本质特征。也就是说，一个人具有"仁"，才能成其为人。张载说："仁者人也，当辨其人之所谓人。"（《张子语录·语录中》）宋儒真德秀说："人之所以为人者，以其有是仁也，有是仁而后命之曰人，不然则非人矣。"（《真西山先生集》卷四）一个人具备"仁"才称得上是个真正人，不然就不是人。儒家在此基础上形成了仁道原则，仁道是人之为人的正道，是人都要走仁道。

人的生命里有了"仁"，首先要生长出自我。自我要存在发展，就要自爱。"仁者自爱"是仁爱展开的基本环节。

《荀子·子道》载：

子路入,子曰:"由!知者若何?仁者若何?"子路对曰:"知者使人知己,仁者使人爱己。"子曰:"可谓士矣。"子贡入,子曰:"赐!知者若何?仁者若何?"子贡对曰:"知者知人,仁者爱人。"子曰:"可谓士君子矣。"颜渊入,子曰:"回!知者若何?仁者若何?"颜渊对曰:"知者自知,仁者自爱。"子曰:"可谓明君子矣。"

孔子对子路、子贡、颜回提出同样的问题,却得到不同的回答,孔子对不同的回答做出不同的评价。其中对颜渊说的"仁者自爱",孔子赞扬他是"明君子",说明仁爱的逻辑是以自爱为起点,从自爱开始。如果一个人不知自爱,即使爱人,也可能是虚伪或者别有用心。当然,人不能停留在自爱,更不能以自爱为中心,而应该从这个出发点不断扩展和提升仁爱的境界。

怎么自爱?孔子认为,一个人具有仁德,就会身心和谐,就能够健康长寿,这就是自爱。因此,他提出了"仁者寿"的著名命题:"知者乐水,仁者乐山。知者动,仁者静;知者乐,仁者寿。"(《雍也》)为什么仁者寿?何晏《集解》引包咸曰:"性静者多寿考。"邢昺《注疏》云:"仁者寿者,言仁者少思寡欲,性常安静,故多寿考也。"仁者清心寡欲,心平气和,身体健康,所以会活得长寿。《礼记·中庸》引孔子的话说:"故大德……必得其寿。"

在自爱的前提下,儒家认为"仁"始于亲情,首先是一种亲情之爱,这就是孝悌之道。《中庸》引孔子说:"仁者,人也,亲亲为大。"康有为《中庸注》云:"仁,从二人,人道相偶,有吸引之意,即爱力也……而道本于身,施由亲始,故爱亲最大焉。""仁"是人之所以为人的本质,亲爱亲人乃是最大的"仁"。《孟子·告子下》:"亲亲,仁也。"《孟子·离娄上》:"仁之实,事亲是也;义之实,从兄是也。"儒家的仁爱由自爱外推首先始于亲情,是以血缘关系的亲疏远近而具体展开的。人的亲情之爱中最重要的有二:一是对父母之爱,体现为孝;二是对兄弟之爱,体现为悌,所以《论语·学而》有子提出:"其为人也孝弟,而好犯上者,鲜矣;不好犯上,而好作乱者,未之有也。君子务本,本立而道生。孝弟也者,其为仁之本与!"何晏《集解》引包咸云:"先能事父兄,然后仁道可大成。"关于"仁"与孝的关系是很复杂的。笔者认为"以《论语·学而》有子'其为仁也孝悌'章及其汉唐代表性注疏为主,在进行纵向的思想史梳理的同时又进行横向的哲学体系辨析,指出汉魏时期孝悌为仁之本是主流,宋儒提出论性仁为孝弟之本,论行仁孝弟为仁之本,把'仁'看作是超越的形而上本体,而把'孝'统属于'仁'本体意蕴之中,强调孝弟为行仁之本,借以彰显仁的道德实践性。"①孝悌是实践仁道的根本,仁道的实践要从孝悌开端。

出了家(族)门,到社会上如何处理人际关系,孔子提出了一些非常重要的处理人与人关系的途径、方法与准则。如《阳货》:"子张向仁于孔子。孔子曰:'能行五者于天下,为仁矣。''请问之。'曰:'恭、宽、信、敏、惠'。"孔子认为,一个人走上社会如果能够践行恭、宽、信、敏、惠五种品德,就是在践行仁道。孔子还提出"忠恕之道"作为实行仁道、推己及人、处理人际关系的"黄金律"。《颜渊》:"仲弓问仁。"子曰:"己所不欲,勿施于人。"《雍也》子曰:"夫仁者,己欲立而立人,己欲达而达人。能近取譬,可谓仁之方也已。"孔子的忠恕之道是一种推己及人,成己成人的精神,是践行"仁"的基本途径。

在社会上如何对待他人,孔子提倡"泛爱众"的博爱思想。孔子教育弟子"泛爱众而亲仁"(《学而》)。其中"泛爱"的"泛",邢昺《注疏》解释"泛"为"宽博之语","泛爱众"是讲:"君子尊贤而容众,或博爱众人也。"希望人尊贤容众,博爱众人,亲近那些有仁德的人。他还把亲情之爱推到与自己没有血缘关系的人身上,"四海之内,皆兄弟也"(《颜渊》)。对没有血缘关系的人如果能够

---

① 韩星:《仁孝之辨的思想演变与逻辑结构——以〈论语〉"其为人也孝悌"章为主》,《船山学刊》,2015年第1期。

以亲兄弟那样的态度与情感对待的话，那当然是"泛爱众"的体现。

将"仁"推到天地之间的万事万物，形成了爱物惜命、仁者与天地万物一体的思想。孔子虽没有把"仁"推及物的明确论述，但他对自然界的生命充满了怜悯之情。《述而》载："子钓而不纲，弋不射宿。"孔子钓鱼用竿而不用纲捕，射鸟不射巢中的鸟。为什么？邢昺《注疏》曰："此章言孔子仁心也。钓者，以缴系一竿而钓取鱼也。纲者，为大网，罗属著纲，以横绝流而取鱼也。钓则得鱼少，网则得鱼多。孔子但钓而不纲，是其仁也。弋，缴射也。宿，宿鸟也。夫子虽为弋射，但昼日为之，不夜射栖鸟也，为其欺暗必中，且惊众也。"这就是说，孔子钓而不纲，弋不射宿是出于仁心的仁者行为。朱熹《集注》引洪兴祖曰："然尽物取之，出其不意，亦不为也。此可见仁人之本心矣。待物如此，待人可知；小者如此，大者可知。"是说孔子对野物取之有尽，够了就行；也不要出其不意地射杀宿鸟，这体现了仁人的本心。《礼记·祭义》引孔子话说："断一树，杀一兽，不以其时，非孝也。"孔子把仁爱推广到生物，认为不以其时伐树，或不按规定打猎是不孝的行为。因孝悌为"仁"之本，儒家把孝道也推衍到天地万物，认为对天地之间万物的乱砍滥伐，肆意破坏，是缺乏仁爱之心的不孝之行。

通过仁爱践行次第的分析，我们可以清楚地看到，孔子的"仁"是由自我为起点扩展到宇宙万物的，后儒在孔子的基础上进行了补充和完善，在血缘亲情之爱的基础上形成了同心圆层递扩展的逻辑结构。对此，颜元在《颜元集·存性编》中概括说：

> 性之未发则仁，既发则恻隐顺其自然而出。父母则爱之，次有兄弟，又次有夫妻、子孙则爱之，又次有宗族、戚党、乡里、朋友则爱之。其爱兄弟、夫妻、子孙，视父母有别矣，爱宗族、戚党、乡里，视兄弟、夫妻、子孙又有别矣，至于爱百姓又别，爱鸟兽、草木又别矣。此乃天地间自然有此伦类，自然有此仁，自然有此差等，不由人造作，不由人意见。推之义、礼、智，无不皆然，故曰"浑天地间一性善也"，故

曰"无性外之物也"。但气质偏驳者易流,见妻子可爱,反以爱父母者爱之,父母反不爱焉;见鸟兽、草木可爱,反以爱人者爱之,人反不爱焉;是谓贪营、鄙吝。以至贪所爱而弑父弑君,吝所爱而杀身丧国,皆非其爱之罪,误爱之罪也。

从这段话中我们不难看出,作者是在性善论的前提下,认为人的本性就是仁,仁的自然流露就是爱。这种爱是有层次的,是从父母,到兄弟,再到夫妻、子孙,再到宗族、亲戚、乡邻、朋友,再到百姓,再到鸟兽草木层层扩展的。作者强调这一层层扩展的爱的次第就是宇宙自然的秩序,不是人为造作的,也不是由人的主观意志来决定。所以徐复观说:"孔子博学多能,但一切都是从一个中心点出发,并归结到一个中心点出发。这个中心点即是'仁'。"①因此,人类必须遵循这样的爱的次第,爱的正确、爱的准确,不要误爱。还要把这样的爱与义、礼、智配合起来,确立人类合情合理的伦理道德秩序,以保障社会的和谐稳定。如果不是这样,就是气质偏颇的误爱,如现实中娶了媳妇忘了娘,那些官员爱二奶、三奶甚于父母妻子,某大款爱宠物狗甚于父母,让父母当保姆来为自己伺候宠物狗,等等,都是误爱。

三、仁学:《论语》的主体思想

《论语》以"仁"为其思想体系的核心,也以"仁"为首要之德、全面之德、统摄智德,结合其他德目,构成了其仁学思想体系。

(一)仁者爱人

孔子认为,仁的内容包含甚广,但基本含义是爱人。孔子的学生樊迟向孔子请教什么是"仁"时,孔子回答说:"爱人。"(《颜渊》)。据统计,《论语》中涉及仁、仁者的有 28 个方面,而其实

---

①徐复观:《释〈论语〉的仁》,《中国思想史论集续编》,上海书店出版社,2004 年,第 231 页。

质只有一个，都是"爱人"。孔子的爱人是有亲疏远近之别的，所谓的"等差之爱"。《泰伯》载子曰："君子笃于亲，则民兴于仁。"在上位的人如果亲爱自己的亲人，老百姓当中就会兴起仁爱的风气。因此，他教育弟子"泛爱众而亲仁"（《学而》），希望弟子要广泛地去爱众人，亲近那些有仁德的人。他还把亲情之爱推到与自己没有血缘关系的人身上，"四海之内，皆兄弟也"（《颜渊》）。对没有血缘关系的人如果能够以亲兄弟那样的态度与情感对待的话，那当然是"泛爱众"的体现，具有博爱性质。要"己欲立而立人，己欲达而达人"（《雍也》）；要"己所不欲，勿施于人"（《颜渊》），通过"忠恕之道"落实仁爱，强调对人要温、良、恭、俭、让。孔子要求统治者"节用而爱人，使民以时"（《学而》），国君节用而爱养人民，不要无穷无尽地使用民力，使老百姓有休养生息的时间。

儒家的仁爱思想是有等级亲疏之别的，是按照"爱有差等"的原则，先亲爱自己的亲人，再层层由内向外、由近及远有等差地扩展到他人。这就包含了我们今天常常说的人与自身、人与人、人与社会、人与自然之间四个方面的关系，可以说是相对全面而深刻的。概括起来，儒家的仁爱是以血缘亲情之爱（孝悌）为基础推衍的泛爱众（普遍之爱）。因为"普遍性寓于特殊性之中"，儒家之仁爱寓于亲情之爱之中，以亲情之爱为本源，最终上升到普遍人类之爱。所以也有"博爱"之说。不过儒家的博爱不是基督教本源于上帝的泯灭了一切差别的"博爱"，唐代韩愈《原道》说："博爱之谓仁。"欧阳修在《乞出表》之二中亦云："大仁博爱而无私。"说明儒家的博爱是发源于亲情之仁爱推衍到终极理想状态的"普遍之爱"。这种"普遍之爱"并不绝对否定"特殊之爱"，而是超越又涵摄了"特殊之爱"。

（二）仁者能好人，能恶人

同时，孔子也非常重视爱的反面——恶。《论语》中多次提到好恶之恶的问题，《里仁》子曰："唯仁者能好人，能恶人。"何晏《集解》引孔安国注曰："唯仁者能审人之所好恶。"邢昺《注疏》："此章言唯有仁德者无私于物，故能审人之好恶也。"有仁德的人以天下为公，无私于物，所以能够审视人们的好恶。《里仁》子曰："我未见好仁者，恶不仁者。好仁者，无以尚之；恶不仁者，其为仁矣，不使不仁者加乎其身……"邢昺《注疏》："'我未见好仁者，恶不仁者'，孔子言，我未见性好仁者，亦未见能疾恶不仁者也。'好仁者，无以尚之'者，此覆说上好仁者也。尚，上也，言性好仁者，为德之最上，他行无以更上之，言难复加也。'恶不仁者，其为仁矣，不使不仁者加乎其身'，此覆说上恶不仁者也。言能疾恶不仁者，亦得为仁。但其行少劣，故曰其所为仁矣也，唯能不使不仁者加乎非义于己身，不如好仁者无以尚之为优也。"仁者才能好人，能恶人，就是有爱有恶，爱憎分明。仁者之所以有爱有恶，因为仁者是真正地爱人，是爱好人。如果爱了坏人，等于是害了好人，所以必须爱憎分明。好、恶是基本的道德情感问题，但如何好，如何人恶，就涉及道德标准问题，这就是知的问题，也即理性的问题。《颜渊》子曰："爱之欲其生，恶之欲其死。既欲其生，又欲其死，是惑也。"喜爱一个人的时候，希望他活得很好，讨厌的时候，希望他死，既要他生，又要他死，这就是迷惑啊！何晏《集解》引包咸曰："爱恶当有常。一欲生之，一欲死之，是心惑也。"邢昺《注疏》："言人心爱恶当须有常。若人有顺己，己即爱之，便欲其生；此人忽逆于己，己即恶之，则原其死，一欲生之，一欲死之，用心无常，是惑也。"包咸强调了迷惑在心，邢昺强调了顺爱逆恶，似乎是原文本不曾有的意思，但深化了文本的思想。《阳货》载子贡曰："君子亦有恶乎？"子曰："有恶。恶称人之恶者，恶居下流而讪上者，恶勇而无礼者，恶果敢而窒者。"曰："赐也亦有恶乎？""恶徼以为知者，恶不孙以为勇者，恶讦以为直者。"朱熹《集注》："讪，谤毁也。窒，不通也。称人恶，则无仁厚之意。下讪上，则无忠敬之心。勇无礼，则为乱。果而窒，则妄作。故夫子恶之。徼，伺察也。讦，谓攻发人之阴私。"并引杨氏曰："仁者无不爱，则君子疑若无恶矣。子贡之有是心也，故问焉以质其是非。"引侯氏曰："圣贤之所恶如此，所谓唯仁者能恶人也。"此章通过孔子和子贡的对答，对有悖道德的四种人和作风不正的三种人做了揭露和斥责，说明君子虽然讲仁爱，但也有所憎恶，并不是无原则、无是非地爱一切人的好好先生。

《阳货》又载子曰："恶紫之夺朱也，恶郑声之乱雅乐也，恶利口之覆邦家者。"何晏《集解》引孔安国注："朱，正色。紫，间色之好者。恶其邪好而夺正色。利口之人，多言少实，苟能悦媚时君，倾覆国家。"引包咸注："郑声，淫声之哀者。恶其乱雅乐。"皇侃《义疏》："紫是间色，朱是正色，正色宜行，间色宜除，不得用间色之物，以妨夺正色之用。言此者，为时多以邪人夺正人，故孔子托云恶之者也。郑声者，郑国之音也，其音淫也。雅乐者，其声正也。时人多淫声以废雅乐，故孔子恶之者也。利口，辩佞之口也。邦，诸侯也。家，卿大夫也。君子辞达而已，不用辩佞无实而倾覆国家，故为孔子所恶也。"孔子说：我厌恶用紫色取代红色，厌恶用郑国的声乐扰乱雅乐，厌恶用伶牙俐齿而颠覆国家这样的事情。显然，孔子所恶的是不讲道德，破坏礼乐秩序的言行。正是出于对道德和礼乐秩序的爱，才有对不讲道德，破坏礼乐秩序的恶。

（三）怜爱生命

孔子对自然界的生命充满了怜爱之心。除了前面《述而》"子钓而不纲，弋不射宿"，《乡党》载"厩焚。子退朝，曰：'伤人乎?'不问马。"这是常见的句读。按照这种句读，何晏《集解》引郑玄注："重人贱畜。"邢昺《注疏》曰："此明孔子重人贱畜也。"朱熹《集注》："不问马，非不爱马，然恐伤人之意多，故未暇问。盖贵人贱畜，理当如此。"通常解为贵重人而轻贱畜生。也有人这样句读："厩焚。子退朝，曰：'伤人乎?''不（否）'，问马。"马厩着火了，孔子首先询问饲马的下人有没有事，得知人没有问题才问马。所以，孔子先关心人的伤亡，后关心马的伤亡。重视生命价值，只是在人和牲口之间优先强调人。这样理解似乎更好。《孔子家语·曲礼子夏问》载孔子之守狗死，谓子贡曰："路马死则藏之以帷，狗则藏之以盖。汝往埋之。吾闻弊帷不弃，为埋马也；

弊盖不弃，为埋狗也。今吾贫无盖，于其封也，与之席，无使其首陷于土焉。"孔子家的一条看门狗死了，孔子让他的学生子贡去帮他埋葬，并叮嘱道："马死了按照一般的做法，是用旧的帷幕把它包起来埋葬的，狗死后是用旧的车盖把它覆盖着埋葬掉。所以为什么人家旧的帷幕不扔掉，旧的车盖也不扔掉呢？是他们要给这些动物预备着。现在我贫困不堪，连个旧的车盖也没有，你一定弄一张旧席子，把它好好裹起来，不要让它的头被泥土弄脏了。"孔子为什么要这样近乎庄重地安排学生埋一条死去的看家狗，而不像人们通常所做的那样，食其肉，寝其皮，或随便弃之荒野，任野兽撕食？原因是孔子一生推行仁德，其所思所行，无不以"仁"为出发点和最终归宿。如此葬狗，正显示了对动物的悯爱之情，出于践行仁爱的自觉。

（四）仁与礼、乐

孔子仁礼并重，二者有机地结合统一在他的思想学说中，显示出完整的人道观。《渊颜》载颜渊问仁，孔子曰"克己复礼为仁，一日克己复礼，天下归仁焉。"颜渊继续问："请问其目。"孔子回答说："非礼勿视，非礼勿听，非礼勿言，非礼勿动。""仁"是人之为人的本质，由内在的自我修养（仁），体现为外在的言行举止（礼），内外兼修，就能够成为仁人。可以看出，孔子标举的"仁"的境界很高，涵涉很广，但是要通过自我的不断修养，践行礼制，仁礼并建，相辅相成，互为支撑，在仁与礼的圆满统一中实现"天下归仁"的理想境界。

《八佾》"人而不仁，如礼何？人而不仁，如乐何？"何晏《集解》引包咸注："言人而不仁，必不能行礼乐。"邢昺《注疏》："此章言礼乐资仁而行也……言人而不仁，奈此礼何？谓必不能行礼乐也。"朱熹《集注》引游酢曰"人而不仁，则人心亡矣，其如礼乐何哉？言虽欲用之，而礼乐不为之用也。"引程子曰："仁者天下之正理。失正理，则无序而不和。"引李侗曰："礼乐待人而后行，苟非其人，则虽玉帛交错，钟鼓铿锵，亦将如之何哉？"刘宝楠《正义》说："《儒行》云：'礼节者，仁之貌也。歌乐者，仁之和也.'礼乐所以饰仁,故惟仁者能行礼乐。"有仁心的人,才能实行礼、乐,实现社会有序和谐。

孔子对他的学生宰我不能行三年之孝的批评,也典型地反映了仁是礼的根本精神。这个在第二讲中已经讲过,这里不再重复。

值得注意的是,仁与乐既有天然的血缘,又有逻辑的贯通。二者的关系似乎为多数学人所忽略。"乐"本来是与儒家的"乐教"有关,孔子对诗歌、音乐等艺术活动一直抱有浓厚的兴趣,有时就会达到非常入迷乃至废寝忘食的程度。孔子在齐国与齐国的乐官谈论音乐,听到了舜时的《韶》乐,就学习了起来,有三个月的时间竟尝不出肉的味道,自己也没想到被音乐吸引到这个程度。这当然是一种夸张的说法,但他欣赏古乐已经到了痴迷的程度,也说明了他在音乐方面的高深造诣。徐复观认为,礼乐教化显现了中华人文的深度。如果说,"礼"是人文化的宗教,是道德性人文精神的自觉,那么"乐"则是"仁"的表现,是美与仁的统一。他在《中国艺术精神》中论述了"乐"的本质:"孔子所要求于乐的,是美与仁的统一,而孔子之所以特别重视乐,也正因为在仁中有乐,在乐中有仁的缘故。"① "乐"本来是与儒家的"乐教"有关。"乐教"主要讲"和"。因此,孔子在教学中很重视诗教和乐教,认为一个人的学习,应该"兴于诗,立于礼,成于乐。"(《泰伯》)诗、礼、乐是教育的三个基本方面,是人生的三件大事,三个阶段,始于诗教,立于礼教,成于乐教,教成而成人,成君子,成圣贤。

(五)仁与智、勇

《宪问》载子曰:"君子道者三,我无能焉:仁者不忧,知者不惑,勇者不惧。"子贡曰:"夫子自道也。"邢昺《注疏》:"仁者乐天知命,内省不疚,故不忧也。知者明于事,故不惑。勇者折冲御侮,故不惧。""子贡言夫子实有仁、知及勇,而谦称我无,故曰夫子自道说也。"朱熹《集注》引尹焞曰:"成德以仁为先,进学以知为先。故夫子之言,其序有不同者以此。"孔子说:"君子之道

---

①徐复观:《中国艺术精神》,华东师范大学出版社,1987年,第28页。

有三个方面,我未能做到,仁德的人不忧愁,睿智的人不迷惑,勇毅的人不畏惧。"子贡说这是"夫子自道也"。在孔子看来,能够做到仁、智、勇三者的统一就是作为一个君子所应当达到的最高境界,他尽管自谦说"我无能焉",而他的学生子贡则认为这是"夫子自道",也就是说子贡认为孔子已经达到了这种境界。三者的关系是这样的:

首先,"仁"是核心,涵摄智和勇。他说:"仁者安仁,知者利仁"(《里仁》)有仁德的人安于仁,有智慧的人利于仁。"智"是从属于、服务于"仁"的。

其次,勇与仁的关系是,"仁者必有勇,勇者不必有仁"(《宪问》)。邢昺《注疏》曰:"'仁者必有勇'者,见危授命,杀身以成仁,是必有勇也。'勇者不必有仁'者,若暴虎冯河之勇,不必有仁也。"朱熹《集注》:"仁者,心无私累,见义必为。勇者,或血气之强而已。""仁"是儒家道德规范的核心之核心,根本之根本,一个仁者可以临危受命,见义勇为,乃至杀身成仁,所以"仁者必有勇"。但"勇者"往往是匹夫之勇,鲁莽之勇,逞血气之强,对自身和他人造成伤害,所以未必有仁。也就是说,仁者具有普遍性的道德情怀,同时也具有内在的道德意志。因此仁者境界必然包含了勇这一要素。

再次,孔子重视学,认为"学"是达到仁、智、勇的基本途径,如果不学无知,就会因知性方面的蒙蔽出乱子,"好勇不好学,其蔽也乱"(《阳货》)。勇不能无礼,"勇而无礼则乱"(《泰伯》),其结果与不好学相同,都可能出乱子。《颜渊》司马牛问君子。子曰:"君子不忧不惧。"曰:"不忧不惧,斯谓之君子已乎?"子曰:"内省不疚,夫何忧何惧?"君子能够自我反省,没有歉疚,就能够做到不忧不惧。这里"不忧"就是仁,"不惧"就是勇。蒙培元先生说:"知、仁、勇三者,虽可以分别言之,且代表心灵存在及其活动的不同方面,即智性、情感和意志,但就心灵境界而言,三者实际上构成统一的整体境界。""在这三者之中,仁是核心,也是统名,仁的境界能够而且应当包括知和勇二者。从这个意义上说，三者实际上是一个境界，即仁的境界。""孔子的真正贡献就在于，他不仅提出了人的学说，而且从知、情、意几方面考察了人的心灵问题，因而提出知、仁、勇三种境界，而最终归结为仁的境界。"①

四、行仁的方式与途径

孔门之学与教，都围绕"仁"这个核心之核心来生发的，行仁是孔门人生社会实践的基本方式与途径：一方面由近及远，下学上达，学以成人，学以致道，求仁得仁，超凡入圣，成就理想人格；另一方面，内圣外王，修己安人，成己成人，克己复礼，天下归仁，实现理想社会。

孔子的"仁"不是纯粹哲学思辨而构建出来的，"仁"作为兼形而上和形而下的形而中学，是在其生命的实践中展开和完成的。如何在实践中统合形上与形下？即通过"下学上达"。何谓"下学上达"？《宪问》云："不怨天，不尤人。下学而上达，知我者其天乎！"何晏《集解》引孔安国云："下学人事，上知天命。"皇侃《义疏》云："下学，学人事；上达，达天命。"邢昺《注疏》云："言己下学人事，上知天命。"以"人事"对应"天命"，是"天人合一"的理路。刘宝楠《论语正义》引颜师古说："上达，谓通于天道而畏威。"宋儒对"下学上达"的诠释以"上达""天理"取代"天命""天道"。朱熹《集注》引程子曰："盖凡下学人事，便是上达天理。"朱熹《四书或问》更进一步解释说："学者学乎人事，形而下者也；而其事之理，则固天之理也，形而上者也。学是事而通其理，即夫形而下者而得其形而上者焉，非达天理而何哉？"王阳明《传习录上·陆澄录》云："夫目可得见，耳可得闻，口可得言，心可得思者，皆下学也。目不可得见，耳不可得闻，口不可得言，心不

---

① 蒙培元：《心灵超越与境界》，人民出版社，1998年，第141、132、144—145页。

可得思者，上达也。如木之栽培灌溉，是下学也；至于日夜之所息，条达畅茂，乃是上达。"清人刘宝楠在《论语正义》中通过对前人注释的汇总，得出"上达是上通于天"结论。总之，"下学上达"是说在天人互动中由"下学"人事入手，修养至"上达"天道的层次，即达到天地境界，成就圣人人格。

什么是"下学"？"下学"具体是指形而下的礼、乐、射、御、书、数"六艺"，这是孔子当时为学生们开设的六门课程，具有很强的实践性，其基本的目标是学做人。正如杜维明所说："在儒家看来，学就是学做人。"[①]"儒家传统最核心的东西就是'学'，学什么？就是学做人，培养人的人格。学习如何做人，就是把自己投入一个永不停止的、没有尽头的、创造性的自我转化过程。"[②]《学而》子曰："弟子入则孝，出则弟，谨而信，泛爱众亲仁。行有余力，则以学文。"孔子讲了为学的次第，首先，是做人，处理好各种人伦关系，在生活中修行仁道，其次，才是学习书本上的文化知识。"六艺"是全面的人格成长教育，基本目标是做人，最高目标是造就君子，成就圣贤。"博学而笃志，切问而近思，仁在其中矣。"(《子张》)广博的学习就要坚守自己的志向，恳切地发问求教，多考虑日常的事情，仁德就在其中了。仁德似乎远在天边，其实，就在百姓日用之中。

"下学"的目标是"上达"，以学致道，上达天道。《子张》中有两句话："百工居肆以成其事，君子学以致其道。""肆"，有两种解释，一说是官府制造器物的地方；另一解释说，肆是市场中陈列器物之所。不论哪种解释，我们都是说"肆"是百工学习制作器物的地方，百工在这里面观察、学习、制作、揣摩，最后制作器物，而君子与百工不同，君子之学不是为了掌握一门技艺以谋生，而是下学上达，进而至于道的境界。钱穆《论语新解》："百工居

[①] 杜维明：《儒家思想新论——创造性转换的自我》，江苏人民出版社，1991年，第49页。
[②] 杜维明：《现代儒学核心乃是见利而思义》，《嬴周刊》，2006年1月25日。

肆中以成其器物，君子之于道亦然。非学无以明道，亦无以尽道之蕴而通其变化。学者侈言道而疏于学，则道不自至，又何从明而尽之？致者，使之来而尽之之义。君子终身于学，犹百工之长日居肆中。"①儒家"学"的范围很广，但这些为学无不以"致道"为指向，所走的无非是一条下学上达、由学致道的道路。

君子不能仅仅满足于器物层面，"君子不器"（《为政》），君子要知道器上有道，要通过学习悟道、明道，进而至于道的境界。君子是道的担当者、守护者。正如梁漱溟先生所说："儒家修学不在屏除人事，而要紧功夫正在日常人事生活中求得锻炼。只有刻刻慎于当前，不离开现实生活一步，从'践形'中求所以'尽性'，惟下学乃可以上达。"②徐复观先生也说："孔子追求的道，不论如何推扩，必然是解决人自身问题的人道，而人道必然在'行'中实现。行是动进的、向前的，所以道也必是在行中开辟。《论语》中所涉及的问题，都有上下浅深的层次，但这不是逻辑上的层次，而是行在开辟中的层次；因此，这是生命的层次，是生命表现在生活中的层次。'下学而上达'（《宪问》），应从这种方向去了解，否则没有意义。"③《为政》载孔子曾经总结自己一生说："吾十有五而志于学，三十而立，四十而不惑，五十而知天命，六十而耳顺，七十而从心所欲不逾矩。"孔子一生就是这样经过下学上达，至"七十而从心所欲不逾矩"，就超凡入圣，进入了致广大、尽精微、通神明的圣人境界。他的人生就是下学上达，超凡入圣的典型。孔子经过一生的生命实践最后也达到了与尧舜同样天人合一的圣人境界。

仁作为至高的人格境界就是圣人的境界。《雍也》记载子贡问孔子说："如有博施于民而能济众，何如？可谓仁乎？"子曰："何

---

① 钱穆：《论语新解》，生活·读书·新知三联书店，2002年，第439页。
② 梁漱溟：《儒佛异同论》，《梁漱溟全集》第七卷，山东人民出版社，1989年，第160页。
③ 徐复观：《向孔子的思想性格回归》，《中国思想史论集续编》，上海书店出版社，2004年，第284—285页。

事于仁，必也圣乎！尧舜其犹病诸！"子贡向孔子请教说："假如有人能够广泛地给予民众恩惠且能救助更多的人，这如何呢？可以算是仁人了吗？"孔子毫不含糊地回答说："这不仅是一个仁者，甚至可以说是一个圣者了，即使尧舜也难以做到。""博施济众"是儒家内圣之"仁"发于外王事业的极致。孔子认为即使古代圣王如尧舜也可能做不到圆满，如果能做到博施济众就是圣人境界了。孔子这里说的，既是"仁"与"圣"的区别，也是"仁"的一般层次和最高境界的差异："圣"实际也是"仁"，是最高境界的"仁"。郑家栋说："儒家哲学是仁学，而仁学在本质上乃是'圣'学，圣学即是关于'天人之际'的学问，'天人之际'处理的乃是人与终极存有的关系问题。孔子儒家的'仁'正是在'圣'的意义上而非'爱'的意义上成为宗教的。仁作为'爱'是现实的、具体的，仁作为'圣'则是超越的、普遍的。""仁的圆满实现就是圣。"[①]"仁"的终极境界是实现圣人的理想人格。

作为贯通内圣外王的"仁"，如何在实践中贯通内外？即推己及人，成己成人。"仁"是在其生命的实践中展开和完成的，仁道的实践是与其人格的提升打成一片的。"仁"是随着孔子生命的成长，人格的提升而展开的，体现为做人做事，处理人际关系。在孔子看来，"仁"是处理人与人关系的最高准则，实践"仁道"的具体途径和方法就是"忠恕"。《雍也》载孔子说："夫仁者，己欲立而立人，己欲达而达人。能近取譬，可谓仁之方也已。"何晏《集解》引孔安国注："君能广施恩惠，济民于患难，尧、舜至圣，犹病其难。""更为子贡说仁者之行。方，道也。但能近取譬于已，皆恕己所欲而施之于人。"邢昺《注疏》曰："此章明仁道也。……子贡问夫子曰：'设如人君能广施恩惠于民而能赈济众民于患难者，此德行何如？可以谓之仁人之君乎？'……孔子答子贡……言君能博施济众，何止事于仁！谓不啻于仁，必也为圣人乎！然行此事

[①] 郑家栋：《断裂中的传统——信念与理性之间》，中国社会科学出版社，2001年，第285、284页。

甚难，尧、舜至圣，犹病之以为难也。……孔子更为子贡说仁者之行也。方，犹道也。言夫仁者，己欲立身进达而先立达他人，又能近取譬于己，皆恕己所欲而施之于人，己所不欲，弗施于人，可谓仁道也。"朱熹《集注》："仁以理言，通乎上下。圣以地言，则造其极之名也。乎者，疑而未定之辞。病，心有所不足也。言此何止于仁，必也圣人能之乎！则虽尧舜之圣，其心犹有所不足于此也。以是求仁，愈难而愈远矣。""以己及人，仁者之心也。于此观之，可以见天理之周流而无闲矣。状仁之体，莫切于此。""近取诸身，以己所欲譬之他人，知其所欲亦犹是也。然后推其所欲以及于人，则恕之事而仁之术也。于此勉焉，则有以胜其人欲之私，而全其天理之公矣。"又引程子曰："医书以手足痿痹为不仁，此言最善名状。仁者以天地万物为一体，莫非己也。认得为己，何所不至；若不属己，自与己不相干。如手足之不仁，气已不贯，皆不属己。故博施济众，乃圣人之功用。仁至难言，故止曰：'己欲立而立人，己欲达而达人，能近取譬，可谓仁之方也已。'欲令如是观仁，可以得仁之体。""己欲立而立人，己欲达而达人"，是推己及人的肯定方面，即成己成人，孔子称之为"忠"。

在《卫灵公》当子贡问孔子："有一言可以终身行之者乎？"孔子回答："其恕乎，己所不欲，勿施于人。""己所不欲，勿施于人"，是推己及人的否定方面，即将心比心，孔子称之为"恕"。推己及人的这两个方面合在一起，就叫作忠恕之道。总而言之，忠恕是仁的应有之义，是现实仁的具体途径。所以张岱年解释道："'己欲立而立人，己欲达而达人'乃是仁的本旨。'立'是有所成而足以无倚；'达'是有所通而能显于众。自己求立，并使人亦立；自己求达，并使人亦达；即自强不息，而善为人谋。简言之，便是成己成人。'能近取譬'，则是为仁的方法，即由近推远，由己推人；己之所欲，亦为人谋之，己之所不欲，亦无加于人。"[①]

[①]张岱年：《中国哲学大纲》，中国社会科学出版社，1982年，第256—257页。

因此，忠恕之道是一种推己及人，成己成人的精神，是践行"仁道"的基本途径和方法。

在"仁"的实践上，孔子重视人之为人的主观能动性，人作为道德主体，其践行仁的意愿及行为就是主体自身力量的体现。出于此，孔子说"为仁由己，而由乎人哉？"（《颜渊》）"为仁"（实践仁道）是人的道德选择，每一个人都是具有充分的意志自由的，是完全应当做自己的主宰，而不在于别人对你有什么影响，这是人的道德主体性、主动性的体现。因此，在孔子看来，"为仁"是"愿不愿"的问题，不是"能不能"的问题，所以他说："仁乎远哉？我欲仁，斯仁至矣。"（《述而》）我要实践仁，就能实现仁道。

但孔子也意识到"为仁"很难。所以当司马牛问仁，孔子说："仁者，其言也讱。"司马牛接着又问："其言也讱，斯谓之仁已乎？"子曰："为之难，言之得无讱乎？"孔子认为仁"为之难"，即仁的实践很难。难在哪里呢？难在持之以恒地守仁、行仁。《雍也》孔子赞扬颜回，批评其他学生："回也其心三月不违仁，其余则日月至焉而已矣。"三月是约数，就是相当长时间不违反仁，也就是他能够做到，其他学生都不行，可见为仁之难。《里仁》："君子无终食之间违仁，造次必于是，颠沛必于是。"君子在任何时候不违仁确实不容易，哪怕是在吃一顿饭的工夫也不离开仁道，仓促奔忙的时候是这样，颠沛流离的时候也是这样。既然行仁这么难，所以有的学生就打退堂鼓了，冉求曰："非不说子之道，力不足也。"子曰："力不足者，中道而废。今女画。"（《雍也》）冉求推崇孔子的仁道，但他产生了畏难情绪，认为自己的能力不够，在学习过程中感到非常吃力。孔子认为，冉求并非能力的问题，而是他畏难情绪作怪，所以批评他"中道而废"。他指出："有能一日用其力于仁矣乎？我未见力不足者。"（《里仁》）如果能每天时时刻刻致力于追求仁道他最终一定会成功，不存在力量不够的问题。实行仁道，在发挥自己主观能动性的基础上就是要持之以恒，坚持不懈。孔子说："譬如为山，未成一篑，止，吾止也。譬如平地，虽覆一篑，进，吾往也。"（《子罕》）这里以推土成山比喻实行仁道，坚持不懈，积少成多，而不能半途而废，功亏一篑。

当然，他也告诉学生，"仁者先难而后获，可谓仁矣。"(《雍也》)何晏《集解》引孔安国注："先劳苦而后得功，此所以为仁。"邢昺《注疏》："言为仁者先受劳苦之难，而后乃得功，此所以为仁也。"朱熹《集注》："先其事之所难，而后其效之所得，仁者之心也。"又引程子曰："先难，克己也。以所难为先，而不计所获，仁也。"有仁心的人只有不畏艰难困苦地实践仁，就必定会获得仁道的成果。曾子也说："士不可以不弘毅，任重而道远。仁以为己任，不亦重乎？死而后已，不亦远乎？'"(《泰伯》)以仁为己任，就是自觉地铁肩担仁道，刚强勇毅，奋斗终生，死而后已。就是徐复观所说的"仁的自觉的精神状态"："就仁的自身而言，它只是一个人的自觉地精神状态。自觉地精神状态，可以有许多层级，许多方面。为了使仁的自觉地精神状态，能明白地表诠出来，应首先指出它必须包括两方面。一方面是对自己人格的建立及知识的追求，发出无限地要求。另一方面，是对他人毫无条件地感到有应尽的无限的责任。再简单说一句，仁的自觉地精神状态，即是要求成己而同时即是成物的精神状态。此种精神状态，是一个人努力于学的动机，努力于学的方向，努力于学的目的。"①凭着对"仁"的自觉践行，就能够在成己的同时成人，最终实现个体生命与仁道的完全融合，这就达到了内圣外王圆满的理想境界。

为了实现生命的价值，在特殊的情境下还要敢于牺牲自己，成就道义。当面临生死与仁义、生死与名节之间的重大抉择时，儒家会毫不犹豫地慷慨赴死。孔子说："志士仁人，无求生以害仁，有杀身以成仁。"(《卫灵公》)为了实践"仁"，绝不贪生怕死，牺牲生命在所不辞。可见，"仁"在孔子心目中的地位与价值是至高无上的，高于生命的生存意义。

对于为政者来说，行仁就是要把"仁"贯彻于政治实践之中，形成其仁政思想。孔子虽然没有明确地提出"仁政"概念，但确实

---

①徐复观：《中国人性论史：先秦》，上海三联书店，2001年，第81页。

有仁政思想。孔子要求统治者首先把老百姓作为人看待，提倡爱民、养民、利民、富民、教民、安民、博施于民等，如主张："道千乘之国，敬事而信，节用而爱人，使民以时。"(《学而》)孔子说："治理一个有一千辆兵车的中等规模国家，要谨慎认真地对待政事，获得民众信任，节俭用度，爱护下属，征用百姓要在农闲时节。"对于管仲，孔子虽然批评他"不知礼"，还因为公子纠与公子小白相争失利被杀，召忽与管仲都是公子纠的智囊，召忽以自杀尽忠，管仲不能以死来报答他的主人公子纠反而做了公子纠的政敌齐桓公的相，孔门高足子路和子贡都认为管仲"未仁"，而孔子却是完全赞赏管仲，甚至为管仲辩说了。他说："桓公九合诸侯，不以兵车，管仲之力也。如其仁！如其仁！""管仲相桓公，霸诸侯，一匡天下，民到于今受其赐；微管仲，其被发左衽矣。"(《宪问》)孔子对子路说"桓公九合诸侯，不以兵车"之事，孔子一方面承认管仲辅佐齐桓公虽是假仁义以行其霸业，但在多次召集诸侯们时能够尊奉和平原则，客观上保证了当时"国际环境"的相对和平。另一方面，肯定管仲帮助齐桓公实现了"一匡天下"的暂时"大一统"局面，使老百姓因此免于分裂战乱之苦，中原华夏因此免于被四周夷狄侵扰，保持中原礼乐文明而没有倒退到野蛮状态。所以，孔子从这两点上认为管仲的政治实践是合乎仁道的。就是说，孔子把仁德之仁与事功之仁分开了说，强调仁德之仁是事功之仁的根本，而管仲虽然缺乏仁德之仁，而有事功之仁，也是有可以肯定之处的。

出于"爱民"的思想，孔子极力提倡"养民"，他赞扬子产"其养民也惠"(《公冶长》)。他还注重"利民"，要求为政者"因民之所利而利之"(《尧曰》)。当冉有问道，人口众多怎么办时，孔子回答说："富之。"再问富裕起来又怎么办？孔子回答："教之。"这种"富民""教民"的主张，在当时是非常先进的政治理念。

五、孔子仁学的历史影响与现实意义

孔子仁学思想的历史影响。"仁"不仅是孔子思想中的核心概念，也是整个儒学思想的核心理论，从一定意义上说，儒学就是仁学。

(一)孔子仁学对后来儒学的影响

孟子探讨仁的心性本源，更多讲仁义，近现代学者多认为孟子思想的核心是仁义，以仁义为本做人禽之辨和义利之辨。同时明确提出仁政及其具体的措施，如制民之产、使民以时、省刑罚，薄税敛、重民爱民、庠序之教等。还明确了仁爱展开的逻辑"亲亲而仁民，仁民而爱物"(《孟子·尽心上》)。徐复观说："孟子虽仁义并称，或仁义礼智并列，但仁仍是居于统摄的地位。"①

荀子也是以"仁"为基础构建思想体系的。荀子在孔子"仁"的基础上，继孟子之后着重发挥孔子"礼"的概念，注重从外在规范上展开，以"礼义"为核心构建了自己的思想体系。在礼义构建中，荀子继承了孔孟仁学的基本精神，以仁义为本，以礼义为用，更细致地分析了仁、义、礼、乐之间的复杂关系，传承孔孟仁政思想。②

董仲舒以阐发《春秋》公羊学的仁学思想为其仁学构建的学术基础，把先秦儒家的仁道德投射到了"天"上，赋予"仁"以神圣性和合理性。《春秋繁露·天地阴阳》："天志仁，其道也义。"《春秋繁露·俞序》："仁，天心。"董仲舒还把仁、义、礼、智、信"五常"提法固定下来，并初步形成了以"仁"为核心，仁与义、礼、

---

① 徐复观：《中国人性论史·先秦》，上海三联书店，2001年，第159页。
② 韩星：《荀子：以仁为基础的礼义构建》，《黑龙江社会科学》，2015年第1期，人大复印资料2015年《中国哲学》第6期全文转载。

智、信纵向展开的内在思想结构，成为儒家核心价值体系的基石。①

宋儒以"天地生物之心"诠释仁，使仁的思想更加丰富。如二程说："心譬如谷种，生之性便是仁也。""心犹种焉，其生之德，是为仁也。"又说："医书言手足痿痹为'不仁'，此言最善名状。仁者，以天地万物为一体，莫非己也。认得为己，何所不至？若不有诸己，自不与己相干。如手足不仁，气已不贯，皆不属己。"朱熹以"生气流行"来诠释仁与义、礼、智、信的关系："天只是一元之气。春生时，全见是生；到夏长时，也只是这底；到秋来成遂，也只是这底；到冬天藏敛，也只是这底。仁义礼智割做四段，一个便是一个；浑沦看，只是一个。"（《朱子语类》卷六《性理三》）这是说，天地之间只是一元之气流行。这一元之气在一年四季有分别不同的体现，春天见万物初生，全部体现为生气；夏天万物不断成长，也是这生气的成长；秋天万物成熟，也是这生气的成熟；冬天是万物收藏，也是这生气的收藏。四季只是一元之气流行的不同阶段。仁、义、礼、智的关系也是如此，分割来看，仁、义、礼、智分别是四个道德概念，从整体来看，仁、义、礼、智其实只是一个——仁，都是仁的不同阶段的体现。

陆九渊说："仁，人心也。心之在人，是人之所以为人，而与禽兽草木异焉者也。"（《陆九渊集》卷三十二）这就是说，仁即人心，是人之所以为人而区别于禽兽的根本。王阳明在《大学问》中说："大人者，以天地万物为一体者也，其视天下犹一家，中国犹一人焉。若夫间形骸而分尔我者，小人矣。大人之能以天地万物为一体也，非意之也，其心之仁本若是，其与天地万物而为一也。岂惟大人，虽小人之心亦莫不然，彼顾自小之耳。是故见孺子之入井，而必有怵惕恻隐之心焉，是其仁之与孺子而为一体也；孺

---

①韩星：《董仲舒三才构架下的仁学构建》，《唐都学刊》2017年第2期；《汉代经学与"五常"核心价值观的构建》，《中国哲学史》2017年第4期，人大复印资料2018年"中国哲学"第4期全文转载。

子犹同类者也,见鸟兽之哀鸣觳觫,而必有不忍之心焉,是其仁之与鸟兽而为一体也;鸟兽犹有知觉者也,见草木之摧折而必有悯恤之心焉,是其仁之与草木而为一体也;草木犹有生意者也,见瓦石之毁坏而必有顾惜之心焉,是其仁之与瓦石而为一体也:是其一体之仁也,虽小人之心亦必有之。是乃根于天命之性,而自然灵昭不昧者也,是故谓之'明德'。小人之心既已分隔隘陋矣,而其一体之仁犹能不昧若此者,是其未动于欲,而未蔽于私之时也。及其动于欲,蔽于私,而利害相攻,忿怒相激,则将戕物圮类,无所不为,其甚至有骨肉相残者,而一体之仁亡矣。是故苟无私欲之蔽,则虽小人之心,而其一体之仁犹大人也;一有私欲之蔽,则虽大人之心,而其分隔隘陋犹小人矣。故夫为大人之学者,亦惟去其私欲之蔽,以明其明德,复其天地万物一体之本然而已耳,非能于本体之外而有所增益之也。"在王阳明看来,大人之所以能"以天地万物为一体",乃是出于"其心之仁"的显现,全然无私利计较之'明德';而小人则相反。

近代以来,内忧外患、民族危机空前严重,仁爱思想在近代以来中西古今文化冲突与融合,西方各种文化思潮汹涌而入的情况下,也不断地获得新的诠释,获得新的发展。谭嗣同的《仁学》、康有为的《大同书》是批判继承发展仁学的代表,体现了仁学在近代的新变化、新面貌。前者以仁作为冲决罗网的动力。他提出"民本君末""君权民授",提倡仁说,谓"仁以通为第一义";后者以仁为未来理想社会的价值基础,看起来它吸收了民主、自由、人权等资产阶级思想,但其深层核心处却依然体现了仁学的价值标准。

(二)孔子仁学对社会政治的影响

由秦暴政的教训,迫使汉初的政治家、思想家对秦的二世而亡进行反思。他们反思的共同结论就是秦不行仁义,导致二世而亡。陆贾向刘邦说明了马上打天下不能马下治天下的道理,提出"行仁义,法先圣",撰成《新语》,对汉初统治者实行休养生息的政策,起了关键作用。后来还有贾谊、韩婴、董仲舒等,使统治者明白了仁义是为政之本，儒学"难与进取，可与守成"，"序君臣父子之礼，列夫妇长幼之别"的特征，于是，当经济获得了一定的发展之后，汉武帝选择了儒家思想，把儒学提到官学的地位，以实现长治久安。

汉代实行的以孝治天下也是受孔子仁学思想的影响。统治者提倡孝道，褒奖孝悌，孝悌之道成为汉代社会家庭伦理的核心，深深地影响了人们的行为，尊敬、赡养、安葬、祭祀父母，蔚然成风，两汉成为孝子辈出、孝行兴盛的时代。在政治制度上鼓励孝道，重视养老，选拔官员也把"孝"作为一个基本标准，兴"举孝廉"，察举善事父母、做事廉正的人做官。另一个重要选官制度是孝悌力田，汉文帝十二年（前168），诏以孝悌力田与"三老"同为郡、县中掌教化的乡官，成为定员。

秦汉以后，历代明君大都在儒家学者的影响下或多或少地受到孔子仁学思想的影响。

例如唐太宗说："朕所好者，唯尧、舜、周、孔之道，以为如鸟有翼，如鱼有水，失之则死，不可暂无耳。""为国之道，必须抚之以仁义，示之以威信。"（《贞观政要·仁义》）。唐太宗以儒治国，兼用道、佛，出现了夜不闭户，道不拾遗，欣欣向荣的景象，史称"贞观之治"，其治绩一直为后世所传颂。

即使有的少数民族的帝王，也懂得以儒治国，推行仁政。

如元仁宗，继位后尊孔重儒，仁心仁闻，恭俭慈厚，有汉文帝之风，是个难得的有仁心，行仁政的君王，无愧于"仁"的庙号。恢复科举，专立德行明经科取士，规定"《大学》《论语》《孟子》《中庸》内设问，用朱氏章句集注"（《元史·选举志》）。以《四书》为科举内容而选拔人才，始于元朝。

孙中山先生提倡"新八德"，即忠、孝、仁、爱、信、义、和、平，试图以此代替封建纲常那一套伦理思想体系的尝试。而其中他特别重视仁爱，强调说："仁爱也是中国的好道德。"中国"古代在政治这方面所讲爱的道理，有所谓'爱民如子'，有所谓'仁民爱物'，无论对于什么事，都是用爱字去包括。""仁爱的好道德，中国现在似乎远不如外国。中国所以不如的缘故，不过是中国人对于仁爱没有外国人那样实行，但是仁爱还是中国的旧道德。我们要学外国，只要学他们那样实行，把仁爱恢复起来，再去发扬光大，便是中国固有的精神。"①他极为赞赏韩愈对"博爱之谓仁"的解释，认为"博爱云者，为公爱而非私爱，即如'天下有饥者，由己饥之；天下有溺者，有己溺之'意，与夫爱父母妻子者有别。以其所爱在大，非妇人之仁可比，故谓之博爱。能博爱，即可谓之仁。"②儒家的"博爱"是基于血缘亲情的私爱而扩充为爱众亲仁的公爱，与基督教基于上帝，不分差别的"博爱"有本质不同。

（三）孔子仁学思想的现实意义

儒家仁学思想在今天是否已经过时？回答是否定的。当今中国由于百年来传统文化的断裂，五四新文化运动"打倒孔家店"，"文革"的"批林批孔"，以及改革开放以来实用主义、功利主义，一切向钱看，造成了人性扭曲，人心大坏，道德堕毁，贪污腐败，违法犯罪，亟须传承发展儒家仁学思想，救正世道人心。

第一，我们怎么具备仁爱之心？心为人的主宰，一个人是否具有仁爱之心，就是我们平常说的心肠好不好，心善不善？心地是否善良是评价一个人、考察一个人、认识一个人最重要的标准。我们经常说人心向善，福虽未至，祸已远离，善者，天必佑之；恶者，天必罚之。这就告诉我们要有爱心，没有爱心肯定不可能行善事的。大家看看这个"爱"字的繁体字——"愛"："一飘三点雨，宝盖来顶起，朋友躲下面，爱字记心里。"繁体的"愛"字结构中，心是放在正中间的，意味着爱需要发自内心。

第二，在学会自爱的基础上，才有可能帮助别人，理解别人，爱护别人。现在我们很多人吃喝嫖，黄赌毒，无所不为，主要是不知自爱，伤害了身体，败坏了德行，滑向自我毁灭的道路。

第三，爱亲人，孝敬父母，友爱兄弟姐妹，和谐家庭，传承

---

①《孙中山全集》第9卷，北京：中华书局，1986年，第244—245页。
②《孙中山全集》第6卷，北京：中华书局，1985年，第22页。

优秀家风、家教。

第四,"泛爱众",即爱一切人。我们当代国人在这方面很缺乏,现在大家比较自私冷漠,事不关己,高高挂起,缺乏助人为乐,见义勇为的精神,如前多年的"小悦悦事件"等。

第五,仁者与天地万物为一体。要求人要把自己与天地万物看成一个生命体。既然人与天地万物是一个生命体,人就要认识到人与自然相互依存、和睦相处的重要性,对人类生存环境的关爱,自然之爱,就是对自然的敬畏、关心和尊重。爱护自然环境也要"从我做起,从身边事做起",在家中以生活小事来强化环保观念,如不使用一次性筷子,不吃野生动物,不穿皮草,上街买菜自带篮子,短途出行骑自行车,不践踏草地,垃圾分类,节约用水,不随地吐痰,等等。

第五章 孝悌之道

一、孝、悌的内涵与渊源

《说文解字》解释"孝":"善事父母者。从老省,从子。子承老也。"《尔雅》:"善父母为孝。"《礼记·祭统》:"孝者,畜也。顺于道,不逆于伦,是之谓畜。"畜:顺从,驯服。

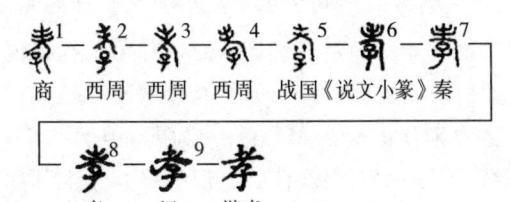

商　西周　西周　西周　战国《说文小篆》秦

秦　汉　楷书

1—4《金文编》600—601页。5《战文编》585页。
6《说文小篆》173页。7、8、9《篆隶表》607页。

"孝"字的字源解说:图1是早期金文的"孝",一个小孩儿("子")在老人的手下搀扶着老人走路的形状,用扶侍老人来表达"孝"的原意。"孝"字从战国楚简(图5)开始,经秦代睡虎地秦墓竹简(图8)、汉初马王堆汉墓帛书(图9),把老人的头、发、身、手合并简化为"耂"("老"字头),最后演变为汉魏隶书及今天的楷书形体。①

《说文解字》里说:"悌,善兄弟也。"又说:"弟,韦束之次弟

---

①李学勤主编:《字源》,天津古籍出版社、辽宁人民出版社,2013年,第742页。

也。"即用绳子把芦苇等一圈圈地捆在一起,捆住的"所有芦苇"就是"弟",引申为凡有次第就是"弟"。贾谊在《新书·道术》里也说:"弟敬爱兄谓之悌。""悌"是"弟"的后起分化字,本义是敬爱兄长,其实也包括了姊妹之间。

  孝悌之道起源很早,是尧舜以来中华民族代代相传的优良传统。孟子"言必称尧舜"(《孟子·滕文公上》),而把尧舜之道概括为孝悌之道。《孟子·告子下》说:"尧舜之道,孝悌而已矣。"孟子关于尧舜孝悌的思想当本于《尚书》。《尚书·尧典》说舜"瞽子,父顽,母嚚,象傲。克谐以孝,烝烝乂,不格奸"。舜,本姓姚,名重华。父亲叫瞽瞍,是一名不明事理的人,很顽固,对舜相当不好。舜的母亲叫握登,非常贤良,但不幸在舜小的时候就过世了。于是父亲再娶。后母叫嚚,是个没有妇德之人。生了弟弟"象"以后,父亲偏爱后母和弟弟,三个人经常联合起来谋害舜。舜对父母非常地孝顺。即使在父亲、后母和弟弟都将他视为眼中钉,欲除之而后快的情况下,他仍然能恭敬地孝顺父母,友爱兄弟。他竭尽全力来使家庭温馨和睦,希望与他们共享天伦之乐。虽然这其中经历了种种的艰辛曲折,但他终其一生都在为这个目标不懈地努力。尧帝正为传位的事情操心,希望能找到一位合适继承王位的人。于是他征求群臣的意见,众大臣异口同声地向他推荐一名乡下人——舜。听到四方大臣的举荐,知道舜淳朴宽厚,孝顺父母,友爱兄弟,但治理天下唯有德才兼备的人才能胜任。尧帝把两个女儿——娥皇和女英嫁给他,并派了九位男子来辅佐他。希望由两个女儿来观察、考验他对内如何齐家;由九位男子来考验他对外立身处事的能力,对外如何治国理政。娥皇和女英,明理贤惠,侍奉公婆至孝,操持家务农事也井然有序,不仅是舜的得力助手,也成全了舜始终不渝的孝悌之心。后来舜还历经了种种考验,尧帝还让他处理政事二十年,代理摄政八年,二十八年之后才正式把王位传给舜。当舜继承王位时,并不感到特别欢喜,反而伤感地说:"即使我拥有了天下,父母依然不喜欢我,我作为天子、帝王又有什么用?"他的这一片至诚的孝心、孝行,终于感化了他的父母,还有象。舜做了天子以后,去看望父亲,仍然恭恭敬敬,并封象为诸侯,把天下也治理得很好,这就是后来儒家孝治的理想模板。大舜的孝顺事迹后来被作为《二十四孝》之首广为传播。

到了西周,文王对其父亲王季就能够克尽孝道。

《礼记·文王世子》记载:

> 文王之为世子,朝于王季日三。鸡初鸣而衣服,至于寝门外,问内竖之御者曰:"今日安否?何如?"内竖曰:"安。"文王乃喜。及日中又至,亦如之,及莫又至,亦如之。其有不安节,则内竖以告文王,文王色忧,行不能正履。王季复膳,然后亦复初。食上,必在视寒暖之节,食下,问所膳,命膳宰曰:"末有原。"应曰:"诺。"然后退。

《孟子·尽心上》称赞周文王以孝治天下:"伯夷辟纣,居北海之滨,闻文王作,兴曰:'盍归乎来,吾闻西伯善养老者。'太公辟纣,居东海之滨,闻文王作,兴曰:'盍归乎来,吾闻西伯善养老者。'天下有善养老,则仁人以为己归矣。"

西周非常重视孝道。《周礼·地官·师氏》:"以三德教国子。一曰至德,以为道本;二曰敏德,以为行本;三曰孝德,以知逆恶。"郑玄注:"孝德,尊祖爱亲,守其所以生者也。"西周的"孝"主要是延续传统祭祀礼仪中对去世的父母、先祖的孝,孝的对象为神祖考妣。西周统治者对祭祀先王、先公的仪式十分重视,在宗庙通过奉献供品祭祀祖先,尽孝的对象是死去的人。

此外,也重视对在世父母,即对"活人"的孝。对在世父母的孝包括奉养、尊敬、服从等方面,体现在日常生活中。《周礼·地官·师氏》:"教三行:一曰孝行,以亲父母;二曰友行,以尊贤良;三曰顺行,以事师长。"

《诗经·小雅·蓼莪》非常动人地抒写了子女对父母的感恩之情:"哀哀父母,生我劬劳……哀哀父母,生我劳瘁……父兮生我，母兮鞠我。拊我蓄我，长我育我。顾我复我，出入腹我。欲报之德，昊天罔报。"意思是说，可怜的父母亲啊！为了生养我受尽劳苦。可怜的父母亲啊！为了生养我积劳成疾。父亲啊，生了我。母亲啊，养育我。抚慰我、爱护我、喂大我、教育我，照顾我，关怀我，出来进去抱着我。我要报答父母的恩德，父母的恩德比天还浩大无尽。这首诗作为孝子感怀父母之诗，至情流露，备极哀痛，一字一泪，感人至深。从伦理学角度来看，说明子女之所以应孝，是为了报答父母的生养之恩；从情感来说，这仍是血缘的"亲亲"之情；特别是体现了一种可贵的感恩情怀。

西周人往往把孝与友连起来讲"孝友"，表示事父母孝顺、对兄弟友爱的意思。《诗经·小雅·六月》："侯谁在矣，张仲孝友。"毛传："善父母为孝，善兄弟为友。""孝友"也就是后来常说的"孝悌"。

孔子的时候社会处于激烈的变革时期，礼崩乐坏，人心不古，社会很不稳定。孔子认为要稳定社会秩序，必先稳定家庭。要先稳定家庭，就要重建家庭伦理。家庭伦理主要是父子和兄弟的关系。怎么处理好父子和兄弟的关系？就是孝悌之道。孝、悌是儒家的伦理范畴，分别指孝敬和侍奉长辈，敬重和善事兄长。一般而言，父子的关系是一种以血缘关系为纽带的纵向延续，强调父慈子孝。"慈"的基本含义是爱。父母对于儿女的慈爱是顺应人的自然感情的，爱子之情，人人共有。但是，要儿女孝敬父母则是逆着人感情的，是比较困难的。在家庭伦理中，所缺乏的往往不是"慈"，而是子女对父母的"孝"。所以谚语有云："养子才知父母恩。"所以，孔子提倡"孝"。兄弟关系是一种以血缘关系为纽带的横向延续，强调兄友弟恭。这样的亲情关系，人们常常称之为"手足之情""同胞之亲"。兄弟关系是传统家庭中最容易发生矛盾的人伦关系，兄弟之间共患难易，共富贵难，往往会为了争权夺利而阋于墙，乃至干戈相间。所以传统的教育从小就注意处理好兄弟之间的关系。贾谊《新书·道术》："亲爱利子谓之慈，反慈为嚚；子爱利亲谓之孝，反孝为孽。""兄敬爱弟谓之友，反友为虐；弟敬爱兄谓之悌，反悌为敖。"但一般来说父慈兄友没有多大问题，是顺着人的自然情感的，所以儒家更强调的子孝、弟恭。

《论语》中有19次提到"孝"，5次讲到"悌"（本作"弟"），可见讲"孝悌"是孔子的重要思想。匡亚明先生说得好："人一出生，首先接触的人，就是父母、兄弟等，这是古今中外，直到如今，凡有人的地方，没有例外的。所以孔子在他的伦理思想中首先着重强调了父子、兄弟之间相处的道德准则，这就是孝悌。"①

二、《论语》的孝悌之道

孔子继承古代圣王的孝悌之道，孔子对孝悌也特别重视。他说："孝，德之始也；弟（悌），德之序也。"（《大戴礼记·卫将军文子》）孝，是道德修养的起点；悌，是道德修养要遵循年龄序次。

（一）"孝"要建立在"敬"的基础上。

孔子认为孝敬父母要发自内心，真心实意。"孝"要赡养父母，给他们基本的物质生活的满足，更重要的是要"敬"，让父母得到人格的尊重和精神的慰藉。《为政》：子游问孝，子曰："今之孝者，是谓能养。至于犬马，皆能有养。不敬，何以别乎？"通常有二解：其一，犬守家看户，马代人劳作，皆能有以侍奉（养）人。但犬马无知，不会对人产生敬意。子女假如仅仅是供养父母而无孝敬之心，与犬马有何区别？这是将人养父母跟犬马养人相比。其二，人对犬马，也供给饮食加以饲养，假如子女仅仅是供养父母而无孝敬之心，与饲养犬马有何区别？这是将子女养父母跟人养犬马相比，有把父母比作犬马的意思。一般多采用第二种解释。钱穆《论语新解》："此句有两解：犬守御，马代劳，亦能侍奉人，是犬马亦能养人。另一说，孟子曰：'食而不爱，豕交之也，爱而不敬，兽畜之也。'是犬马亦得人之养，可见徒养口体不足为孝。前解以养字兼指饮食服侍两义，已嫌曲解。且犬马由人

---

① 匡亚明：《孔子评传》，南京大学出版社，1990年，第217页。

役使，非自能服侍人。果谓犬马亦能养人，则径曰犬马皆能养可矣，何又添出一有字。皆能有养，正谓皆能得人养。或疑不当以亲与犬马相比，然此正深见其不得为孝。孟子固已明言豕畜兽畜矣，以孟子解《论语》，直捷可信。"①《孟子·尽心上》："食而弗爱，豕交之也；爱而不敬，兽畜之也。"这句话是对孔子这段话的最好注释："只是养活而不爱，那就如养猪一样；只是爱而不敬，那就如养鸟养犬等畜生一样。"孝道的根本不在于仅仅赡养父母，而在于要有孝心，发自内心的尊敬。没有孝心，缺乏尊敬，仅仅是尽赡养责任，那与饲养家禽、牲畜没有什么区别了。人之为人体现在孝道上就与动物有根本区别，就是在能养的同时还要有敬。言外之意，是个人都应该能够做到能养的基本孝行，凡是做不到的，恐怕就不是人了。

儒家经典中强调养敬兼至的还有，《孝经·纪孝行》："孝子之事亲也，居则致其敬，养则致其乐。"《礼记·内则》："孝子之养老也，乐其心不违其志，乐其耳目，安其寝处，以其饮食忠养之。"《盐铁论·孝养》："善养者，不必刍豢也……以己之所有尽事其亲，孝之至也。故匹夫勤劳犹足以顺礼；歠菽饮水，足以致敬。孔子曰：'今之孝者，是为能养。不敬，何以别乎？'故上孝养志，其次养色，其次养体。贵其礼，不贪其养，礼顺心和，养虽不备，可也。"

那么，这种尊敬心怎么来呢？这就是要具有感恩心、报恩心。感恩心、报恩心是尊敬心的基础。《阳货》宰我问三年之丧并提出自己的意见："三年之丧，期已久矣。君子三年不为礼，礼必坏；三年不为乐，乐必崩。旧谷既没，新谷既升，钻燧改火，期可已矣。"宰我的意思是为了三年的丧礼，不举行礼乐活动，就会造成礼崩乐坏。他建议，一年四季，旧谷吃完了，新谷登场了，钻燧取火的木头轮过了一遍，服丧有一年时间就可以了。他的基本假设或设想是：如果孔子重视"礼"，那么就不应该反对我的提议，

---

①钱穆：《论语新解》，生活·读书·新知三联书店，2002年，第30页。

因为我的提议本身乃是为了维护"礼"的大局。因为宰我知道孔夫子最重"礼"，他从这一前提出发，提出缩短丧期，以有利于维护"礼乐"。这样看起来孔子应该赞同宰我缩短丧期的提议。而则孔子马上反问道："食夫稻，衣夫锦，于女安乎？"古时北方以稻为贵，稻米饭不是平常食物，居三年之丧者，必不能食。衣夫锦者，锦是锦衣，由丝织品所制而有文采者，居丧只能穿无采饰的麻衣，不能穿华丽的锦衣。孔子问宰我，如将三年之丧缩短为一年，则在父母去世周年之后，就可以吃米饭，穿锦衣，你的心能安吗？宰我要求缩短丧期是从礼乐入手，出于丧礼与礼乐整体的矛盾，防止礼崩乐坏局面的出现，所以他自认为是有道理的，面对孔子的反问，他回答"安"。而孔子没有顺着他的思路，而是要他从感情出发，看他是否心安。结果宰我毫不犹豫地回答"安"，这使孔子一时无语，使孔子意识到宰我缺乏对父母的感恩之情，不能守孝三年来回报父母的养育之恩。等宰我出去以后，他对其他弟子们说宰我"不仁"。所以，刘向《说苑·修文》谈到这个问题就说："子生三年，然后免于父母之怀，故制丧三年，所以报父母之恩也。"

"感恩"在中国文字中是感怀恩德的意思。感怀恩德是做人的基本道德。不能感怀恩德，知恩图报，或者恩将仇报，以怨报德，那就是小人，甚至禽兽不如。儒家据此而有人、禽之辨，而有君子、小人之辨。对于儒家学者来讲，不仅父母有养育之恩，师友、乡里、社会、国家以至天地都有恩于己，应该感怀恩德，知恩图报。当然，对父母的感恩是最基本的。父母给了我们宝贵的生命，又费尽心血哺育我们，在我们的成长过程中，给予我们最多的便是父母。因此，我们首先要感恩父母。对父母的感恩是儒家伦理的根本精神，显示了一种心理情感的高尚境界。现在民间流行感恩词很好：

　　　　感恩父母的养育之恩，
　　　　感恩老师的辛勤教导，

感恩同学的帮助和关心，
感恩农夫的辛勤劳作和所有付出的人，
让我们快乐地生活在感恩的世界！

这是适应于学校的。

《增广贤文》说得好："鸦有反哺之义，羊有跪乳之恩。"我们经常有人引用"羊跪乳，鸦反哺"的例子说明小羊跪着吃奶，小乌鸦能反过来喂养老乌鸦，动物都有"孝心孝行"，尚且都知道，要对生它养它的母亲感恩戴德呢，人更应报答父母的养育之恩。其实动物并没有人的自觉孝敬父母的道德意识，这只不过是人借动物类似的行为举动来教育做子女的更要懂得孝顺父母。

(二)行孝与守礼结合

如果说孝道的精神本质是"敬"，那么如何表达出这种"敬"呢？这就是侍奉父母要以礼而行。《为政》孟懿子问孝，子曰："无违。"樊迟御，子告之曰："孟孙问孝于我，我对曰'无违'。"樊迟曰："何谓也？"子曰："生，事之以礼；死，葬之以礼，祭之以礼。"邢昺《注疏》："此章明孝必以礼。""无违"皇侃《义疏》解为："言行孝者每事须从，无所违逆也，"是不违背父母长辈之命令。邢昺《注疏》解为："言行孝之道，无得违礼也，"明言不违背礼。朱熹《集注》："无违，谓不背于理。"是以理学家的思路把"无违"解为不违背天理。于是对"无违"有三种解释，那种更符合本意呢？我认为"无违"主要是不违背礼。这种不违背又包含两个方面的意思：一是要虔诚恭敬尽到礼数，不能敷衍塞责；二是要按照既定的礼教，即天子、诸侯、大夫、士、庶人各有差等，不得僭越。以孟懿子为例，他是鲁国最有势力的三家大夫之一，但有时候不仅用鲁公(诸侯)的礼仪，甚至还有用天子礼仪的时候，这就叫僭越。孔子的回答很艺术，对孟懿子不能赤裸裸地批评他，所以当他来问孝时就只是含含糊糊地用"无违"这两个字来打发他，而又通过学生樊迟来传话，对孟懿子进行劝诫。讲得很含蓄，话里有话，可以引发他反思自己；语意浑然，内涵丰富，涵盖了整个孝道的全体。"生，事之以礼；死，葬之以礼，祭之以礼"是本章主题句，是对前面"无违"的深度解释。朱熹《集注》："夫子以懿子未达而不能问，恐其失指，而以从亲之令为孝，故语樊迟以发之……生事葬祭，事亲之始终具矣。礼，即理之节文也。人之事亲，自始至终，一于礼而不苟，其尊亲也至矣。是时三家僭礼，故夫子以是警之，然语意浑然，又若不专为三家发者，所以为圣人之言也。"朱熹以理解礼，礼即理之节文，生事葬祭就是一个人孝道的全部，本应贯彻始终。进一步说明孔子话语含蓄，寓意深远，不仅有特殊性，也有普遍性，既警戒三家时常僭越礼制，又可以对任何违礼不孝的人敲一警钟。这是儒家一以贯之的思想，其他经典可相互印证。如《礼记·祭统》曰："是故孝子之事亲也，有三道焉：生则养，没则丧，丧毕则祭。养则观其顺也，丧则观其哀也，祭则观其敬而时也。尽此三道者，孝子之行也。"生养以礼而孝顺，死以丧礼而哀戚，死后祭祀恭敬按时是对父母孝道的善始善终，是孝子的事亲之道，是人之为人的必行之道。

《学而》曾子曰："慎终追远，民德归厚矣。"何晏《集解》引孔安国："慎终者，丧尽其哀。追远者，祭尽其敬。君能行此二者，民化其德，皆归于厚也。"皇侃《义疏》："慎终，谓丧尽其哀也。丧为人之终，人子宜穷其哀戚，是慎终也。追远，谓三年之后为之宗庙，祭尽其敬也。三年后去亲转远，而祭极敬，是追远也。"邢昺《注疏》："'慎终'者，终，谓父母之丧也。以死者人之终，故谓之终。执亲之丧礼，须谨慎尽其哀也。'追远'者，远，谓亲终既葬，日月已远也。孝子感时念亲，追而祭之，尽其敬也。'民德归厚矣'者，言君能行此慎终、追远二者，民化其德，皆归厚矣。言不偷薄也。"丧礼要尽可能地表达子女的哀戚之情，祭礼要尽可能地表达子女的恭敬之心。在上者如果能这样做，就能够使老百姓得到孝悌之道的感化，道德风俗就会归于淳朴厚道而不浇薄。

朱熹《集注》："慎终者，丧尽其礼。追远者，祭尽其诚。民德归厚，谓下民化之，其德亦归于厚。盖终者，人之所易忽也，而能谨之；远者，人之所易忘也，而能追之，厚之道也。故以此自为，则己之德厚，下民化之，则其德亦归于厚也。"朱熹把唐以前三家古注的"哀"字改为"礼"，把"敬"字改为"诚"，这种修改意蕴更佳。

"慎终追远"内容于其他经典亦可相互印证。《荀子·礼论》曰："礼者，谨于治生死者也。生，人之始也；死，人之终也；终始俱善，人道毕矣。故君子敬始而慎终，终始如一，是君子之道，礼义之文也。夫厚其生而薄其死，是敬其有知而慢其无知也；是奸人之道而倍叛之心也。君子以倍叛之心接臧谷，犹且羞之，而况以事其所隆亲乎。故死之为道也，一而不可得再复也。臣之所以致重其君，子之所以致重其亲，于是尽矣。故事生不忠厚，不敬文，谓之野；送死不忠厚，不敬文，谓之瘠。君子贱野而羞瘠。"《礼记·坊记》："修宗庙，敬祭祀，教民追孝也。"又《祭统》："夫祭之为物大矣，其兴物备矣，顺以备者也，其教之本与！……是故君子之教也，必由其本，顺之至也，祭其是与！故曰：祭者，教之本也已。"又《经解》曰："丧祭之礼，所以明臣子之恩也……丧祭之礼废，则臣子之恩薄，而倍死忘生者众矣。"丧祭之礼在中国文化中具有悠久的历史渊源，通过丧祭之礼，主要还是教人们懂得孝道、践行孝道。丧祭的礼仪得到彰明，那么老百姓就会孝顺父母。所以，古代圣贤施行道德教化，以孝为本。正如《孝经》所言："夫孝，德之本也，教之所由生也。"

（三）孝敬父母要和颜悦色。

《为政》载子夏问孝。子曰："色难。有事，弟子服其劳；有酒食，先生馔，曾是以为孝乎？"此章核心在"色难"，有两解：一是"色"为父母脸色，指子女承顺父母颜色尽孝很难得。二是要子女侍奉父母和颜悦色为难。这两种解释流行已久，各有道理，但仔细推敲本章后半部分，孔子举例所做的说明，就能明白"色难"指子女的脸色比较符合孔子的思路。子夏问行孝之道。孔子答复他说："色难。"以饮食养父母，不算是难事。唯以和颜悦色侍奉父母，才是难得。因为脸色体现出态度，态度反映出情感，情感是孝心的表露，是由内向外、内外贯通的。子女给父母好脸色是发自内心的孝道体现，也是最难做到的。一个孝子，与父母相处时，心中自然和顺欣悦，形之于外，便是和颜悦色。此和颜悦色是孝心的表现，能养父母之心。所以，钱穆《论语新解》："人之面色，即其内心之真情流露，色难仍是心难。"①

要子女对父母始终保持恭敬的脸色之所以很难，原因无非两方面：一方面，父母与儿女个性气质、思想观点总有差异，父母不是永远正确，也不会时时处处符合子女心意，遇到这种情况子女还保持和颜悦色，很难；另一方面，人都有喜怒哀乐之情，子女自己情绪不佳的时候，要仍然对父母和颜悦色，很难。而尽孝道正是要既有孝心，又能和颜悦色。《礼记·祭义》说："孝子之有深爱者必有和气，有和气者必有愉色，有愉色者必有婉容。孝子如执玉，如奉盈，洞洞属属然如弗胜，如将失之。严威俨恪，非所以事亲也，成人之道也。"作为孝子怎么处理孝心和态度？二者本来应该是统一的，无论你给父母吃什么？穿什么？是否为老人做事？只要你态度不好，脸色难看，缺乏发自内心的爱和敬，就是缺乏孝道的根本。

本章后半部分，何晏《集解》引马融注："孔子喻子夏，服劳、先食，汝谓此为孝乎？未孝也。"皇侃《义疏》："言为人子弟先劳后食，此乃是人子人弟之常事也，最易处耳。谁尝谓此为孝乎？言非孝也。"邢昺《注疏》："孔子又喻子夏，服劳、先食不为孝也……言若家有劳辱之事，或弟或子服其勤劳，有酒有食，进与父兄饮食，汝则谓是以为孝乎？言此未孝也。"老师遇到事情，由弟子代劳；有酒有食时，弟子请老师先吃先喝，这是弟子事师之道，如果把这一套用于子女对待父母，只是这样，难道是孝道吗？马融、皇侃、邢昺以反问的方式说明这样算不上孝。以师生关系类比父母与子女关系，师生之道重在尊敬，弟子在老师面前要肃然起敬，毕恭毕敬；当然也不乏亲爱，俗话说"一日为师，终身为

---

① 钱穆：《论语新解》，生活·读书·新知三联书店，2002年，第31页。

父"。而子女和父母之间则应着重于亲情的表露，对父母必须要和颜悦色，不能板着一副冷面孔，或满脸的不高兴；当然也不乏恭敬，不敬与养犬马无别了。对子女父母的亲情，应该超出学生对老师的敬重之情。所以，如果照着师道来行孝道，就不足以为孝了。李炳南《论语讲要》云："以饮食养父母，不算是难事。唯以和颜悦色侍奉父母，才是难得。一个孝子，与父母相处时，心中自然和顺欣悦，形之于外，便是和颜悦色。此色是孝心的表现，能养父母之心，所以是难。《礼记·檀弓》记载，事亲与事师，皆须奉养与服勤，但丧礼有分别。师去世时，弟子心丧三年，不须穿丧服。平时事师虽然与事亲要同等的奉养服勤，但事师着重于尊敬，事父母则着重于亲子之情，须有和颜悦色，所以只拿事师之道来事父母，不足以为孝。"这尤其需要我们今天的年轻人从道理上领悟，从生活中注意。

但是，如果父母有病了，要感到担忧。《论语·为政》载孟武伯问孝。子曰："父母唯其疾之忧。"本章有三解：其一，何晏《集解》引马融："言孝子不妄为非，唯疾病然后使父母忧。"皇侃《义疏》也是这种看法："言人子欲常敬慎自居，不为非法，横使父母忧也。若己身有疾，唯此一条当非人所及，可测尊者忧耳，唯其疾之忧也。"邢昺《注疏》也继续此说加以发挥："此章言孝子不妄为非也……子事父母，唯其疾病然后可使父母忧之，疾病之外，不得妄为非法，贻忧于父母也。"子女加强自我修养，不做什么违背道德礼法之事，让父母各方面都不用操心，这样父母唯一担忧的就是子女身心健康，因为生病是人所无法自主控制的。就是说，对于父母，所最忧虑发愁的，不是儿女的疾病，而是"不妄为非"，这是孝道的根本。杨伯峻先生对本篇的译文就采用了马融之说。

其二，朱熹《集注》："言父母爱子之心，无所不至，唯恐其有疾病，常以为忧也。人子体此，而以父母之心为心，则凡所以守其身者，自不容于不谨矣，岂不可以为孝乎？旧说，人子能使父母不以其陷于不义为忧，而独以其疾为忧，乃可谓孝。亦通。"朱熹保留旧说，又有新的发挥，强调父母爱子之心，无所不至，常以儿女有疾病为忧;儿女应当体贴父母之爱心,以父母之心为心,谨慎守身,以尽孝道。

其三,戴望《论语注》:"孝子于父母有疾,则致其忧。"子女孝敬父母别的都不成问题,唯一担忧父母的疾病。刘宝楠《论语正义》引《礼记·曲礼上》云:"父母有疾,冠者不栉,行不翔,言不惰,琴瑟不御,食肉不至变味,饮酒不至变貌,笑不至矧,怒不至詈,疾止复故。"认为这些表现"皆以人子忧父母疾为孝"。

笔者认为第三说比较好,因为此章主旨是孝道,子女担忧父母才是孝道的重要体现。做儿女的可能都要体会,只要父母健健康康,我们自己在外工作就会心情愉快,无后顾之忧,就怕父母生病,所以往往不自觉地感到担忧。

(四)子女要继承父亲的遗志

《学而》载子曰:"父在,观其志;父没,观其行;三年无改于父之道,可谓孝矣。"从父子一伦讲孝道,重在对儿子的要求。何晏《集解》引孔安国:"父在,子不得自专,故观其志而已。父没,乃观其行也。孝子在丧,哀慕犹若父存,无所改于父之道。"邢昺《注疏》延续孔安国的解释,并略有发展:"此章论孝子之行。在心为志。父在,子不得自专,故观其志而已。父没,可以自专,乃观其行也。言孝子在丧三年,哀慕犹若父存,无所改于父之道,可谓为孝也。"父亲健在,乃一家之主,儿子自然不能自专。父亲不在了,儿子成为一家之主,就要看他的行为。在三年守孝期内,儿子处于对父亲的哀痛思慕的心境中,就像父亲仍然活着,所以不改变父亲行事处世之道,可以说是做到孝了。那三年以后呢?应该是根据情况可以改变了。

朱熹《集注》:"父在,子不得自专,而志则可知。父没,然后其行可见。故观此足以知其人之善恶,然又必能三年无改于父之道,乃见其孝,不然,则所行虽善,亦不得为孝矣。"又引尹焞曰:"如其道,虽终身无改可也。如其非道,何待三年。然则三年无改者,孝子之心有所不忍故也。"并引游酢曰:"三年无改,亦谓在所当改而可以未改者耳。"能够在相当长的时间不改变父亲的行事处世之道。宋儒在"父在观其志,父没观其行"之后加上了善恶、是非的价值判断,但又强调了作为孝道"三年无改"的正当性。

关于"三年无改于父之道"常见于儒家典籍。《里仁》也载有子曰:"三年无改于父之道,可谓孝矣。"意思与本章基本一致。《子张》载曾子曰:"吾闻诸夫子:孟庄子之孝也,其他可能也;其不改父之臣与父之政,是难能也。"孟庄子是鲁大夫仲孙速,其父献子,名蔑,有贤德。孟庄子在父亲去世之后,仍然任用父亲的臣下,执行父亲的政治措施,这在古代是值得肯定的。

到了现代社会,学者们大多解构了传统的看法,特别是对"三年无改于父之道"争议和误解、曲解最大,被很多人指为是典型的"愚忠愚孝"。

南怀瑾《论语别裁》指出:"假如父母行为不端,以盗窃为生,儿子不想当小偷,有反感,可是为了孝道,就不能不当三年小偷去。这样问题不就来了?如果遇到坏人的话,明明知道错,可推说:'孔子说的呀!圣人说的呀!为了做孝子,也只好做错三年呀!'这叫圣人吗?照这样讲,我就叫它是老鼠生儿的孝道哲学!"

李炳南《论语讲要》说:"三年无改于父之道,是就善者而言。如不善,则非不可改。然如非善非恶,乃父所守之家中旧规矩,则以不改为是。"

杨树达《论语疏证》引《尚书·洪范》:"箕子乃言曰:我闻;在昔鲧陻洪水,汩陈其五行,帝乃震怒,不畀洪范九畴,彝伦攸斁。鲧则殛死,禹乃嗣兴,天乃锡禹洪范九畴,彝伦攸叙。"《左传·定公四年》:"管蔡启商,惎间王室,王于是乎杀管叔而蔡(杜预注:蔡,放也)蔡叔,以车七乘,徒七十人。其子蔡仲改行帅德,周公举之,以为己卿士,见诸王而命之以蔡。其命书云:'王曰:胡!无若尔考之违王命也。'"并按曰:"三年无改,谓事之虽不改而无害者耳。若亲之过失,亲在尚当几谏,不当在不改之域也。鲧之汩陈五行,蔡叔之惎间王室,大禹蔡仲为其子,岂能待三年而后改乎?"杨氏大禹举对鲧、蔡仲对蔡叔,如果父亲之道是歪门邪道,当然是要改的。

笔者认为"三年无改于父之道"在传统的大家庭非常重要，在现代社会也不是完全过时，或者可以做更宽泛的理解。其旨在强调子女对父母行事、精神与道德的继承，注重一种连续性，《中庸》所说的"夫孝者，善继人之志，善述人之事者也"就是这样的意思。我们活在这个世界上本来不是孤零零的，也不是光为了自己活着。上有父母以至祖先，下有子女以至元孙，我们只是这个链条谱系中的一环，是绵延不断的生命之流中的一部分。通过孝道，使这样的生命之流及其精神、道德绵延不断地延续下去，就形成中国人孜孜以求的家风家教的传统。

（五）"孝"与"悌"结合

《学而》载孔子说："弟子入则孝，出则弟；谨而信，泛爱众而亲仁；行有余力，则以学文。"可见，他认为孝悌是一个人从小就应具备的基本品德，在此基础上才能到社会上谨而信，泛爱众而亲仁。后来蒙学教材《三字经》对孩子进行启蒙教育时，就强调"首孝悌，次见闻"，意思就是教育孩子首先要孝顺父母，尊敬兄长，其次才是所见所闻，学习各种文化科学知识。

《学而》）载有若说："其为人也孝弟，而好犯上者，鲜矣；不好犯上，而好作乱者，未之有也。君子务本，本立而道生。孝弟也者，其为仁之本与！"何晏《集解》注曰："上，谓凡在已上者。言孝弟之人必恭顺，好欲犯其上者少也。本，基也。基立而后可大成。先能事父兄，然后仁道可大成。"孝悌就是对比自己地位高的人恭敬和顺，从而不敢犯上。从他最后一句，可以看出，"上"实际就是指父兄。不过他指出孝悌是实践仁道的基础。因此，行孝悌就能成就"仁道"。可见，他也认为孝悌是仁的根本。唐以前注释以恭顺解孝悌，以孝悌为做人之本，于是也是以仁为核心的诸德之本。

朱熹《集注》："此言人能孝弟则其心和顺，少好犯上必不好作乱也……仁者，爱之理，心之德也。为仁，犹曰行仁……言君子凡事专用力于根本，根本既立，则其道自生。若上文所谓孝弟，乃是为仁之本，学者务此，则仁道自此而生也。程子曰：'孝弟，顺德也,故不好犯上,岂复有逆理乱常之事? 德有本,本立则其道充大。孝弟行于家,而后仁爱及于物,所谓亲亲而仁民也。故为仁以孝弟为本,论性则以仁为孝弟之本。'或问:'孝弟为仁之本,此是由孝弟可以至仁否?'曰:'非也。谓行仁自孝弟始,孝弟是仁之一事。谓之行仁之本则可,谓是仁之本则不可。盖仁是性也,孝弟是用也,性中只有个仁、义、礼、智四者而已,曷尝有孝弟来? 然仁主于爱,爱莫大于爱亲,故曰孝弟也者,其为仁之本与!'"朱熹把孔子以来以爱人为基本精神的仁学发展到形而上学的高度,以"爱之理,心之德"诠释"仁",是一种形而上层次的新诠。他所谓的"根本"是指仁道,这是人与生俱来的天性,是一种先验的道德理性,是万善之源,而孝悌是实践仁道之本;所谓"仁道至此而生",就是说"仁道"要由孝悌开始,并不是以孝悌为"仁性"之根本。他受程子影响,引程子提出了"为仁以孝弟为本,论性则以仁为孝弟之本"的新说,程子特别强调"行仁自孝弟始,孝弟是仁之一事。谓之行仁之本则可,谓是仁之本则不可"。这似乎颠倒了汉唐以来的说法。其实是在理学思想体系中对仁孝关系的新发展。朱熹更通俗地比喻仁与孝说:"仁便是本了,上面更无本。如水之流,必过第一池,然后过第二池,第三池。未有不先过第一池,而能及第二、第三者。仁便是水之原,而孝弟便是第一池。"(《朱子语类》卷二十)。

其实,孝悌是仁的根本和孝悌是实行仁的根本这两种观点是可以相通的,也都不违背儒家的整体思想。首先,说孝悌是仁的根本,在儒家这里的孝悌就是指孝悌的心,也就是说内心有孝悌意识和情感,这才是仁的根源所在。钱穆《论语新解》:"孝弟乃仁之本,人能有孝弟之心,自能有仁心仁道,犹木之生于根。""人道必本于人心,如有孝悌之心,始可有孝悌之道。有仁心,始可有仁道。"[①]其次,说孝悌是实行仁的根本,那这里的孝悌就是指孝悌之行,也就是指表现在外在的,大家可以看得到的孝敬父

[①]钱穆:《论语新解》,生活·读书·新知三联书店,2002年,第6页。

母、尊敬兄长的行为，也就是孝悌的实践。人之初，性本善。通过实践孝悌，是走向仁的境界的最根本方法，所以说"君子务本，本立而道生"。一个人在生活中做到了孝悌，那么他就有了安身立命的根本，能够站稳脚跟，就会悟得大道本源。但程朱认为，孝悌的实践只是仁的一部分，而且是开始那一部分。蔡元培曾经总结说："人之令德为仁，仁之基本为爱，爱之源泉，在于亲子之间，而尤以爱亲之情发于孩提者为最早。故孔子以孝道统摄诸行……则一切修身、齐家、治国、平天下之事，皆得统摄于其中矣！"[①]

"悌"是重要的人伦之一，孔子也重视。《微子》记荷蓧丈人"止子路宿，杀鸡为黍而食之，见其二子焉。明日，子路行，以告。子曰：'隐者也。'使子路返见之。至，则行矣。子路曰：'不仕无义。长幼之节不可废也，君臣之义如之何其废之？'"子路转述孔子的话"长幼之节不废"，皇侃《意思》解释"长幼之节不废""是识长幼之节不可废阙"，当是见荷蓧丈人二子必有长幼之别而知。可见，在孔子那里，长幼之节是不可废弃的重要人伦。

孔子非常重视孝悌，认为孝悌是做人处世、家庭和睦的根本。而家庭又是社会的细胞，在家庭里讲孝悌之道，到外面才能处理好社会人际关系。《子路》中记子贡问曰："何如斯可谓之士矣？"子曰："行己有耻，使于四方，不辱君命，可谓士矣。"曰："敢问其次？"曰："宗族称孝焉，乡党称悌焉。"

邢昺《注疏》解释"宗族称孝焉，乡党称悌"曰："此孔子复为言其士行之次也。宗族，同宗族属也。善事父母为孝，宗族内亲，见其孝而称之。善事长上为弟，乡党差远，见其弟而称之也。"可见，孔子还把家庭的孝悌扩大到宗族，把宗族称孝，乡党称悌作为士人的道德修养标准。

《孝经·广要道章》说："教民亲爱，莫善于孝。教民礼顺，莫善于悌。"教育人民互相亲近友爱，没有比孝道更好的了。教育人民讲礼貌，知和顺，再没有比悌道更好的了。阐明以孝悌之道

[①] 蔡元培：《中国伦理学史》，广西师范大学出版社，2010年，第10页。

教化民众的效能。孔子的学生闵损就是孝悌的典型。二十四孝的《芦衣顺母》记载闵损,字子骞,丧母后,其父又娶一妻,并生了两个弟弟,继母渐渐对他不好起来。冬天做棉衣,继母给其亲生儿子絮丝绵,而给闵损絮芦花。闵损冻得拉车时常掉绊绳。他父亲不了解真情,因此便常鞭打他。有一次父亲打破了他的衣服,才知道继母虐待他,一怒之下,要赶走继母。这时,闵损却连忙替继母求情,劝父亲道:"母在一子寒,母去三子单。"因为后母生了两个孩子,如果后母被赶走了,那么两个孩子就没人照顾了。他的孝行感动了父母,也深得远近之人的赞赏,并且还对父母尽孝顺,对昆弟尽友爱之情,受到了父母、乡邻的称赞。孔子也说:"孝哉闵子骞!人不间于其父母昆弟之言!"(《先进》)中国古代家庭兄弟姐妹很多,同宗共源,血脉相连,古人有鉴于彼此的血缘之亲而比喻为手足同胞,传统的家庭教育从小就教育兄弟姊妹间共同努力营造互助互爱,和睦融洽的家庭温暖气氛。孔子要求做到"兄弟怡怡"(《子路》),即兄弟之间和睦相处。

(六)孔子反对愚孝

《里仁》载子曰:"事父母几谏,见志不从,又敬,不违,劳而不怨。"孔子对学生讲子女应该如何对待父母的缺点和过失,这是孝道中最大的难题。一味顺从会陷父母于不义;据理力争又似乎不敬。孔子要求君子应该在两难中求得两全,既要劝告,又要和颜悦色;一次不行,就等下次,趁他们高兴的机会再谏。但要一直保持恭敬的态度,不忤逆,不惹他们生气,自己也不生他们的气,只为父母过而未改而担忧。

邢昺《注疏》:"父母有过,当微纳善言以谏于父母也……见父母志有不从己谏之色,则又当恭敬,不敢违父母意而遂之谏也……父母使己以劳辱之事,己当尽力服其勤,不得怨父母也。"这里解"志不从"是指父母而言,父母执意不从。父母不听从劝阻,还得尽力孝敬、服侍,不得有怨言。

朱熹《集注》把此章与《礼记·内则》进行比较阐发:"此章与《内则》之言相表里。几,微也。微谏,所谓'父母有过,下气怡色,柔声以谏'也。见志不从,又敬,不违,所谓'谏若不入,起敬起孝,悦则复谏'也。劳而不怨,所谓'与其得罪于乡党州间,宁熟谏。父母怒,不悦,而挞之流血,不敢疾怨,起敬起孝'也。"这里面就有值得反思的地方了,《集注》表达了子女对父母一味顺从、忍受的孝敬,以致许多人都把"孝"与"顺"合为一词"孝顺",以为孝就要顺,顺就是孝。其实,孔子很反对这样做,曾批评曾参不该一味顺从。《孔子家语·六本》里记载这样一件事情:

> 曾子耘瓜,误斩其根。曾皙怒,建大杖以击其背,曾子仆地而不知人,久之。有顷乃苏,欣然而起,进于曾皙曰:"向也参得罪于大人,大人用力教参,得无疾乎?"退而就房,援琴而歌,欲令曾皙而闻之,知其体康也。孔子闻之而怒,告门弟子曰:"参来,勿内。"曾参自以为无罪,使人请于孔子。子曰:"汝不闻乎,昔瞽瞍有子曰舜,舜之事瞽瞍,欲使之未尝不在于侧,索而杀之未尝可得,小棰则待过,大杖则逃走,故瞽瞍不犯不父之罪,而舜不失烝烝之孝。今参事父,委身以待暴怒,殪而不避,既身死而陷父于不义,其不孝孰大焉?汝非天子之民也,杀天子之民,其罪奚若?"曾参闻之曰:"参罪大矣。"遂造孔子而谢过。

曾参犯了小过,他父亲一怒之下用锄柄将他打昏了,曾参清醒后爬起来还装作没有事人一样,问老人家有没有闪了手;回到家里,还故意援琴而歌,表示自己没事,生怕父亲担心。孔子听了以后很生气,告诉弟子们说:"曾参再来不要让他进来。"当然这是一时气话,后来曾参来了,他老人家还是语重心长地批评曾参:"今参事父,委身以待暴怒,殪而不避,既身死而陷父于不义,其不孝孰大焉!"遇到这种情况,孔子主张"小捶则待过,大杖则逃走。"

《孝经·谏争章》中也载曾参问孔子:"敢问子从父之令,可谓孝乎?"孔子回答说:"是何言与? 是何言与? ……父有争子,则身不陷于不义,故当不义,则子不可以不争于父,臣不可以不争于君。故当不义,则争之,从父之令,又焉得为孝乎?"孔子的意思是,面对父母违背道义的行为或主张,儿子要进行谏诤,帮助父母改正错误,一味地恭顺父母之命,并不一定是孝。这段显然是说"孝"是有原则的(道义),不能推到极端,要守中道。

《礼记·坊记》:"从命不忿,微谏不倦,劳而不怨,可谓孝矣。"《礼记·祭义》:"父母有过,谏而不逆。"对父母敬孝并非事事无违,在他看来,父母如果有缺点过失,做儿女的应当劝告,但态度必须诚恳,措辞必须婉转。如果父母一时不能听取,也不要违背,顶撞,抗拒他们。

《孟子·告子下》曾说:"亲之过大而不怨,是愈疏也;亲之过小而怨,是不可矶 jī 也。愈疏,不孝也;不可矶,亦不孝也。"父母的过失大,而不抱怨,那时更疏远父母;父母的过错小,却去抱怨,那时这人容易动怒。更疏远父母是不孝,对父母动辄发怒也是不孝。

(七)孝悌与为政

孔子还把"孝悌"提到为政的高度。如有人问孔子曰:"子奚不为政?"子曰:"《书》云:'孝乎惟孝,友于兄弟,施于有政。'是亦为政,奚其为为政?"(《论语·为政》)这里的《书》指《尚书》,以下几句是古《尚书》逸文,伪古文《尚书·君陈》云:"王若曰:'君陈,惟尔令德孝恭。惟孝友于兄弟,克施有政'。"文字略有差别,但意思与本章相通。当时,周公因成王年幼而摄政,辅佐周成王。后来周成王长大了,周公又把政权交还给他。君陈是周成王的大臣,当时君陈奉成王之命,在洛邑这个地方,去治理殷商的顽民。过去是周公在那里治理的,现在成王委派君陈去治理,当然希望君陈也能够继承周公的德政。"王若曰"就是周成王是这样说的,"惟尔令德孝恭",就是唯有你,有孝顺恭敬的美德。"惟孝,友于兄弟,克施有政",你能孝顺父母,友爱兄弟,你就用孝悌心施展在政治上。皇侃《义疏》:"善父母曰孝,善兄弟为友。于,於也。惟孝,谓惟令尽於孝也。施,行也。言人子在闺门,当极孝于父母而极友于兄弟。若行此二事有政，即亦是为政也……言施行孝友有政，家家皆正，则邦国自然得正，亦又何用为官位乃是为政乎？"邢昺《注疏》曰："此章言孝、友与为政同。……言此孝、友亦为政之道，此外何事其为为政乎？言所行有政道，即与为政同，不必居位乃是为政。"朱熹《集注》："《书》言君陈能孝于亲，友于兄弟，又能推广此心，以为一家之政。孔子引之，言如此，则是亦为政矣，何必居位乃为为政乎？"本章孔子告诉我们"孝""友（含悌）"就是为政的前提，为政之道就是孝悌之道的延伸。中国古代社会家国一体，在家孝悌，出门入仕，其基本道理是相通的。所以孝悌之道一定程度上就是为政之道。这其实就是齐家治国的道理：只要你做到了孝悌，以孝悌的美德与精神运用到政治上去，即使你不入仕当官，你其实也为治理国家做出了贡献，这不就是参与了政治吗？

　　这一问题后来转变为移孝悌于忠顺的问题。《孝经·广扬名章》："君子之事亲孝，故忠可移于君；事兄悌，故顺可移于长；居家理，故治可移于官。是以行成于内，而名立于后世矣。"邢昺《注疏》："言君子之事亲能孝者，故资孝为忠，可移孝行以事君也。事兄能悌者，故资悌为顺，可移悌行以事长也。居家能理者，故资治为政，可移治绩以施于官也。是以君子居能以此善行成之于内，则令名立于身没之后也。"孔安国《古文孝经》传："能孝于亲，则必能忠于君矣。求忠臣必于孝子之门也……善事其兄，则必能顺于长也。忠出于孝，顺出于弟。故可移事父兄之忠顺，以事于君长也……能理于家者，则其治用可移于官。君子之于人，内观其事亲，所以知其事君；内察其治家，所以知其治官。"事亲孝，所以能够忠君；由于能尊敬兄长，所以能顺从官长；由于治家有方，所以可以治理国政。正因为如此，"移事父兄之忠顺，以事于君长"，"理于家者，则其治用可移于官"，君子在家门之内奉行孝、悌、理三德，就可以推衍到忠君、顺长、治国，善行成于内，并扬名后世。

　　古代有人曾经模仿《孝经》作《忠经》，其十八章说："孝者忠之原,忠者孝之推。"对国家尽忠,对父母尽孝,两样都做好,即"忠孝双全",是古代士大夫的理想追求,代表人物有岳飞、花木兰、文天祥等。

《大戴礼记·曾子本孝》:"是故未有君而忠臣可知者,孝子之谓也;未有长而顺下可知者,弟弟之谓也;未有治而能仕可知者,先修之谓也。故孝子善事君,弟弟善事长。君子一孝一弟,可谓知终矣。"虽然还没有君主在场,但可以知道某人是一个忠臣,这个人就是孝敬父母的人;虽然还没有遇到官长,但可以知道某人会顺从,这个人就是敬爱兄长的人;虽然还没有任职治事,但可以知道某人能成为一个称职的官吏,这个人就是先修于家的人。所以说,凡是孝敬父母的人就善于侍奉君主,凡是敬爱兄长的人就善于侍奉官长。君子既能孝敬父母又能敬爱兄长,就可以知道这个人终生的成就作为了。这一段讲孝悌与忠顺的关系,由孝敬父母、敬爱兄长就可以知晓一个人是否能够到社会上、在官场中忠君顺长,即由家庭伦理可以推演到社会政治伦理。所以,宋吕本中撰《官箴》说得好:"事亲孝,故忠可移于君;事兄悌,故顺可移于长;居家理,故治可移于官。岂有二理哉!"孝悌与忠顺,治家与治国,道理是相通的。

三、孔子之后孝悌之道的发展和现代意义

(一)曾子及孝道派

孔子之后他的一个学生曾子可以说是儒家孝道理论的集大成者,春秋时期鲁国人,字子舆,六岁拜孔子为师,勤奋好学,颇得孔子真传。曾子以孝为核心,开创了儒家的孝道派,把孝全面泛化了,对后世产生了巨大影响,据说《孝经》为他所做。此外《大戴礼记》中的《曾子本孝》《曾子立孝》《曾子大孝》《曾子事父母》也都记载着他对孝道的论述。他的孝不仅表现在口头上,而且在实际生活中对于双亲的奉养也无微不至,流传下很多佳话。在孔门中,曾子孝著称,二十四孝有《啮指痛心》的故事。曾子侍奉

母亲极其孝敬。家贫，经常自己入山打柴。一次，曾参又进山砍柴去了，家里突然来了客人，他母亲不知所措，就站在门口望着大山希望曾子回来，许久不见归来就用牙咬自己的手指。正在山里砍柴的曾参忽然觉得心口疼痛，便赶紧背着柴返回家中，跪问母亲为什么召唤他。母亲说："家里突然来了不速之客，我咬手指是提醒你快回来。"

《孝经·纪孝行章》："孝子之事亲也，居则致其敬，养则致其乐，病则致其忧，丧则致其哀，祭则致其严，五者备矣，然后能事亲。"可以说把孝道讲得非常全面。一是说跟父母生活在一起要有恭敬之心，不然动不动耍脾气，使性子，惹父母生气，那就是不孝。孝道的根本不在于仅仅赡养父母，而在于要有孝心，发自内心的尊敬。二是说以饮食奉养父母，不算是难事。唯以和颜悦色侍奉父母，让父母过着快乐开心的生活，那才是真孝。三是说父母有了疾病，子女面色忧愁。四、五是对父母行丧礼、祭礼。五个方面都做得完满了，才是孝道。

《大戴礼记·曾子大孝》还说："夫孝，天下之大经也。置之而塞于天地，衡之而衡于四海，施诸后世而无朝夕。推而放诸东海而准，推而放诸西海而准，推而放诸南海而准，推而放诸北海而准。"曾子认为孝是天下常道，放之四海而准，就是说是孝道具有超越时空、超越阶级、超越国界的普世伦理价值观，到处都能适用。这样，孝成为永恒的命题，是人类社会一切领域的终极法则。因为无论你是什么肤色、什么民族、什么文化背景，只要你是个人，都是父母所生，就都有孝的根苗，只是其他文化当中不如我们中国文化这么强调孝罢了。罗素说："孝道并不是中国人独有，它是某个文化阶段全世界共有的现象。奇怪的是，中国文化已达到了极高的程度，而这个旧习惯依然保存。古代希腊人、罗马人也同中国一样注重孝道，但随着文明程度的增加，家族关系便逐渐淡漠。而中国却不是这样。"[1]孝道是中华民族的传统美德，

---

[1]罗素著：《中国问题》，秦悦译，学林出版社，1996年，第30页。

是中华文化的精髓,它维系家庭的和睦、完整,促进社会和谐、国家治理,做出了重要贡献。

(二)孟子讲孝悌之道

孟子强调养亲是子女对父母的最基本义务。每个人都是由父母所生,又是因父母的精心照顾而长大成人,这种生命创造及养护的客观事实使人类产生了报恩意识,即在自己的父母年老之后要竭尽全力赡养父母,尽"反哺"义务。孟子曾提出不孝的五种情况,即"惰其四支,不顾父母之养,一不孝也。博弈好饮酒,不顾父母之养,二不孝也。好货财,私妻子,不顾父母之养,三不孝也。从耳目之欲,以为父母戮,四不孝也。好勇斗,以危父母,五不孝也"(《孟子·离娄下》)。世上人常说不孝的事有五件:四肢懒惰,(不事生产),不能养活父母,一不孝;好下棋、饮酒,不能养活父母,二不孝;贪恋钱财,偏袒妻子儿女,不能养活父母,三不孝;放纵耳目的欲望,使父母受到耻辱,四不孝;逞勇力好打架,危害了父母,五不孝。在这五种不孝的情况中,有三种均为"不顾父母之养",这也可以从反面证明养亲是为人子的基本义务。这些大概是针对一般老百姓讲的。

《孟子·离娄上》孟子曰:"不孝有三,无后为大。舜不告而娶,为无后也。君子以为犹告也。"关于"不孝有三,无后为大",我们现在有严重误解。我们分析原文不难发现,孟子的本意并非是我们平常了解的含义。比较合情合理的解释应该是:"不孝的表现很多,但以不尽做后辈的本分为最。舜在娶妻的时候没有禀告健在的父母,是没有尽到做后辈的本分。但君子认为,舜虽然没有禀告但与禀告了是没有多大的区别(因为舜娶妻是在尧考察了舜的德行后决定把女儿嫁给他的,而此时,舜的父母对舜还有偏见,禀告他们并没有什么好处)。"也就是说,孟子的原话里,并没有包含不生孩子就是不孝的含义。那么,为什么后代人把"不孝有三,无后为大"这句话曲解为现在大家通常理解的不生孩子就是不孝的意思呢?"不孝有三"的另外两个是什么呢?汉代人赵岐在注释孟子上面的话时说:"于礼有不孝者三者,谓阿意曲从,陷亲不义,一不孝也;家贫亲老,不为禄仕,二不孝也;不娶无子,绝先祖祀,三不孝也。三者之中,无后为大。"邢昺《注疏》亦曰:"言不孝于礼有三,惟先祖无以承,后世无以继,为不孝之大者。"这里他们把"无后"解释为"不娶无子",使得"先祖无以承,后世无以继",所以是不孝之大者,从此开始了两千多年人们的一般认识。当然,我们也应该承认,儒家对于传宗接代是十分重视的,这是因为中国古代社会非常重视血缘传承,认为人应该到了一定年龄结婚,结婚之后必须生子,生子育孙能使家庭以至整个宗族得以稳固和延续,使先祖有人能够祭祀,所谓香火不断。《孝经·圣治章》也说:"父母生之,续莫大焉。"可见,传宗接代观念在古代是报答、安慰父母的一种方式和情结。

(三)孝悌之道的现代意义

在儒家的影响下,古代全社会重视孝悌之道,孝悌观念和相关故事成为文学艺术的重要题材。《二十四孝》是这方面最具有代表性且有很深刻影响的作品。《二十四孝》是元朝郭居敬所编写的一本宣扬传统儒家孝道的蒙养读物。其中选辑了自上古至宋代的24个孝男孝女的事迹,叙之以文,咏之以诗,绘之以图,目的在于"用训童蒙"即培养儿童的孝德,并在民间广泛流传,可以说是家喻户晓,人人皆知。不过对于《二十四孝》中的愚昧、缺乏人性的孝行,也需要反思和批判。如"戏彩娱亲",为了逗乐父母,年过七十的老莱子假装摔倒在地,学稚童哭泣逗二老笑。有谁七十岁还能如此这般,似乎有点作秀之嫌。"埋儿奉母",说的是汉代郭巨,家境十分贫寒,为了三岁的孙子,老母经常把饭让给孙子吃。郭巨见此,于是对妻子说:"儿子可以再有,母亲死了不能复活,不如埋掉儿子,节省些粮食奉养母亲。"妻子不敢反对。当他们挖坑时,在地下二尺处忽见一坛黄金,上书"天赐郭巨,官不得取,民不得夺"。夫妻得到黄金,回家孝敬母亲,并得以兼养孩子。这种为了母亲而丧失人性的举止,此孝还能提倡吗?

近代以来,特别是五四新文化运动者批判传统文化,封建礼教,也大批特批孝道,又走向了另一个极端。以吴虞为例,他是清末民初时期反旧礼教和旧文化的著名人物。吴虞从日本学成归国，回到成都，不时"鼓吹"非儒学说，尤其是非孝非礼的言论。矛盾的是，吴虞自己行事极为专制，他跟父亲的关系不好，以至成为仇敌。他在日记中把父亲称为"魔鬼"，父子二人以打官司来争夺家产，当吴虞胜诉后，他在日记中发泄说："大吉大利，老魔迁出，月给二十元。"吴虞父亲死后，他写信给住宿学校的两个女儿，"告以老魔径赴阴司告状去矣！"

吴虞的为人和言论在当时的成都受到不少人的侧目和抵制，教育界诸多人士联名宣言攻击他，将他视为"士林败类""名教罪人"。但此时的吴虞已有全国影响，北京大学邀请他到北大任教，跟胡适、钱玄同、周作人等人交往，但自私、专制、封建守旧的性格开始暴露。

吴虞父女的矛盾，就像当年他跟父亲的矛盾一样不可调和。在家庭纠纷面前，吴虞总是抱怨别人不为他着想。他在日记中说自己的女儿："玉方不甚解事，字尤恶劣，以此程度来京留学，将来未知何如，恐徒累老人耳。"吴虞在北京的生活极为优裕，月薪200大洋，还有田产，但他拒绝出钱供女儿读书，以至女儿要革他的命。吴虞自己则过着荒淫无耻的生活。他跟年轻人一起多次逛妓院，恬不知耻到一边给亲友写信调查他妻子是否"出门应酬"，一边服壮阳药逛妓院。为了赢得妓女娇玉的欢心，他写了几十首《赠娇寓》，一边印成诗单供妓院散发，一边投稿《顺天时报》等报纸公开发表。这样的人，学生对他渐渐不再信任，就是新文化的同人也极为不满，他最后只好仍回到成都。

吴虞有悖人情的丑事还没完结。他有妻有妾，除了两个女儿外，未生一子，求子心切的吴虞不仅求巫问卜，留须求子，还在五十九岁时纳了一个十六岁的小妾，此举令吴虞身份尽失，新老人物都对他大肆攻击，社会上流言四起；再加上吴虞家庭专制，女儿也看不起他，父女关系极僵。他的晚年可以说是寂寞的。

在新文化运动新派人物批评传统文化，批判封建礼教的同时，也有很多有识之士重视传统文化。孙中山先生曾说："讲伦理道德，国家才能长治久安。孝是无所不适的道德，不能没有孝。"①"讲到孝字，我们中国尤为特长，尤其比各国进步得多。""《孝经》所讲孝字，几乎无所不包，无所不至。现在世界中最文明的国家，讲到'孝'字还没有像中国讲到这么完全。所以'孝'字更是不能不要的。"②

新中国成立初期，孝道受到党和政府乃至整个社会的普遍尊奉。毛泽东在母亲逝世后三天内，怀着沉痛的心情写下至性流露、沉郁平实、深情切切的《祭母文》，高度赞扬母亲的高尚品德，"吾母高风，首推博爱。远近亲疏，一皆覆载。恺恻慈祥，感动庶汇。爱力所及，原本真诚。不作诳言，不存欺心"。最后还真诚地表达了自己的感恩之情："养育深恩，春晖朝霭。报之何时？精禽大海。呜呼吾母！"他对革命干部孝道方面也很重视，说："连父母都不肯孝敬的人，还肯为别人服务吗？不孝敬父母，天理难容。"③这是毛泽东经常向干部讲的话，意思是对生身父母视同路人又怎能善待老百姓呢？毛泽东在革命胜利后返回故乡，特意在父母的坟墓前献上一束松枝，深深地鞠躬，轻声说道："前人辛苦，后人幸福！"

朱德在《回忆我的母亲》一文中，字字句句回忆了母亲平凡伟大的一生，并深情地写道："我爱我母亲，特别是她勤劳一生，很多事情是值得我永远回忆的。"1965年，一位意大利记者向朱德提问："一生中最大的遗憾是什么"？朱德脱口而出："我没能侍奉老母，在她离开人间时，我没能端一碗水给她喝。"革命领导人在为祖国的前途、人类的命运操劳时，也没有忘记父母、长辈的养育之恩。

但是，到了20世纪60年代中后期，随着批判孔孟之风的吹起，特别是70年代"批林批孔"，孔子的孝道被当作"四旧"而弱

---

① 《孙中山选集》，人民出版社，1981年，第679页。
② 《孙中山全集》第9卷，中华书局，1986年，第244页。
③ 陈淀国：《毛泽东和他的〈祭母文〉》，《椰城》，2008年第6期。

化。社会上一度"说话不分长幼,分阶级;做事不分长幼,看派别"。甚至,孝道受到冷落,否定或批判,比比皆是。六七十年代或以后出生的人,孝道更为淡漠,有的仅仅知道老人死了,子女们"穿白戴孝"才叫尽孝心。殊不知这些只是孝道礼仪外在的形式,人们对孝道的深刻内涵已经不了了之。导致的是整整几代人敬老、养老、助老、爱老的意识淡化,社会道德风尚江河日下。

人们经常说"家和万事兴",在家庭实行孝悌之道,可以长幼有序,尊老爱幼,夫妻和谐,家庭和睦。虽然我们现在进入了以工商为基础的现代社会,但是家庭仍然是社会的细胞,也是社会的缩影。只要人类社会存在,这一点就不会改变。家庭稳定则社会稳定,家庭不稳定则社会不可能稳定。家庭的和谐稳定又是社会和谐稳定的基础。《孝经》说:"非孝者无亲,大乱之道也。"道出了孝与社会治乱的关系。因此,儒家非常重视孝道对于家庭和睦的作用,形成了中国人重视家教,重视家庭亲情,重视家庭伦理的文化传统。20世纪以来,由于持续不断的政治斗争与激烈批判传统文化,批判封建礼教,中国大陆家庭大都缺乏家教,现在出现了许多令人忧虑的家庭伦理问题,已经严重地影响社会和谐稳定。

孝悌之道是中华民族的传统美德,属于应继承和发扬的优秀传统,而"孝"则是这一传统美德的核心,应该继承、发扬、光大。如何让老年人安度晚年,欢度晚年,生活上得到扶助,精神上得到慰藉,成为现代"孝道"急待解决的问题。"合家欢,老人安",说明了一个和睦、欢乐的家庭对老人心理和精神生活至关重要。让老人感受到有所依、有所爱、有所乐,是中国社会文明进步的应有之义。

随着放开二胎政策,"独生子女"将成为历史,传承几千年兄友弟恭的悌道,如何处理家庭里兄弟姐妹的关系,也仍然是现代家庭伦理和社会长幼的重要道德规范。

第六章　君子之道

一、"君子"概念的含义及演变

"君子"由"君"和"子"两个单字组成。"君",《说文解字》曰:"君,尊也。从尹,发号,故从口。古文象君坐形。"段玉裁注云:"尹,治也;"下面的"口",表示发布命令。合起来是发号施令,治理国家的意思。"子",《说文解字》曰:"十一月,阳气动,万物滋,人以为称。象形,凡子之属皆从子。"本义是"初生",故后来借用为阳气初生时的时间单位——"子时"。"子"后来也泛指后代,包括儿子、子女和子孙等。"君子"合起来指"君"的后代,当时是一种尊称,专指社会上居高位的人,后来才逐渐转化为道德名称;最初是少数王侯贵族的专号,后来才慢慢变成上下人等都可用的通称。"君子"在《诗》《书》《左传》《国语》中多指有社会地位的贵族,很少指个人的品性。据萧公权先生考证,"君子"一词见于《诗》《书》,在《尚书》中出现了五六次,在《诗经》的"国风"和"二雅"中出现了150余次,说明是周代十分流行的名称。①《周易·乾》:"九三,君子终日乾乾,夕惕若厉,无咎。"《诗经·周南·关雎》:"窈窕淑女,君子好逑。"《诗经·谷风之什·大东》:"君子所履,小人所视。"《尚书·虞书·大禹谟》:"君子在野,小人在位。"《春秋左传·襄公九年》:"君子劳心,小人劳力,先王之制也。"这里君子、小人主要着眼于地位而并非道德品质。

到孔子时代,"君子"一词开始强调道德品质的属性,并逐渐

---

①萧公权:《中国政治思想史》(一),辽宁教育出版社,1998年,第65页。

转化为以道德品行为主，社会政治地位为次的含义。"君子"一词在《论语》中共出现107次，从开篇第一章和最后一篇最后一章，所有二十篇中都提到了"君子"，是《论语》中唯一一个贯穿始终的概念，可见其地位之重要。士、仁者、贤者、大人、成人、圣人等，都与"君子"相关。如果将这些论述都包括进来，《论语》一书关于君子的论述无疑是最多的。

到了汉代《白虎通·号》才给"君子"以正式的定义："或称君子者何？道德之称也。君子为言，群也；子者，丈夫之通称也。"君子也通常被称为仁人、志士、贤士等，是指具有良好道德素养的人。由于"圣人""贤人"是只有少数人才能达到的人格境界，一般人难以达到，而"君子"则是一种比较现实的、平常人可以达到的理想人格，故通常谈的最多的是君子人格，有人也把君子人格称为"众趋人格"。近代以来，有学者把"君子"一词翻译成英文的nobility 和 gentleman 倒是十分妥当的。

二、《论语》的君子之道

（一）君子是儒家理想人格层级的重要一级

从孔子开始，给"君子"一词赋予了更多的德行含义，成为儒家理想人格层级中的一级。"君子"一词有纯指地位者，有指道德者，有兼指二者，但主要是指道德品质。在《论语》中，君子内涵由原来的主要着眼于政治地位转变为以德性、德行为主，但身份地位的含义仍然有所保留，如"君子学道则爱人，小人学道则易使也"（《阳货》）。这里的"君子"是指有德有位的君子。梁启超说："孔子有个理想的人格，能合着这种理想的人，起个名叫作'君子'……孔子之教，是要人践履这人格的标准，人人有士君子之行。"[1]

《孔子家语·五仪解》记载了孔子在回答鲁国国君鲁哀公的询

---

[1]梁启超：《儒家哲学》，中华书局，2016年，第20页。

问时说的一段话。孔子曰:"人有五仪,有庸人、有士人、有君子、有贤人、有圣人,审此五者,则治道毕矣。"人有五种人格层级,一个国君如果能够把这五种人了解清楚,治理国家就容易了。然后鲁哀公分别问什么是庸人、士人、君子、贤人、圣人,孔子分别做了回答。公曰:"敢问何如,斯可谓之庸人?"

孔子曰:"所谓庸人者,心不存慎终之规,口不吐训格之言,不择贤以托其身,不力行以自定。见小暗大,而不知所务;从物如流,不知其所执。此则庸人也。"

公曰:"何谓士人?"

孔子曰:"所谓士人者,心有所定,计有所守,虽不能尽道术之本,必有率也;虽不能备百善之美,必有处也。是故知不务多,必审其所知;言不务多,必审其所谓;行不务多,必审其所由。智既知之,言既道之,行既由之,则若性命之形骸之不可易也。富贵不足以益,贫贱不足以损。此则士人也。"

公曰:"何谓君子?"

孔子曰:"所谓君子者,言必忠信而心不怨,仁义在身而色无伐,思虑通明而辞不专。笃行信道,自强不息。油然若将可越,而终不可及者。此则君子也。"

公曰:"何谓贤人?"

孔子曰:"所谓贤人者,德不逾闲,行中规绳。言足以法于天下而不伤于身,道足以化于百姓而不伤于本。富则天下无宛财,施则天下不病贫。此则贤者也。"

公曰:"何谓圣人?"

孔子曰:"所谓圣人者,德合于天地,变通无方。穷万事之终始,协庶品之自然,敷其大道而遂成情性。明并日月,化行若神。下民不知其德,睹者不识其邻。此谓圣人也。"

因为孔子所处的时代已经没有圣人了,所以孔子说"圣人,吾不得而见之矣;得见君子者,斯可矣"(《述而》)。这就是说,圣人在现实中是看不到了,而君子还是可以见到的。不但圣人不得见之,"君子多乎哉?不多也"(《子罕》),现实中的君子也是不多见的。"躬行君子,则吾未之有得"(《述而》),做一个身体力行的君子,孔子谦虚地认为他自己还没有做到。后来,朱熹就将"君子"定位为二等"圣人"。他说:"君子者,才德出众之名。""次于圣人者也。"(《朱子语类》卷二十四)圣人的原型是古代圣王,即尧、舜、禹、汤、文、武、周公。

(二)君子以道德为本

《里仁》:"君子怀德。"皇侃《义疏》:"怀,安也。君子身之所安,安于有德之事。"邢昺《注疏》:"言君子执德不移,是安于德也。"朱熹《集注》:"怀,思念也。怀德谓存其固有之善。""怀德"即君子执守道德,以道德为安身立命之本。

《宪问》载南宫适问于孔子曰:"羿善射,奡荡舟,俱不得其死然,禹稷耕稼,而有天下。"夫子不答。南宫适出,子曰:"君子哉若人,尚德哉若人。"南宫适姓南宫,名适,字子容,孔子的学生。羿传说中夏代有穷国的国君,善于射箭,曾夺夏太康的王位,其后被寒浞所杀。奡(ào):古代一个大力士,传说是寒浞的儿子,能陆地行舟。何晏《集解》引孔安国:"贱不义而贵有德,故曰君子。"邢昺《注疏》:"此章贱不义而贵有德也……以其贱奡、羿之不义,贵禹、稷之有德,故美之。"孔子这里在对南宫适的称赞中,明确把"君子"与"尚德"联系起来。"君子"者必"尚德","尚德"者必"君子","尚德"就是君子应该具备的内在本质,应该拥有的高尚品质。同时,君子以自己高尚的德操感化周围的人,让人心悦诚服,而不是靠武力压服。对此,孟子也说过:"以力服人者,非心服也,力不赡也;以德服人者,中心悦而诚服也。"(《孟子·公孙丑上》)这可以说是对孔子思想的进一步阐述。

《卫灵公》:"君子谋道不谋食。耕也,馁在其中矣;学也,禄在其中矣。君子忧道不忧贫。"邢昺《注疏》曰:"人非道不立,故必先谋于道,道高则禄来,故不假谋于食。馁,饿也。言人虽念耕而不学,则无知岁有凶荒,故饥饿。学则得禄,虽不耕而不馁。是以君子但忧道德不成,不忧贫乏也。然耕也未必皆饿,学也未必皆得禄,大判而言,故云耳。"朱熹《集注》:"耕所以谋食,而未必得食。学所以谋道，而禄在其中。然其学也，忧不得乎道而已；非为忧贫之故，而欲为是以得禄也。"君子道与食、学与禄之间，要"谋道"为上，"谋食"为不得已；学而优则仕，仕而不为禄。"谋道"就是"志于道"。孔子"吾十有五而志于学"就是"志于道"。颜渊"一箪食，一瓢饮，在陋巷，人不堪其忧，回也不改其乐"，就是"谋道不谋食"。所以，君子要忧道德不成，不用忧物质贫乏。

《卫灵公》还云："子曰：君子疾没世而名不称焉。"邢昺《注疏》曰："此章劝人修德也。疾，犹病也。言君子病其终世而善名不称也。"君子修道立德，就会有善名流传千古；反之，如果一生德行不好，还会遗臭万年。

孔子将仁、知、勇作为君子的三达德。孔子曰："君子道者三，我无能焉：仁者不忧，知者不惑，勇者不惧。"（《宪问》）皇侃《义疏》："乐天知命，内省不疚，是无忧。智者以昭了为用，是无疑惑。既有才力，是以捍难卫侮，是无惧敌也。"邢昺《注疏》："仁者乐天知命，内省不疚，故不忧也。知者明于事，故不惑。勇者折冲御侮，故不惧。"朱熹《集注》引尹焞曰："成德以仁为先，进学以知为先。故夫子之言，其序有不同者以此。"何谓仁？何谓知？《颜渊》载，马牛问怎样去做一个君子。孔子说："君子不忧不惧。"司马牛又问："不忧不惧，斯谓之君子已乎？"孔子回答说："内省不疚，夫何忧何惧？"因为君子能够自我反省，什么事情只要是自己觉得问心无愧，心安理得，就没有什么忧虑和恐惧的。樊迟问知，孔子曰："务民之义，敬鬼神而远之，可谓知矣。"（《雍也》）"樊迟问仁，子曰：'爱人。'问知，子曰：'知人'。"（《颜渊》）仁者爱人，智者知人。君子首先应当是一个仁者，当然也需要智。仁者与智者有差异。孔子曰："知者乐水，仁者乐山；知者动，仁者静；知者乐，仁者寿。"（《雍也》）朱熹《集注》曰："知者达于事理而周流无滞，有似于水，故乐水；仁者安于义理而厚重不迁，有似于山，故乐山。动静以体言，乐寿以效言也。动而不括故乐，静而有常故寿。"君子还需要勇，但要符合仁义之道。

"仁者必有勇,勇者不必有仁。"(《宪问》)"子路曰:'君子尚勇乎'?子曰:'君子义以为上。君子有勇而无义为乱;小人有勇而无义为盗。'"(《阳货》)君子也崇尚勇,但勇受制于义,即行为的正当性。"见义不为,无勇也。"(《为政》)无义而有勇可能作乱,也可能成为强盗。君子的"勇"不是鲁莽之勇,不是匹夫之勇,不是暴力之勇,而是受道义统摄的"仁义之勇"。《中庸》进一步提出"知、仁、勇三者,天下之达德也。""好学近乎知,力行近乎仁,知耻近乎勇。知斯三者,则知所以修身;知所以修身,则知所以治人;知所以治人,则知所以治天下国家矣。""三达德"是智、仁、勇。这三种是古今通行不变的个人品德,"自儒家言之,必三德具备,人格才算完成。这样看来,西方所谓爱智,不过儒家三德之一,即智的部分。所以儒家哲学的范围,比西方哲学的范围,阔大得多"①。怎么获得这三种美德?要通过好学、力行、知耻。

《卫灵公》子曰:"君子义以为质,礼以行之,孙以出之,信以成之。君子哉!"质:根本。孙:同"逊"。出:表达。何晏《集解》引郑玄注:"义以为质,谓操行。孙以出之,谓言语。"义是操行,逊指的是言语。皇侃《义疏》:"义,宜也。质,本也。人识性不同,各以其所宜为本。虽各以所宜为本,而行之皆须合礼也。行及合礼而言出之,必使逊顺也。行信合礼,而言逊顺而出之,终须信以成之也。如上义,可谓为君子之行也。"人各以其适宜为本,行信合礼,出言逊顺,以信完成。这些都是君子应有的德行。邢昺《注疏》曰:"此章论君子之行也。义以为质,谓操执以行者,当以义为体质。文之以礼,然后行之。孙顺其言语以出之。守信以成之。能此四者,可谓君子哉!"邢昺结合郑玄与皇侃,汉唐儒者理解四者是并列关系,是君子应有的德行。宋儒程朱理解则有不同,朱熹《集注》:"义者制事之本,故以为质干。而行之必有节文,出之必以退逊,成之必在诚实,乃君子之道也。"并引程子曰:"义以为质,如质干然。礼行此,孙出此,信成此。此四句只

---

① 梁启超:《儒家哲学》,中华书局,2016年,第96页。

是一事,以义为本。"义为质干,礼、逊、信都是义的践行,故以义为本。

君子还要有中庸之德。孔子很强调中庸,在他看来,"中庸之为德也,其至矣乎!民鲜久矣"(《雍也》)。何晏《集解》:"庸、常也,中和可常行之德也。世乱,先王之道废,民鲜能行此道久矣。"邢昺《注疏》:"此章言世乱,人不能行中庸之德也。中,谓中和。庸,常也。鲜,罕也。言中和可常行之德也,其至极矣乎!以世乱,先王之道废,故民罕能行此道久多时矣,非适而今也。"中庸是最高的德行,起源很早,但在当时天下无道,乱象已呈的情况下能行中庸之道的人已经很罕见了。中庸是要君子做事避免"过"与"不及"。子贡问:"师与商也孰贤?"孔子曰:"师也过,商也不及。"曰:"然则师愈与?"孔子曰:"过犹不及。"(《先进》)"过"与"不及"是事物趋于极端的表现,必须通过"执中"来维持事物的平衡。因此,孔子提出要避免过与不及。需要强调的是,"过犹不及"并不意味着"过"等于"不及",实际上,在孔子的思想中不如说是"过"大于"不及"。"不及"可以通过努力达到中庸,不会贻害别人和社会;但是"过"则必然对别人或社会造成损害或伤害。因此,孔子反对矫枉过正,认为过正本身仍然属于枉,矫枉过正实际上是以枉矫枉,怎么会有积极的效果呢?他特别重视以正矫枉。《孟子·离娄下》说:"仲尼不为已甚者,""不为已甚"就是不说过头的话,不做过头的事。即使对于社会当中的恶,也不要用"已甚"(过分)的态度或办法对待,那只会造成更大的罪恶。所以,中庸的全面含义虽然是"无过无不及",但重点却在"无过"上[①]。《中庸》借孔子之言曰:"君子中庸,小人反中庸。君子之中庸也,君子而时中;小人之中庸也,小人而无忌惮也。"程颢、程颐曰:"不偏之谓中,不易之谓庸。中者,天下之正道;庸者,天下之定理。"中庸是不偏不倚,是无过无不及,是一种恰到好处的适中,只有君子才能做到。《中庸》又曰:"道之不行也,我知之

[①] 马中:《中国哲人大思路》,陕西人民出版社,1993年,第516页。

矣，知者过之，愚者不及也；道之不明也，我知之矣，贤者过之，不肖者不及也。人莫不饮食也，鲜能知味也。"中庸之道不能被人们奉行的原因是知者过之，愚者不及，贤者过之，不肖者不及，需要君子在百姓日用的生活中躬行实践。

君子德行广大圆通。《为政》孔子曰："君子不器"，何晏《集解》引包咸曰："器者各周其用，至于君子，无所不施。"邢昺《注疏》："此章明君子之德也。器者，物象之名。形器既成，各周其用。若舟楫以济川，车舆以行陆，反之则不能。君子之德，则不如器物，各守一用，言见几而作，无所不施也。"朱熹《集注》说："器者，各适其用而不能相通。成德之士，体无不具，故用无不用，非特为一才一艺而已。"君子德行广大圆通，不像器具一样，只有一种用途。应该体用兼备，多才多艺，发挥广泛的作用。

子产实行德政，深受孔子赞颂："有君子之道四焉：其行己也恭，其事上也敬，其养民也惠，其使民也义。"(《公冶长》)子产，姓公孙，名侨，字子产，郑国大夫。做过正卿，是郑穆公的孙子，为春秋时郑国的贤相。这里是指有德有位的"君子"。孔子通过对子产的评价讲君子之道，将其美德总结为行己恭、事上敬、予民惠、使民义等四项。皇侃《义疏》："'其行己也恭'，一也。言其行身己于世，常恭从，不逆忤人物也。'其事上也敬'，是二也。人若事君亲及凡在己上者，必皆用敬也。'其养民也惠'，三也。言其养民皆用恩惠也。故孔子谓为'古之遗爱'也。'其使民也义'。四也。义，宜也。使民不夺农务，各得所宜也。"邢昺《注疏》曰："孔子评论郑大夫子产，事上使下有君子之道四焉，下文是也。'其行己也恭'者，一也，言己之所行，常能恭顺，不违忤于物也。'其事上也敬'者，二也，言承事在己上之人及君亲，则忠心复加谨敬也。'其养民也惠'者，三也，言爱养于民，振乏赒无以恩惠也。'其使民也义'者，四也。义，宜也。言役使下民，皆于礼法得宜，不妨农也。"皇侃、邢昺略有出入。孔子以子产为例，概括德位相称的君子应有的四方面德行，认为这就是君子之道。

(三)君子内外双修

《雍也》载子曰:"质胜文则野,文胜质则史。文质彬彬,然后君子。"皇侃《义疏》:"'质胜文则野',谓凡行礼及言语之仪也。质,实也。胜,多也。文,华也。言若实多而文饰少则如野人。野人,鄙略大朴也。'文胜质则史',史,记书史也。史书多虚华无实,妄语欺诈,言人若为事多饰少实,则如书史也。'文质彬彬,然后君子'。彬彬,文质相半也。若文与质等半,则为会时之君子也。"邢昺《注疏》:"此章明君子也。'质胜文则野'者,谓人若质多胜于文,则如野人言鄙略也。'文胜质则史'者,言文多胜于质,则如史官也。'文质彬彬,然后君子'者,彬彬,文质相半之貌。言文华质朴相半,彬彬然,然后可为君子也。"质有质实、朴实、自然、无修饰的意思。文是文华、文采,经过修饰的意思。野指粗鲁、鄙野。史本指宗庙之祝史,或官府之掌文书,往往虚华无实,多伪饰,少质实。彬彬:相杂而适中的样子,指文与质相半,配合恰当。孔子在这里一方面说明了君子应有的品格,另一方面也反映了君子修养合乎中道观念。就一般而言,本章可以理解为,乡下人言行没有礼文修饰,朴素无华,难免粗野;而文人学士,文采多于质朴,难免文过其实,虚浮失真。孔子不主张偏胜于文,亦不主张偏胜于质,而强调言行文雅而又真实,合乎中道,成为文质彬彬的君子。君子正在于保持了一种文质兼修,内心修养和外在仪表完美配合的和谐统一的中和状态,这是君子的一种人格之美。所以当棘子成言"君子质而已矣,何以文为"时,子贡批评他是信口开河,"惜乎!夫子之说,君子也!驷不及舌,文犹质也,质犹文也。虎豹之鞟犹犬羊之鞟矣"(《颜渊》)。棘子成,卫国大夫。古代大夫都可以被尊称为夫子,所以子贡这样称呼他。驷不及舌:指话一说出口,就收不回来了。俗话说:"君子一言,驷马难追。"子贡对卫国大夫棘子成重质抑文说法加以矫正,说明君子既要注重"质",也要注重"文"。

与本章意思近似的亦见于其他经籍。贾谊《新书·容经》曰:"'审乎明王,执中履衡',言秉中适而据乎宜,故威胜德则淳,德胜威则施。威之与德,交若缪缪,且畏且怀,君道正矣。'质胜文则野,文胜质则史,文质彬彬,然后君子'。"有德有位的君子应效法古代圣明的君王,允执厥中,使德与威在自己身上交相辉映,相辅相成。《淮南子·谬称》曰:"文者,所以接物也,情系于中而欲发外者也。以文灭情则失情,以情灭文则失文;文情理通,则凤麟极矣。"这是把文与情相对应,强调对于文艺作品来说内在的情感发于外,要有一定的艺术形式,所以文与情相对应,内容和形式相辅相成,文情理通,才是最佳。徐干《中论·艺纪》亦云:"既修其质,且加其文,文质著然后体全,体全然后可登乎清庙,而可羞乎王公。故君子非仁不立,非义不行,非艺不治,非容不庄,四者无愆,而圣贤之器就矣!"君子既要修养内在的仁义道德,还要注意外在的技艺礼容,内外兼修,才能进一步造就圣贤人格。

"内圣外王"的概念源于《庄子》,后来成为儒家思想体系的内在核心结构。孔子虽然没有直接提出"内圣外王",但他强调君子既有内修,又要外行,实质上体现了内圣外王的精神。在孔子的思想体系中,"仁"与"礼"对应,是其思想的两大支柱,一是以"仁"为支柱的修己之学,二是以"礼"为支柱的治人之学,而以"中庸"为基本原理的"中和论"把这两部分结合成了一个完整体系①。"仁"是人的内在品性,人生价值的源头和根本,属于内圣;外在之"礼"是以内在的"仁"为本体发用于人生修养的礼节、生活实践礼仪和社会制度的创建,属于外王。仁与礼、内圣与外王分言,但不能割裂仁与礼、内圣与外王,不能把内圣外王评价等列,二者的基本关系是仁主内而礼主外,仁为本而礼为用,仁为本而礼为末。《宪问》载子路问君子。子曰:"修己以敬。"曰:"如斯而已乎?"曰:"修己以安人。"曰:"如斯而已乎?"曰:"修己以安百姓。修己以安百姓,尧舜其犹病诸!"皇侃《义疏》解释"修己以敬"

---

① 韩星:《孔子学说体系构成新解》,《西安电子科技大学学报》(社会科学版),2001年第1期。

曰:"身正则民从,故君子自修己身,而自敬也。"解释"修己以安人"曰:"言当能先自修敬己,而后安人也。"解释"修己以安百姓"曰:"先修敬己身,然后乃安于百姓也。"解释"修己以安百姓,尧、舜其犹病诸"曰:"言先能内自修己而外安百姓,此事为大难也,尧舜之至圣犹患此事难,故云'病诸'也。"邢昺《注疏》认为"此章论君子之道也",并逐句解释说,"修己以敬"是:"言君子当敬其身也。""修己以安人"是:"言当修己,又以恩惠安于亲族也。""修己以安百姓"是:"言当修己以安天下之众人也。""修己以安百姓,尧、舜其犹病诸"是:"言此修己以安百姓之事,虽尧、舜之圣,其犹难之,况君子乎!"可见,君子之道是层层由内而外扩展,由下而上提升的,要达到"修己以安百姓",已经是圣王境界,连尧、舜也不圆满,何况君子呢?刘宝楠《论语正义》云:"君子,谓在位者也。修己者,修身也。以敬者,礼无不敬也。安人者,齐家也。安百姓,则治国、平天下也……凡安人、安百姓,皆本于修己以敬。"对于一个有德有位的君子,修身为本,礼无不敬,才能治国、平天下。这显然也是典型的内圣外王。对此梁启超论曰:"儒家哲学,范围广博。概括说起来,其用功所在,可以《论语》'修己安人'一语括之。其学问最高目的,可以《庄子》'内圣外王'一语括之。做修己的功夫,做到极处,就是内圣;做安人的功夫,做到极处,就是外王……《论语》说'修己以安人',加上一个'以'字,正是将外王学问纳入内圣之中,一切以各人的自己为出发点。以现在语解释之,即专注重如何养成健全人格。人格锻炼到精纯,便是内圣;人格扩大到普遍,便是外王。儒家千言万语,各种法门,都不外归结到这一点。"①显然,在孔子的思想中,内圣和外王是统一的。

《季氏》孔子曰:"君子有三戒。少之时,血气未定,戒之在色;及其壮也,血气方刚,戒之在斗;及其老也,血气既衰,戒之在得。"皇侃《义疏》:"君子自戒,其事有三……'少之时,血气

---

①梁启超:《儒家哲学》,中华书局,2016年,第95页。

未定，戒之在色'；一戒也。少，谓三十以前也。尔时血气犹自薄少，不可过欲，过欲则为自损，故戒之也。'及其壮也，血气方刚，戒之在斗'；二戒也。壮，谓三十以上也。礼：三十壮而为室，故不复戒色也。但年齿已壮，血气方刚，性力雄猛，有无所与让，好为斗，故戒之也。'及其老也，血气既衰，戒之在得。'三戒也。老，谓年五十以上也。年五十始衰，无复争之势，而戒之在得也。得，贪得也。老人好贪，故戒之也。老人所以好贪者，夫年少象春夏，春夏为阳，阳法主施，故少年明怡也，年老象秋冬，秋冬为阴，阴体敛藏，故老耆好敛聚，多贪也。"皇侃把"三戒"按照人生分成三十岁以前、三十岁以后、五十岁以上，根据身体状况，应该警戒可能的过错。他特别以阴阳之道、春夏秋冬比喻少年和老年容易犯过欲与多贪，以特别警示。邢昺《注疏》曰："此章言君子之人，自少及老，有三种戒慎之事也……少，谓人年二十九以下，血气犹弱，筋骨未定，贪色则自损，故戒之……壮，谓气力方当刚强，喜于争斗，故戒之……老，谓五十以上。得，谓贪得。血气既衰，多好聚敛，故戒之。"邢昺明确地把人生分为二十九以下、中年和五十岁以上三个阶段注意三种戒慎之事，与皇侃近似。"戒"当然是以心为主宰的警觉与戒备。朱熹《集注》云："血气，形之所待以生者，血阴而气阳也。得，贪得也。随时知戒，以理胜之，则不为血气所使也。"朱熹从理学的角度，提出了以理来随时戒备。他又引范氏曰："圣人同于人者血气也，异于人者志气也。血气有时而衰，志气则无时而衰也。少未定、壮而刚、老而衰者，血气也。戒于色、戒于斗、戒于得者，志气也。君子养其志气，故不为血气所动，是以年弥高而德弥邵也。"以志气来控制血气，修养德性，成就德行。钱穆《论语新解》提出："三戒"是"以心理统率生理。君子终生有所戒，则其血气无时不为志所率。"①这里的"三戒"告诫君子要以心志对血气进行理性的控制和调节，使身心都处于健康状态，同时处理好与他人的关系，

---

① 钱穆：《论语新解》，生活·读书·新知三联书店，2002年，第391页。

不走极端，不人歧途。

（四）君子言行一致

君子言行一致更重行。在言行关系上，孔子提倡君子三思而后言，出言谨慎，少说多做，言出则必行，反对言过其实。君子不像小人那样巧言令色，不夸夸其谈只说不做，把夸大自己当作可耻的事情。正是因为用这样的要求来规范自己，君子在评价他人或者评判部下推荐人才时，"不以言举人"，从不仅仅凭他人的言谈去做出判断，而是考察其行动，从而做到量才使用，对人做出公正的评判。

《为政》载子贡问君子。子曰："先行其言而后从之。"皇侃《义疏》："君子先有其言，而后必行，行以副所言，是行从言也。若言而不行，则为辞费，君子所耻也。"君子说了后一定得实行，以行副言。如果言而不行，其言就是废话，是君子引以为耻的。邢昺《注疏》："君子先行其言，而后以行从之，言行相副，是君子也。"先言后行，言行相副才算得上是君子。孔子对子贡说，君子先行后言是有针对性的，因为子贡在孔门弟子中仪表不凡，资禀颖慧，口才极好，雄辩滔滔，又能料事，深得孔子赞赏，在"孔门四科十哲"中以言语著名。不过孔子担心他说得多而做得不够，故当子贡问何为君子时，孔子就如此教诲他。邢昺《注疏》："此章疾小人多言，而行之不周也。子贡问于夫子曰：'君子之德行何如？'夫子答之曰：'君子先行其言，而后以行从之，言行相副，是君子也。'"邢昺认为此章是孔子批评小人夸夸其谈，而不能践行，希望子贡做个先行后言，言行相副的君子。朱熹《集注》引范祖禹曰："子贡之患，非言之艰而行之艰，故告之以此。"孔子针对子贡言大于行而修正其毛病。《韩李笔解》李翱曰："子贡，门人上科也，自谓通才，可以不器，故闻仲尼此言而寻发问端。仲尼谓但行汝言，然后从而知不器在汝，非谓小人明矣。"是说子贡听孔子说君子不器，自认为是通才，故沾沾自喜地问老师何为君子，孔子含蓄地告诫他，你先按照你说的去做，做好了再说。

类似的内容在其他典籍也多见。《礼记·坊记》："君子约言，小人先言。"孔颖达疏:"君子约言者,省约其言,则小人多言也。"《礼记·缁衣》子曰:"言从而行之,则言不可饰也;行从而言之,则行不可饰也。故君子寡言而行,以成其信。"《大戴礼记·曾子立事》:"君子博学而孱守之,微言而笃行之。行必先人,言必后人;君子终身守此悒悒。""不能行而言之,诬也。"《大戴礼记·曾子制言》:"君子先行后言。"《说苑·杂言》曾子曰:"吾闻夫子之三言,未之能行也。夫子见人之一善,而忘其百非,是夫子之易事也;夫子见人有善,若己有之,是夫子之不争也;闻善,必躬亲行之,然后道之,是夫子之能劳也。"这些都体现了孔子、曾子一种先言后行,言重于行,躬行实践的精神。

《里仁》:"君子欲讷于言而敏于行。"提出君子要讷于言而敏于行。何晏《集解》引包咸说:"讷,迟钝也。言欲迟而行欲疾。"皇侃《义疏》:"讷,迟钝也。敏,疾速也。君子欲行先于言,故迟言而速行也。"邢昺《注疏》曰:"此章慎言贵行也。讷,迟钝也。敏,疾也。言君子但欲迟钝于言,敏疾于行,恶时人行不副言也。"君子要先行后言,所以迟钝于言,敏疾于行。其实,训"讷"为语言迟钝还不全面,"讷"还有谨慎的意思。训"敏"为"敏捷"也不符合《论语》旨意,也与孔子一贯提倡的慎行思想相抵牾。孔子重视实践,主张"临事而惧",反对急躁冒进,如《述而》:"暴虎冯河,死而无悔者,吾不与也。必也临事而惧,好谋而成者也。"临事而惧即遇事戒惧、谨慎从事之意。子张学干禄,孔子也告诫说:"多闻阙疑,慎言其余,则寡尤;多见阙殆,慎行其余,则寡悔。"(《为政》)谨言慎行,如此则寡尤寡悔,正与孔子教育思想相合。古代典籍中"敏"除了敏疾义外,还可解作"勤勉""勉力"意。"讷于言而敏于行",意思是少说多做,勉力工作。朱熹《集注》还引谢良佐注曰:"放言易,故欲讷;力行难,故欲敏。"力行既难,故要勉力行事方可成功,这倒符合孔子本意。钱穆《论语新解》亦云:"讷,迟钝义。敏,勤捷义。敏讷虽若天资,亦由习。轻言矫之以讷，行缓励之以敏，此亦变化气质，君子成德之方。"①对言行的调节，要最终落实在变化气质上，这才是成就君子人格的途径。

《学而》子曰，君子"敏于事而慎于言"。孔安国、皇侃、邢昺都解"敏"为"疾"，疾速。"敏"还有"勤勉"之义，如《中庸》"人道敏政，地道敏树"，今取之。邢昺《注疏》："言当敏疾于所学事业，则有成功……学有所得，又当慎言说之。"朱熹《集注》："敏于事者，勉其所不足。慎于言者，不敢尽其所有余也。"君子做事要敏捷，则有成功，但传说要谨慎。

《宪问》子曰："君子耻其言而过其行。"皇侃《义疏》："君子之人，顾言慎行。若空出言而不能行遍，是言过其行也。君子耻之，小人则否。"君子应该言行一致，如果言大于行，君子引以为耻，小人则不以为意。邢昺《注疏》："此章勉人使言行相副也。君子言行相顾，若言过其行，谓有言而行不副，君子所耻也。"孔子劝勉人应该言行相符，不能说得多，做得少。进一步，言而无行，君子更应引以为耻。《礼记·杂记下》曰："有其言，无其行，君子耻之。"

《子路》载子曰："君子名之必可言也，言之必可行也。君子于其言，无所苟而已矣。"何晏《集解》引王肃说："所名之事必可得而明言，所言之事必可得而遵行。"皇侃《义疏》："既民无所措手足，由于名之不正。故君子为政者宜正其名，必使顺序而可言也。言既顺序，则事所以可行也。言必使可行，政于其言不得苟且而不正也。"邢昺《注疏》："言正名之事，非为苟且也。君子名此事，必使可明言，言此事必可遵行。君子于其所言，无苟且。若名之不可言，言之不可行，是苟且而言也。"苟，苟且，马虎，随便。可见，孔子从正名角度要求君子名此事就要可明言，言此事就要遵行，君子说话不能随便，言而无行。隐含着要实事求是，严肃认真之意。

---

① 钱穆：《论语新解》，生活读书新知三联书店，2002年，第96页。

《为政》:"子张学干禄。子曰:'多闻阙疑,慎言其余,则寡尤;多见阙殆,慎行其余,则寡悔。言寡尤,行寡悔,禄在其中矣。'"阙疑:阙,同"缺",保留的意思。阙疑即对有疑问的地方持保留态度。尤:错误。寡尤:减少过错。阙殆:不做危险的事。邢昺《注疏》:"此夫子教子张求禄之法也……言虽博学多闻,疑则阙之,尤须慎言其余不疑者,则少过也……言虽广览多见,所见危者,阙而不行,尤须慎行其余不危者,则少悔恨也……言若少过,行又少悔,必得禄位。设若言行如此,虽偶不得禄,亦同得禄之道。"学生子张问求仕之道,孔子没有直接回答,而是讲了一番在社会这个大学校做学问抑或做人的道理,希望子张在学问上要多闻多见,又能缺疑缺殆,在与人交往中慎言慎行,做到寡过寡悔,这样为人处世之道学好了,言行举止得体,谋职求禄之道即在其中。孔子不教学生具体的做官方法,避免他的学生为升官发财,谋取私利而入仕做官,于是教他为人处世的道理。在他眼里,做人高于做官,先做人再做官,就能做好官。但是,秦汉以降,科举考试,很多士人汲汲于读书做官,做官发财,越来越背离了夫子的教诲。

类似的讲言行一致的还见于《礼记·缁衣》:"子曰:'言,从而行之,则言不可饰也;行,从而言之,则行不可饰也。故君子寡言而行,以成其信。'"这是寡言而行。《孔子家语·颜回》:"颜回问于孔子曰:'小人之言有同乎君子者,不可不察也。'孔子曰:'君子以行言,小人以舌言,故君子为义之上相疾也,退而相爱;小人于为乱之上相爱也,退而相恶。'"君子用行动表明他的想法,而小人则是说得好听。《礼记·表记》子曰:"口惠而实不至,怨菑及其身。是故君子与其有诺责也,宁有己怨。"这是强调口头上答应给人好处实际却做不到,灾祸就会招惹上身。所以君子与其因诺言失信而受到责难,不如一开始就不答应而受到埋怨。

(五)君子知天命尽人事

在君子的精神修养过程中,"知天命"也是极其重要的一个环节。知天命与否,是衡量一个人生命价值的标准。"知天命"对于孔子来说就是一种高尚的道德境界，一种理想的人格塑造。到了晚年，孔子愈发相信天命，并把知天命视为成为君子、圣人的必备条件。《尧曰》子曰："不知命，无以为君子也。"何晏《集解》引孔安国注："命，谓穷达之分。"邢昺《注疏》："命，谓穷达之分。言天之赋命，穷达有时，当待时而动。若不知天命而妄动，则非君子也。""命"就是上天赋予的人生穷窘通达的不同境遇，所以应该穷达有时，待时而动，才是君子。朱熹《集注》引程子曰："知命者，知有命而信之也。人不知命，则见害必避，见利必趋，何以为君子？"可见是以知命为君子的必要条件。"知天命"，认知了天之所命，也就是认知人的本性，并能自然地发挥及实现人的本性以臻于至善。唯其如此，对天命的践行是立足于人世生活的，是有志于成为君子的人，能够运用自己的道德理性能力所能企及的。君子的使命只是恪尽天职，结果穷通则不在考虑范围之内，所谓"君子修其德命，自能安处禄命"（刘宝楠《论语正义》），孔子"五十而知天命"（《为政》），是他超凡入圣的关键。韩婴《韩诗外传》卷六说："子曰：'不知命，无以为君子。'言天之所生，皆有仁义礼智顺善之心。不知天之所以命生，则无仁义礼智顺善之心。无仁义礼智顺善之心，谓之小人。""君子"就是有仁义礼智顺善之心的人，"知命"就是理解实行仁义礼智顺善之心，并把它作为天之所命人必须遵循的德行；反之，不知命，没有仁义礼智顺善之心的人就是小人。董仲舒亦云："人受命于天，固超然异于群生，入有父子兄弟之亲，出有君臣上下之谊（义），会聚相遇，则有耆老长幼之施；粲然有文以相接，欢然有恩以相爱，此人之所以贵也。生五谷以食之，桑麻以衣之，六畜以养之，服牛乘马，圈豹槛虎，是其得天之灵，贵于物也。故孔子曰：'天地之性人为贵。'明于天性，知自贵于物；知自贵于物，然后知仁谊（义）；知仁谊（义），然后重礼节；重礼节，然后安处善；安处善，然后乐循理；乐循理，然后谓之君子。故孔子曰'不知命，亡（无）以为君子'，此之谓也。"（《汉书·董仲舒传》）

《季氏》中还说"君子有三畏"："畏天命，畏大人，畏圣人之言。小人不知天命而不畏也，狎大人，侮圣人之言。"邢昺《注疏》："此章言君子小人敬慢不同也。'君子有三畏'者，心服曰畏。言君子心所畏服，有三种之事也。'畏天命'者，谓作善，降之百祥；作不善，降之百殃。顺吉逆凶，天之命也，故君子畏之。'畏大人'者，大人即圣人也，与天地合其德，故君子畏之。'畏圣人之言'者，圣人之言，深远不可易知测，故君子畏之也。'小人不知天命而不畏也'者，言小人与君子相反，天道恢疏，故小人不知畏也。'狎大人'者，狎，谓惯忽。圣人直而不肆，故小人忽之。'侮圣人之言'者，侮，谓轻慢。圣人之言，不可小知，故小人轻慢之而不行也。"君子对上天降下的吉凶祸福，对于与天地合德的大人和圣人言论要从内心畏服，而小人不知天命，不能内心畏服，惯忽大人，轻慢圣人。朱熹《集注》："畏者，严惮之意也。天命者，天所赋之正理也。知其可畏，则其戒谨恐惧，自有不能已者。而付畀之重，可以不失矣。大人圣言，皆天命所当畏。知畏天命，则不得不畏之矣。侮，戏玩也。不知天命，故不识义理，而无所忌惮如此。"朱熹从理学角度把天命解为天之正理，畏天命就是戒谨恐惧天理，畏大人和圣人之言就是畏天命的延伸。知畏天命，就是知道天理而有所忌惮。本章过去曾经被一些人当成孔子宣扬唯心主义天命论的证据。其实这是很大的误解。在君子三畏这个层面上，天命、大人、圣人之言，是放在同一平台上的，或者说三者之间是相通的。大人、圣人之言是天命的另一表现形式，君子可以在大人或圣人之言处聆听天命，那么大人或圣人之言便是天命意志的人间使者。天命是君子识得自己，识得义理，甚至于识得他人，识得万物的前提与保障。孔子主遵循天命，但又不是听天由命，相反，他还非常强调尽人事的作用，强调积极有为，乃至被隐士讥为"知其不可为而为之者"。这种尽人事，是以"仁"为标准的。孔子的仁道原则确认人有行仁的能力，人不仅仅是目的，被尊重的对象，而且是施人以爱的道德主体。人作为道德主体，其为仁的意愿及行为就是主体自身力量的体现。出于此，孔子说："为仁由己，而由乎人哉？"（《颜渊》）"我欲仁，斯仁至矣。"(《述而》)为仁是道德选择,人在这一点上完全应当做自己的主宰。践仁行礼,在孔子看来是"愿不愿"做的问题,不存在"能不能"做的问题。所以他说:"有能一日用其力于仁矣乎?我未见力不足者。"(《里仁》)在为仁(道德行为)这点来说,人是具有充分的意志自由的(由己)。总之,孔子认为应该知天命顺天时,但决不可只言天时,忽视人事,凡事推诿给天命,消极被动。人要努力发挥其主体性、主动性,尽人合天,以人力完成人事,以人事补成天功。

(六)君子小人反对

《卫灵公》载孔子在陈绝粮,从者病,莫能兴。子路愠见曰:"君子亦有穷乎?"子曰:"君子固穷,小人穷斯滥矣。"愠见:带着生气的脸色来见。固穷:甘于处贫困,不失气节。穷,当为窘,即窘迫,困厄,穷困。滥:水满溢,这里比喻行为越轨。皇侃《义疏》:"心恨君子行道乃至如此困乏,故便愠色而见孔子也……曾闻孔子曰:'学也禄在其中',则君子不应穷乏。今日如此,与孔子言乖,故问云:君子亦穷乎。孔子此答,因抑小人也。言君子之人固穷,亦有穷时耳。若不守穷而为滥溢,则是小人。故云'小人穷斯滥矣'。"邢昺《注疏》:"子路以为,君子学,则禄在其中,不当有穷困。今乃穷困,故愠怒而见,问于夫子曰:'君子岂亦如常人有穷困邪?''子曰:君子固穷,小人穷斯滥矣'者,滥,溢也。言君子固亦有穷困时,但不如小人穷则滥溢为非。"朱熹《集注》引何氏曰:"滥,溢也。言君子固有穷时,不若小人穷则放溢为非。"本章孔子对子路阐述了在面对困境时君子和小人之间的不同,指出面对困境,君子依然能够修身立道,坚守自己的节操,而小人则会放纵自己,为非作歹。此章可以与《孔子家语·在厄》对读:

> 楚昭王聘孔子,孔子往拜礼焉,路出于陈、蔡。陈、蔡大夫相与谋曰:"孔子圣贤,其所刺讥,皆中诸侯之病。若用于楚,则陈、蔡危矣。"遂使徒兵距孔子。孔子不得行,绝粮

七日，外无所通，黎羹不充，从者皆病，孔子愈慷慨讲诵，弦歌不衰。乃召子路而问焉，曰："《诗》云：'匪兕匪虎，率彼旷野。'吾道非乎？奚为至于此？"子路愠，作色而对曰："君子无所困。意者夫子未仁与？人之弗吾信也；意者夫子未智与？人之弗吾行也。且由也，昔者闻诸夫子：'为善者，天报之以福；为不善者，天报之以祸。'今夫子积德怀义，行之久矣，奚居之穷也？"子曰："由未之识也！吾语汝。……夫遇不遇者，时也；贤不肖者，才也。君子博学深谋，而不遇时者，众矣，何独丘哉！且芝兰生于深林，不以无人而不芳；君子修道立德，不为穷困而败节。为之者人也，生死者命也。……故居下而无忧者，则思不远；处身而常逸者，则志不广。庸知其终始乎？"子路出。召子贡，告如子路。子贡曰："夫子之道至大，故天下莫能容夫子，夫子盍少贬焉？"子曰："赐！良农能稼，不必能穑；良工能巧，不能为顺；君子能修其道，纲而纪之，不必其能容。今不修其道，而求其容，赐，尔志不广矣！思不远矣！"子贡出。颜回入，问亦如之。颜回曰："夫子之道至大，天下莫能容。虽然，夫子推而行之，世不我用，有国者之丑也。夫子何病焉！不容然后见君子。"孔子欣然叹曰："有是哉，颜氏之子！使尔多财，吾为尔宰。"

原文讲了孔子与弟子厄于陈蔡的故事，大义是：楚昭王聘请孔子到楚国去，孔子去拜谢楚昭王，途中经过陈国和蔡国。陈国、蔡国的大夫一起谋划说："孔子是位圣贤，他所讥讽批评的都切中诸侯的问题，如果被楚国聘用，那我们陈国、蔡国就危险了。"于是派兵阻拦孔子。孔子不能前行，断粮七天，也无法和外边取得联系，连粗劣的食物也吃不上，跟随他的人都病倒了。这时孔子更加慷慨激昂地讲授学问，用琴瑟伴奏不停地唱歌。还找来子路问道："《诗经》说：'不是野牛不是虎，却都来到荒野上。'我的道难道有什么不对吗？为什么到了这个地步啊？"子路一脸怨气，不高兴地回答说："君子是不会被什么东西困扰的。想来老师的仁德还不够吧,人们还不信任我们;想来老师的智慧还不够吧,人们不愿推行我们的主张。而且我从前就听老师讲过:'做善事的人上天会降福于他,做坏事的人上天会降祸于他。'如今老师您积累德行心怀仁义,推行您的主张已经很长时间了,怎么处境如此困穷呢?"孔子说:"由啊,你还不懂得啊!我来告诉你……遇不遇到贤明的君主,是时运的事;贤还是不贤,是才能的事。君子学识渊博、深谋远虑而时运不济的人多了,何止是我呢!况且芝兰生长在深林之中,不因为无人欣赏而不芳香;君子修养身心培养道德,不因为穷困而改变节操。如何做在于自身,是生是死在于命……所以说居于下位而无所忧虑的人,是思虑不远;安身处世总想安逸的人,是志向不大,怎能知道他的终始呢?"子路出去了,孔子叫来子贡,又问了同样的问题。子贡说:"老师,您的道实在博大,因此天下容不下您,您何不把您的道降低一些呢?"孔子说:"赐啊,好的农夫会种庄稼,不一定会收获;好的工匠能做精巧的东西,不一定能顺遂每个人的意愿;君子能培养他的道德学问,抓住关键创立政治主张,别人不一定能采纳。现在不修养自己的道德学问而要求别人能采纳,赐啊,这说明你的志向不远大,思想不深远啊。"子贡出去以后,颜回进来了,孔子又问了他同样的问题。颜回说:"老师的道太广大了,天下也容不下。虽然如此,您还是竭力推行。世人不用,那是当权者的耻辱,您何必为此忧虑呢?不被采纳才看出您是君子。"孔子听了高兴地感叹说:"你说得真对呀,颜家的儿子!假如你有很多钱,我就来给你当管家。"这个故事与本章是同样的背景,或许是同一事件,只是描写更具体,人物也多,子路、子贡、颜回在同样的境况下态度和观点不同,反映了人格境界的高下,说明君子有德行学问,但不遇时也无可奈何。孔子之道太大了,天下不能容,诸侯不能用,不是孔子的问题,而是那个时代国君们的耻辱。

《宪问》子曰:"君子上达,小人下达。"何晏《集解》:"本为上,末为下。"皇侃《义疏》:"上达者达于仁义也,下达谓达于财利,所以与君子反也。"邢昺《注疏》:"此章言君子小人所晓达不同也。本为上，谓德义也。末为下，谓财利也。言君子达于德义，小人达与财利。"朱熹《集注》："君子循天理，故日进乎高明；小人殉人欲，故日究乎污下。"各家注疏略有差异，但君子与小人正好相反。孔子还称自己"下学而上达"（《宪问》），指上达天道。所以，本章可以解为，君子追求仁义道德，上达天道，遵循天理，为人生之本；小人追求感官享乐，下得财利，满足私欲，为人生之末。

《子路》子曰："君子泰而不骄，小人骄而不泰。"何晏《集解》："君子自纵泰，似骄而不骄。小人拘忌，而实自骄矜。"邢昺《注疏》曰："此章论君子小人礼貌不同之事也。君子自纵泰，似骄而实不骄。小人实自骄矜，而强自拘忌，不能宽泰也。"焦循《论语补疏》解："君子所知所能，放而达之于世，故云纵泰，似骄，然实非骄也；而不骄矜也，小人所知所能，匿而不露，似乎不骄，不知其拘忌正其骄矜也。"君子与小人修养不同，呈现的外在面貌也不同。把泰解释为纵泰，骄解释为骄矜，跟今天的理解不太一样。皇侃《义疏》："君子坦荡荡，心貌怡平，是泰而不为骄慢也。小人性好轻凌，而心恒戚戚，是骄而不泰也。"君子内心坦荡，内外平和，安泰不骄慢，而小人本性轻浮，欺凌他人，其实内心常常忧惧不安。朱熹《集注》："君子循理，故安舒而不矜肆。小人逞欲，故反是。"朱熹是从理欲关系上说的，君子遵循天理，所以安泰舒展；小人放纵私欲，所以骄矜放纵。《尧曰》孔子也提到君子"泰而不骄"。

《里仁》载子曰："君子喻于义，小人喻于利。"皇侃《义疏》："君子所晓于仁义，小人所晓于财利。"又引范宁曰："弃货利而晓仁义则为君子，晓货利而弃仁义则为小人也。"邢昺《注疏》："此章明君子、小人所晓不同也。喻，晓也。君子则晓于仁义，小人则晓于财利。"皇侃、邢昺一样，都把"义"解为"仁义"，把"利"解为"财利"，君子、小人以社会地位言，非指道德。宋儒则不同，朱熹《集注》："喻，犹晓也。义者，天理之所宜。利者，人情之所欲。程子曰：'君子之于义，犹小人之于利也。唯其深喻，是以笃好。'杨氏曰:'君子有舍生而取义者。以利言之,则人之所欲无甚于生,所恶无甚于死,孰肯舍生而取义哉?其所喻者义而已,不知利之为利故也。小人反是。'"宋儒以天理与人情对应,君子与小人以道德言,是理学家的基本思路,且有把二者对立起来的含义。孔子以君子与小人对应而论,君子通晓道义,以道义为最高准则,做什么事情要考虑是否合于道义;而小人只知私利,为一己私利可以不择手段,不顾道义。类似的亦见于其他典籍,如《孟子·尽心上》:"孟子曰:"鸡鸣而起,孳孳为善者,舜之徒也;鸡鸣而起,孳孳为利者,跖之徒也。欲知舜与跖之分,无他,利与善之间也。"《孟子·梁惠王上》:"孟子见梁惠王,王曰:'叟!不远千里而来,亦将有以利吾国乎?'孟子对曰:'王,何必曰利!亦有仁义而已矣。王曰:何以利吾国?大夫曰:何以利吾家?士庶人曰:何以利吾身?上下交征利而国危矣。万乘之国,弑其君者必千乘之家;千乘之国,弑其君者必百乘之家。万取千焉,千取百焉,不为不多矣。苟为后义而先利,不夺不餍。未有仁而遗其亲者也,未有义而后其君者也。王亦曰:仁义而已矣!何必曰利!'"《春秋繁露·玉英》:"凡人之性莫不善义,然而不能义者,利败之也。故君子终日言不及利,欲以勿言愧之而已;愧之,以塞其源也。夫处位动风化者,徒言利之名尔,犹恶之,况求利乎?"

《子路》子曰:"君子和而不同,小人同而不和。"何晏《集解》:"君子心和,然其所见各异,故曰不同。小人所嗜好者同,然各争利,故曰不和。"皇侃《义疏》:"和谓心不争也,不同谓立志各异也。君子之人千万,千万其心和如一,而所习立之志业不同也。小人为恶如一,故云同也。好斗争,故云不和也。"邢昺《注疏》曰:"此章别君子小人志行不同之事也。君子心和,然其所见各异,故曰不同。小人所嗜好者则同,然各争利,故曰不和。"大致意思相近,君子小人因心志不同,故为人处世不同,对待他人不同。君子心和不争,所见各异,所以不同。小人嗜好作恶,各争利益,所以不和。朱熹《集注》"和者,无乖戾之心。同者,有阿比之意。"并引尹氏曰："君子尚义，故有不同。小人尚利，安得而和？"君子没有乖戾之心，崇尚道义，可以与他人和睦相处；而小人则偏袒勾结，争权夺利，不能与他人和睦相处。

《述而》："君子坦荡荡，小人长戚戚。"郑玄注："坦荡荡，宽广貌。长戚戚，多忧惧。"邢昺《注疏》曰："此章言君子小人心貌不同也。坦荡荡，宽广貌。长戚戚，多忧惧也。君子内省不疚，故心貌坦荡荡然宽广也。小人好为咎过，故多忧惧。"说明君子小人内在修养不同，生命状态自然不同。朱熹《集注》引程子曰："君子循理，故常舒泰；小人役于物，故多忧戚。"程子曰："君子坦荡荡，心广体胖。"按照理学家的理解，天理与物欲对立起来，君子循天理，所以安泰舒展；小人为物欲所役，所以人生多忧戚。《荀子·子道》曰：子路问于孔子曰："君子亦有忧乎？"孔子曰："君子，其未得也，则乐其意；既已得之，又乐其治。是以有终身之乐，无一日之忧。小人者，其未得也，则忧不得；既已得之，又恐失之。是以有终身之忧，无一日之乐也。"

(七) 孟、荀、《中庸》的君子观

孔子之后，孟、荀对"君子"又继续发挥，但侧重点略有不同。孟子说："君子所以异于人者，以其存心也。君子以仁存心，以礼存心。仁者爱人，有礼者敬人。爱人者人恒爱之，敬人者人恒敬之。有人于此，其待我以横逆，则君子必自反也：我必不仁也，必无礼也，此物奚宜至哉？"(《孟子·离娄下》)"君子之所性，仁义礼智根于心。"(《孟子·尽心上》)孟子把"仁"与"礼"作为君子的特质，虽然是承孔子而来，但更强调发展"仁"的内在根据——性善论。他心目中的君子还上与天道通，下要修身、治国、平天下，"君子之言也，不下带而道存焉。君子之守，修其身而天下平。"(《孟子·尽心下》)带，腰带。不下带，指与自己十分贴近的事物。意即君子所说的虽是身边平凡琐事，但其中蕴含了"道"；君子所坚持的，就是从加强自己的修养开始，以达到平治天下的目的。

荀子注重从外在道德规范方面规定君子，故而偏礼。他说：

"君子者，治礼义者也。"(《荀子·不苟》)他像孔子一样也把君子与小人放在对立面，"君子道其常，而小人计其功"(《荀子·天论》)。君子行其常道，而小人只计其功利。"今人之化师法，积文学，道礼义者为君子；纵性情，安恣睢，而违礼义者为小人。"(《荀子·性恶》)荀子还按照道德实践的不同水平，分出士、君子、圣人三个层次，"彼学者，行之，曰士也；敦慕焉，君子也；知之，圣人也"(《荀子·儒效》)。他说"君子之学"，"学恶乎始？恶乎终？曰：其数则始乎诵经，终乎读礼；其义则始乎为士，终乎为圣人"(《荀子·劝学》)。这里"始"与"终"之中间则是"君子"阶段，所以下文又有："君子之学也，入乎耳，箸乎心，布乎四体，形乎动静。"

孟荀以后，对"君子"人格进行总结的是《中庸》，特别是"君子尊德性而道问学，致广大而尽精微，极高明而道中庸。温故而知新，敦厚以崇礼"。从文本来看，"尊德性"的"性"就是其首章所说的"天命之谓性，率性之谓道"的"性"，是指上天赋予人的本性。而"道问学"就是对二十章"博学之，审问之，慎思之，明辨之，笃行之"的概括。就这五句来看，应视为一体，其中后四句的内容是对于"尊德性"与"道问学"内涵的具体展开，"致广大、极高明、温故、敦厚"都可以视为"尊德性"的内容，"尽精微、道中庸、知新、崇礼"则可以视为"道问学"的要求。这里对君子的要求是相当高，也是相当全面的。至此，儒家的君子观念基本完成了。

后儒对君子的发展都在孔子的基础上或偏向于孟子，或偏向于荀子，但都没有离开内圣外王的基本构架。

三、君子之道的现代意义

在传统社会，君子由于其道德楷模，就成为教化百姓，扭转社会风气的理想人物。孔子形象地指出："君子之德风，小人之德草，草上之风，必偃。"(《颜渊》)孟子也说："上有好者，不必有甚焉者矣。"(《孟子·滕文公上》)只要君子笃行礼义,以身作则,黎庶百姓就会弃恶向善。"君子笃于亲,则民兴于仁。"(《先进》)"君子言不过辞,动不过则,百姓不命而敬恭。"(《礼记·哀公问》)他们对君子教化功能的效力充满信心,认为在一般情况下,"君子不出家而成教于国"(《礼记·大学》)。君子的表率作用能使全社会的道德水准得到普遍提升。假如君子入仕为官,效果更为显著,"居官而化一邦,在朝廷而化天下"(《日知录·俭约》)。君子的教化功能甚至在国家生死存亡的时刻还能起到挽救危亡的作用。顾炎武提出了君子"明道救世"是思想,"君子之学,以明道也,以救世也"(《亭林文集·与人书二十五》)。"士君子处衰季之朝,常以负一世之名而转移天下之风气"(《日知录·两汉风俗》)。王夫之也认为:"国有君子,国可不亡。"(《读通鉴论·哀帝》)儒家把君子教化黎庶看作建立理想政治秩序的关键,所以孟子说:"君子之守也,修其身而天下平。"(《孟子·尽心下》)这些君子在历史上所承担的社会功能在今天过时了吗?回答是否定的。

　　君子人格是儒家理想人格的基本追求,但不是最高追求。虽然中国历史上有"圣人现象",中国人有"圣人情结",希贤希圣可以说最能代表中国文化的本质特征。但是,对于绝大多数人来说,圣贤毕竟有点高不可攀,而君子人格因为不是最高追求,所以才具有普遍意义。笔者认为,君子人格的合理内涵可以成为现代公民人格建树的合理资源。"君子"固然是传统儒学的理想人格,它有不适合现代社会生活的部分,但其体现的中和理念和道德行为则具有永恒价值和普遍价值。就现代社会而言,儒家君子人格之于现代公民道德建设的意义,集中体现在其中和理念在当今可以救治现代文明所形成的人生扁平化、人格低矮化、生活功利化,使人们敬重德行,追求崇高,使人们身与心、人与人、集团与集团、国家与国家、人与自然之间的关系更协调,更和谐,使世界更安宁、更美好。

　　君子由于其道德楷模,在传统上能够赢得人们的敬重,世人都希望成为君子:"诸君欲为君子,而使劳己之力,费己之财,如此而不为君子，犹可也；不劳己之力，不费己之财，诸君何不为君子？乡人贱之，父母恶之，如此而不为君子，犹可也；乡人荣之，父母欲之，诸君何不为君子？"①中国古代的思想家甚至为未来社会设计了"人人君子，比屋可封"（《心斋王先生全集·语录》）的理想境界。清代的小说家李汝珍在他的作品《镜花缘》中描写过"君子国"，那里的政治家谦恭和蔼，平易近人；那里的老百姓民风淳厚，相让不争，宁可损己，不能损人。假如人人成为"君子"，国家都成为"君子国"，那么，世界离大同也就不会远了。理想人格和理想社会是分不开的，如果社会没有普遍的理想人格，不可能产生理想社会。正是在这个意义上，重提"君子"人格，提倡"君子"精神无疑是有重要意义的。

台湾林安梧教授提出复兴儒学，是要从原初的"圣贤儒学"进到一个新的阶段，这个新阶段则是"公民儒学"。他提"公民儒学"基本上是相应于"君子儒学"或者"圣贤儒学"②。其实，在我看来，君子在孔子以前主要是政治地位的含义，孔子儒家赋予其广泛深刻的道德意蕴，但也有政治地位的含义。今天进入公民社会，是一个没有圣贤，缺乏君子的时代。但要看到，"公民"是源于西方以政治法律为主要含义的概念，"公民"也应有基本的道德素养，所以"君子"与"公民"不应该是对应甚至对立的，而应该是一体之两面：公民就道德层面看就应是君子，就法律层面看就是根据法律规定享有权利和承担义务的人。这两方面应该融合为一体，这是传统君子现代转型的题中应有之义，是我们应该研究的一个重要问题。怎么融为一体？我的基本思路是：以道德为体，以法权为用，树立新君子公民人格模式。

---

① 徐积：《训学者文》，《宋元学案》第一册，中华书局，1986年，第40页。
② 腾讯文化讲堂233期实录《秋风、林安梧：走出圣贤儒学》，腾讯文化2013-09-23 18:05,https://cul.qq.com/a/20130923/016829_all.htm

第七章 朋友之道

一、朋、友、朋友的含义

"朋"《说文解字》释云:"古文凤,象形。凤飞,群鸟从以万数,故以为朋党字。"许慎对"朋"字的解释可能是一种猜测。"朋"在甲骨文中的字形像两串玉串系在同一根绳子上,形成更大的一挂玉串。古代货币单位,以五贝为一系,两系为一朋。

《诗经·小雅·菁菁者莪》曰:"既见君子,锡我百朋。"郑玄笺注曰:"古者货贝,五贝为朋。赐我百朋,得禄多,言得意也。""朋"是上古贝币的计数单位。王国维先生《说珏朋》:"殷时,玉与贝皆货币也……其用为货币及服御者,皆小玉小贝,而有物焉以系之。所系之贝玉,于玉则谓之珏,于贝则谓之朋。然二者于古实为一字";"古制贝玉皆五枚为一系,合二系为一珏,若一朋"[1]。

"友"字甲骨文字形 𠬪,像顺着一个方向的两只手,表示以手相助。《说文解字》:"友,同志为友。从二又相交。"段玉裁《说文解字注》引《周礼》郑玄注"同志曰友",并解释说:"二又,二人也。善兄弟曰友,亦取二人而如左右手也。"《诗经·小雅·六月》:"侯谁在矣,张仲孝友。"毛传:"善父母为孝,善兄弟为友。""友"最初是指兄弟间友爱佑助的意思。古代学者也以"有"释"友",如《荀子·大略》云:"友者,所以相有也。"《白虎通·三纲六纪》:"友者,有也。"有也,佑也,助也,友、有、佑三词古代

---

[1] 王国维:《观堂集林》一,中华书局,1959年,第161—162页。

声近义通。

"朋"与"友"联称为"朋友",《白虎通·三纲六纪》:"朋友者,何谓也?朋者,党也。友者,有也。"《白虎通·辟雍》:"师弟子之道有三:《论语》曰'朋友自远方来',朋友之道也。"但二者有差别。《周礼·地官·大司徒》:"五曰联朋友。"东汉郑玄注云:"同师曰朋,同志曰友。"《易经·兑卦》"君子以朋友讲习。"孔颖达疏:"同门曰朋,同志曰友。"皇侃《义疏》《学而》"有朋自远方来","同处师门曰朋,同执一志为友"。古称"同门曰朋",意思是同从一位老师学习的人称为"朋",即我们今天所说的同门师兄弟;"同志曰友",就是说,志同道合的人称为"友",即今俗称的"同志"。因此,朋友就是同门生徒间志同道合者。

《论语》中9次提到"朋"字,27次提到"友"字,8次"朋友"连用①,包括孔子及其弟子在朋友之道方面一些问题与思考、讨论,形成了朋友之道。

二、朋友以道义为基础

《学而》子曰:"有朋自远方来,不亦乐乎?"朋,包咸、郑玄、孔颖达等训释为"同门曰朋",朱熹解为"朋,同类也",钱穆也认为朋友为志同道合者。皇侃《义疏》:"明取友交也。同处师门曰朋,同执一志为友。朋犹党也,共为党类在师门也。友者有也,共执一志,绸缪寒暑,契阔饥饱,相知有无也。自犹从也。《学记》云:'独学而无友,则孤陋而寡闻。'君子出其言善,则千里之外应之;出其言不善,则千里之外违之。今由我师德高,故有朋从远方而来,与我同门,共相讲说,故可为乐也。所以云'远方'者,明师德洽被,虽远必集也。招朋已自可为欣,远至弥复可乐,故云'亦'也。然朋疏而友亲,朋至既乐,友至故忘言。但来必先

---

① 侯步云:《论孔子的交友之道》,《西北大学学报》(哲学社会科学版),2008年第3期。

同门，故举'朋'耳。'悦'之与'乐'俱是欢欣，在心常等，而貌迹有殊。悦则心多貌少，乐则心貌俱多。所以然者，向得讲习在我，自得于怀抱，故心多曰'悦'。今朋友讲说，义味相交，德音往复，形彰在外，故心貌俱多曰'乐'也。故江熙云：'君子以朋友讲习，出其言善则千里之外应之。远人且至，况其近者乎？道同齐味，欢然适愿，所以乐也。'"皇侃解读得比较详细，区分了"朋"和"友"，朋为同门，友为同志。人要有朋友，独学无友，则孤陋寡闻；有朋友就可以开阔眼界，扩展思维。人也需要理解和认同，志同道合的朋友讲习学问，成就德行，就会吸引更多的朋友从远方来共学，成为同门，志同道合的朋友以道义相交，以道德相赏，就会有发自内心，形诸言行的快乐。邢昺《注疏》："学业稍成，能招朋友，有同门之朋从远方而来，与己讲习，不亦乐乎？""郑玄注《大司徒》云：'同师曰朋，同志曰友。'然则同门者，同在师门以授学者也。'朋'即群党之谓。故子夏曰：'吾离群而索居。'郑玄注云：'群，谓同门朋友也。'此言'有朋自远方来'者，即《学记》云：'三年视敬业乐群也。'同志，谓同其心意所趣乡也。"学业有了一定程度，就可以招来志同道合的朋友，一起群居，切磋学问，追求理想，那是很快乐的事情。杨树达《论语疏证》引《易·象传》曰："丽泽兑，君子以朋友讲习。"《礼记·学记》曰："独学而无友，则孤陋而寡闻。"《孟子·万章下》曰："孟子谓万章曰：一乡之善士，斯友一乡之善士；一国之善士，斯友一国之善士；天下之善士，斯友天下之善士。"并发挥说："人友天下之善士，故有朋自远方来。同游之朋不远千里而来，可以证学业，析疑义，虽欲不乐，得乎？"讲学论道没有朋友不行，没有朋友孤陋寡闻，难以有所成就。有了志同道合的朋友，切磋学问，阐明道理，互相鼓励，改过迁善，是人生一大乐事。

《卫灵公》载子曰："群居终日，言不及义，好行小慧，难矣哉！"皇侃《义疏》："三人以上为群居。群居共聚有所谈说，终于日月而未曾有及义之事也。小惠，小小才智也。若安陵调谑属也。以此处世，亦难为成人也。"邢昺《注疏》："此章贵义。小慧，谓小小才知。言人群朋共居,终竟一日,所言不及义事,但好行小小才知,以陵夸于人,难有所成矣哉! 言终无成也。"朋友之间在一起贵在切磋学问,追求道义。如果言不及道义,耍小聪明,夸夸其谈,炫耀卖弄,那将一无所成。朱熹《集注》:"小慧,私智也。言不及义,则放辟邪侈之心滋。好行小慧,则行险侥幸之机熟。难矣哉者,言其无以入德,而将有患害也。"朱熹解小慧为"私智",与邢昺解为"小小才知"不同,否定意味更重。由此,言不及义就会滋生放辟邪侈之心,不但难以入德,且有祸害。钱穆《论语新解》解曰:"群居不以善道相切磋,终日言不及于正义,专好逞其小才知,小聪明,难为人,亦难为群。"①钱穆继承了汉唐注释,而对"难"解为难为人,亦难为群,有新意。

《卫灵公》载子曰:"道不同,不相为谋。"皇侃《义疏》:"人之为事,必须先谋。若道同者共谋,则精审不误;若道不同而与共谋,则方圆义凿枘,事不成也。"邢昺《注疏》与皇侃《义疏》基本一致。朱熹《集注》:"不同,如善恶邪正之异。"道"在这里的外延较广,既指人生志向,也指思想观念、学术主张等。走着不同道路的人,就不能在一起谋划,无法共事。还可以再补充半句,"志不同,不相为友"。朋友不在多,而在是否能同道,是否能知心。同道则能共行,知心则能互信。如此朋友,人生得一二足矣。钱穆《论语新解》:"孟子言禹、稷、颜子同道,又云曾子、子思同道。君子亦有意见行迹之不同,然同于道则可相与谋。惟与小人贼道者,有善恶邪正之分,斯难于相谋矣。"②君子才能同道,故可以相谋;小人则贼害道,难以相谋。君子小人善恶邪正之分判然。《世说新语·德行》记载了这样一个小故事:管宁、华歆园中共除菜,见地有片金,管挥锄与瓦石不异,华捉而掷去之。又尝同席读书,有乘轩冕过门者,宁读如故,歆废书出看。宁割席分坐,曰:"子非吾友也。"这就是历史上著名的割席断交的故事。管宁、

---

① 钱穆:《论语新解》,生活·读书·新知三联书店,2002年,第368页。
② 钱穆:《论语新解》,生活·读书·新知三联书店,2002年,第381页。

华歆曾一起在陈球门下学习，所以两个人是同学关系。管宁之所以割席，表面上只是因为两件小事：华歆拾金及观看高官车马。但管宁从这两件事中看出了华歆追求功名利禄的心思，这与管宁自己淡泊名利的价值观相冲突，所以管宁才毅然割席断交。所以，《史记·伯夷列传》云："道不同，不相为谋，亦各从其志也。"

三、朋友有信

孔子主张与人交友要讲信用，守信义。把"信"看成是个人安身立命，为人处世的根本。孔子说："人而无信，不知其可也……其何以行之哉？"（《为政》）这就是说，一个人如果不讲信用，在社会上就无立足之地，就会寸步难行，更遑论交友了。而"朋友有信"是维持朋友关系的基本伦理准则。

《公冶长》子曰："老者安之，朋友信之，少者怀之。"皇侃《义疏》："愿己为老人必见抚安，朋友必见期信，少者必见思怀也。若老人安己，己必是孝敬故也。朋友信己，己必是无欺故也。少者怀己，己必有慈惠故也。"邢昺《注疏》："此夫子之志也。怀，归也。言己愿老者安，己事之以孝敬也。朋友信，己待之以不欺也。少者归，己施之以恩惠也。"朱熹《集注》："老者养之以安，朋友与之以信，少者怀之以恩。一说：安之，安我也；信之，信我也；怀之，怀我也。亦通。"钱穆先生在前人基础上梳理得更为清晰明白："此三之字，一说指人，老者我养之以安，朋友我交之以信，少者我怀之以恩也。另一说，三之字指己，即孔子自指。己必孝敬，故老者安之。己必无欺，故朋友信之。己必有慈惠，故少者怀之。《论语》多言尽己工夫，少言在外之效验，则似第一说为是。然就如第一说，老者养之以安，此必老者安于我之养，而后可以谓之安。朋友交之以信，此必朋友信于我之交，而后可以谓之信。少者怀之以恩，亦必少者怀于我之恩，而后可以谓之怀。是从第一说，仍必进入第二说。盖工夫即在效验上，有此工夫，同时即有此效验。"①这三句是孔子述其志，在孔子思想中具有特殊的意义，与其追求的大同社会理想有关。老者不安，应是孝道出了问题。让老人安度晚年，就要教育儿女孝敬父母，由亲情之爱，扩展到整个社会的人道关怀。朋友不信，就会产生猜忌、倾轧和争斗，就会导致乱世。少年人得到关爱，社会便有淳厚之风，文明的薪火就会在和谐的环境下代代相传。其中孔子把对朋友讲信用看作他人生的重大使命。

《学而》曾子曰："吾日三省吾身：为人谋而不忠乎？与朋友交而不信乎？传不习乎？"皇侃《义疏》；"省，视也。曾子言，我生平戒慎，每一日之中，三过自视察我身有过失否也。忠，中心也。言为他人图谋事，当尽我中心也，岂可心而不尽忠乎？朋友交合本主在于信，岂可与人交而不为信乎？凡有所传述，皆必先习，后乃可传，岂可不经先习，而妄传之乎？"曾子每天都三次省察是否在三个方面存在过失：为人谋事是否尽忠？与人交友是否主信？传述学业是否先习？邢昺《注疏》曰："此章论曾子省身慎行之事。弟子曾参尝曰：'吾每日三自省察已身：为人谋事而得无不尽忠心乎？与朋友结交而得无不诚信乎？凡所传授之事，得无素不讲习而妄传乎？'以谋贵尽忠，朋友主信，传恶穿凿，故曾子省慎之。"曾子是一位注重自我反省，行为谨慎的人，每天都自觉反省自己：为人谋事是否尽忠？与朋友结交是否诚信？传授学业是否不讲习而妄传？朱熹《集注》说："尽己之谓忠，以实之谓信。传，谓受之于师。习，谓熟之于己。曾子以此三者日省其身，有则改之，无则加勉，其自治诚切如此，可谓得为学之本矣。而三者之序，则又以忠信为传习之本也。尹氏曰：'曾子守约，故动必求诸身。'谢氏曰：'诸子之学，皆出于圣人，其后愈远而愈失其真。独曾子之学，专用心于内，故传之无弊，观于子思孟子可见矣。惜乎！其嘉言善行，不尽传于世也。其幸存而未泯者，学者其可不尽心乎！'"朱熹等诠释得更为细致，更强调曾子之学专注

---

① 钱穆：《论语新解》，生活·读书·新知三联书店，2002年，第122—123页。

于内在心性，颇得为学之本，又传之无弊，成为思孟心性一脉的嫡传，也是宋明理学的正源。朱熹还特别申明三者是有次序的，即以忠信为本，传习为末。曾子讲做人为学修养工夫，每天应该多次进行自我省察，但特别重要的是这三件事。"忠""信"是做人为学的要点，"传"是老师传给我的学业。这三件事都与为学修养，传道授业相关，是一个人为人处世的三个重要方面，每天自觉地多次反省，但这三个方面是主要内容。

《学而》子夏曰："与朋友交，言而有信。"皇侃《义疏》："与朋友交接，义主不欺，故云必有信也。"邢昺《注疏》："谓与朋友结交，虽不能切磋琢磨，但言约而每有信也。"同朋友交往，说话要诚实，恪守信用。《后汉书·独行传》载："范式，字巨卿，山阳金乡人也，一名汜。少游太学，为诸生，与汝南张劭为友。劭字元伯。二人并告归乡里，式谓元伯曰：'后二年当还，将过拜尊亲，见孺子焉。'乃共克期日，后期方至，元伯具以白母，请设馔以候之。母曰：'二年之别，千里结言，尔何相信之审耶?'对曰：'巨卿，信士，必不乖违。'母曰：'若然，当为尔温酒。'至其日，巨卿果到，升堂拜饮，尽欢而别。"朋友之约，言而有信。虽为生活小事，可见真是范式信士。《礼记·祭义》曾子曰："朋友不信，非孝也"，交朋友不讲信用，很难在社会立足，父母也抬不起头来，所以是不孝的行为之一。

"朋友有信"是尧舜以来五伦之教之一。《中庸》提出："君臣也，父子也，夫妇也，昆弟也，朋友之交也，五者天下之达道也。""五达道"就是君臣、父子、夫妇、兄弟、朋友交往的人伦之道。君臣、父子、夫妇、兄弟、朋友是人类社会当中五种基本关系，即所谓"五伦"。处理这五种基本关系的准则孟子后来讲得很具体：《孟子·滕文公上》："人之有道也，饱食暖衣，逸居而无教，则近于禽兽，圣人(舜)有忧之，使契为司徒，教以人伦：父子有亲，君臣有义，夫妇有别，长幼有序，朋友有信。"人之为人的基本就是要做到父子有亲，君臣有义，夫妇有别，长幼有序，朋友有信五伦，这就是人道。不然，饱食暖衣，逸居无教，人就会堕入禽兽而不知。"朋友有信"是维系朋友关系最基本的原则和要求。《孟子·离娄上》还说:"居下位而不获于上,民不可得而治也。获于上有道,不信于友,弗获于上矣。信于友有道,事亲弗悦,弗信于友矣。"处在下位的臣子如果得不到上面君主的信任,就不会将百姓治理好。获得君主的信任有相应的道理,如果不能获得朋友的信任,也就不能获得君主的信任;获得朋友的信任也有其中的道理,如果侍奉父母不能取悦于他们,也就不能获得朋友的信任。这就把朋友之"信"看成是为臣尽忠,为子尽孝的关键。

《礼记·儒行》也把"信"看成是儒者交友的基本道德规范。"儒有合志同方,营道同术;并立则乐,相下不厌;久不相见,闻流言不信;其行本方立义,同而进,不同而退。其交友有如此者。"有这样一种儒者,和朋友志同道合,做学问的路子也一样;彼此皆有成就,则皆大欢喜,彼此有了差距,也互不嫌弃;彼此久不相见,如果听到了有关对方的流言蜚语,也绝不相信。友谊的基础建立在方正、道义之上,合乎这一点就是朋友,违背这一点就敬而远之。儒者的交友就是这样做的。

汉儒把"信"列入"五常"之中,取得了与仁、义、礼、智平等、平行的地位,成为中国传统文化核心价值观的重要内容。贾谊《新书·六术》云:"阴阳各有六月之节,而天地有六合之事,人有仁义礼智信之行。"是在天地阴阳的对应下彰显人道的仁、义、礼、智、信五常的道德实践。董仲舒说:"夫仁、谊、礼、知、信五常之道,王者所当修饬也。五者修饬,故受天之佑,而享鬼神之灵,德施于方外,延及群生也。"(《汉书·董仲舒传》)"五常之道"与天地鬼神以及整个宇宙世界的生命存在都有着某种必然的关联,是君王治国理政的核心价值观,它不仅直接决定着生民百姓的命运,也决定着国家政治的兴衰,呼吁王者应该对它大力提倡、培养、整饬。这五个道德伦理范畴在先秦儒家著作中都已经出现,但还没有形成一种思想结构。董仲舒将它们整合在一起,与五行相匹配,纳入天地人三才一体的构架之中,使仁、义、礼、智、信有了天道的依据。①

四、交友真诚

《公冶长》子曰:"匿怨而友其人,左丘明耻之,丘亦耻之。"何晏《集解》引孔安国注:"心内相怨而外诈亲。"皇侃《义疏》:"匿,藏也。谓心藏怨而外诈相亲友者也。"又引范宁曰:"藏怨于心,诈亲于形外。"邢昺《注疏》:"友,亲也;匿,隐也。言心内隐其相怨,而外貌诈相亲友也。"把怨恨隐藏在心里,表面上却装出亲热友好的样子,左丘明认为这种人可耻,孔子也认为可耻。这种友好不是出于真心,而是一种虚伪。可见,孔子主张交友要真诚,不能虚情假意,讨好逢迎,更不能两面三刀,以便自己能从中谋取既得利益。这种做法,孔子认为是非常可耻的。朱熹《集注》引谢氏曰:"二者之可耻,有甚于穿窬也。左丘明耻之,其所养可知矣。夫子自言'丘亦耻之',盖窃比老、彭之意。又以深戒学者,使察乎此而立心以直也。"这种行为有甚于打洞穿墙的盗窃行为,孔子警诫学者自我省察,立心正直。汉扬雄《法言·学行》:"朋而不心,面朋也;友而不心,面友也。"心,指真心相交。大意是说成为同门而不真诚相交,那是表面上的同门;成为同志而不真诚相待,那是表面上的同志。交友贵在交心,贵在以诚相待。如果口是心非,面和心不和,甚至内心欺诈,外表友好的朋友,不是真朋友。人们平常所说的"面朋""面友",即从此而来。《后汉书·何敞传》:"绝交面朋,崇厚浮伪。"

那么,怎么避免这样的朋友呢?孔子教给人们观察人的三个基本方法:《为政》子曰:"视其所以,观其所由,察其所安。人焉廋哉?人焉廋哉?""视其所以",何晏《集解》、邢昺《注疏》:"以,用也。言视其所行用。"皇侃《义疏》:"以,用也。其,其彼

---

①韩星:《汉代经学与"五常"核心价值观的构建》,《中国哲学史》,2017年第4期。

人也。若欲知彼人行,当先视其即日所行用之事也。"看一个人日常行为,即现在所做的事情。朱熹《集注》:"以,为也。为善者为君子,为恶者为小人。"朱熹把"以"解为"为",即看一个人是做善事还是做恶事,做善事是君子,做恶事是小人。

"观其所由",何晏《集解》、邢昺《注疏》:"由,经也。言观其所经从。"看一个人做事通过什么途径。皇侃《义疏》:"由者,经历也。又次观彼人从来所经历处之故事也。"看一个人人生经历所做过的事情。朱熹《集注》:"由,从也。事虽为善,而意之所从来者有未善焉,则亦不得为君子矣。或曰:'由,行也。谓所以行其所为者也。'"朱熹有两解:一是不管一个人做事如何,关键要看一个人心意(动机)是善是恶;二是看一个人做善人或做恶人的缘由。

"察其所安",皇侃《义疏》:"察,谓心怀忖测之也。安,谓意气归向之也。言虽或外迹有所避而不得行用,而心中犹趣向安定见于貌者,当审察以知之也。"邢昺《注疏》:"言察其所安处也。"朱熹《集注》:"察,则又详矣。安,所乐也。所由虽善,而心之所乐者不在于是,则亦伪耳,岂能久而不变哉?"刘宝楠《论语正义》:"安者,意之所止也。"无论是意气的归向还是心情的安乐,总之,都是指心理情绪的状态。

"人焉廋哉?人焉廋哉?"何晏《集解》引孔安国曰:"廋,匿也。言观人终始,安所匿其情。"皇侃《义疏》:"言用上三法以观验彼人之德行,则在理必尽,故彼人安得藏匿其情邪?再言之者,深明人情不可隐也。"邢昺《注疏》:"廋,匿也;焉,安也。言知人之法,但观察其终始,则人安所隐匿其情哉?再言之者,深明情不可隐也。"朱熹《集注》:"廋,匿也。重言以深明之。程子曰:'在己者能知言穷理,则能以此察人如圣人也。'"通过以上三种观人之法,人性人情的内在隐秘都无法藏匿。

孔子用词十分讲究,这三字有浅深之分,刘宝楠《论语正义》说"视、观、察,以浅深次第为义"。即从整体到局部,由表入里,由浅入深。而观察的着眼点也分为三个不同方面——所以、所由、所安，即一个人所作所为之事，所作所为的缘由，所作所为是否心安。因为这三个方面是由外而内，由现象深入本质，所以是可以看透一个人，是人没有办法掩盖的。这是对人进行由表及里、由浅入深、由现象到本质的一种综合性的分析判断。这应当是孔子给弟子们传授的生活经验与处世智慧，可见孔子对人性的洞察力和慧眼。

五、多交益友

《季氏》子曰："益者三友，损者三友。友直，友谅，友多闻，益矣。友便辟，友善柔，友便佞，损矣。"皇侃《义疏》："云'友直'者，一益也，所友得正直之人也。云'友谅'者，二益也，所友得有信之人也。谅，信也。云'友多闻益矣'者，三益也，所友得能多所闻解人之人也。益矣，上所言三事，皆是有益之朋友也。云'友便辟'者，此一损也，谓与便辟之人为朋友者也。谓语巧能为辟人所忌者，为便辟也。云'友善柔'者，二损也，谓所友者善柔者也。善柔，谓面从而背毁者也。云'友便佞'者，三损也，谓与便佞为友也。便佞，谓辩而巧也。"邢昺《注疏》曰："此章戒人择友也。'益者三友，损者三友'者，以人为友，损益于己，其类各三也。'友直，友谅，友多闻，益矣'者，直谓正直，谅谓诚信，多闻谓博学。以此三种之人为友，则有益于己也。'友便辟，友善柔，友便佞，损矣'者，便辟，巧辟人之所忌，以求容媚者也。善柔，谓面柔，和颜悦色以诱人者也。便，辨也，谓佞而复辨。以此三种之人为友，则有损于己也。"皇侃、邢昺解释基本一致，益者三友即与正直、诚信、博学之人为友，损者三友即与巧辟求媚、面和背毁、巧言多辨之人为友。朱熹《集注》："友直则闻其过，友谅则进于诚，友多闻则进于明。便，习熟也。便辟，谓习于威仪而不直。善柔，谓工于媚悦而不谅。便佞，谓习于口语而无闻见之实。三者损益正相反也。"朱熹解释与皇侃、邢昺略有不同。正直、有信、博闻的朋友为何是益友，即能闻其过，进于诚，进于明；而便辟、善柔、便佞的朋友为何是损友，即习于威仪而不直，善于媚悦而不信，习于口说而不实。并引尹氏曰："自天子至于庶人，未有不须友以成者。而其损益有如是者，可不谨哉？"自天子至庶人都要交友才能有所成就，但关键是交益友，戒损友。类似的内容还见于其他典籍。刘向《说苑·杂言》："与善人居，如入兰芷之室，久而不闻其香，则与之化矣；与恶人居，如入鲍鱼之肆，久而不闻其臭，亦与之化矣。"《大戴礼记·曾子疾病》："与君子游，如长日加益，而不自知也；与小人游，如履薄冰，每履而下，几何而不陷乎哉？"《墨子·所染》："非独国有染也，士亦有染。其友皆好仁义，淳谨畏令，则家日益，身日安，名日荣，处官得其理矣，则段干木、禽子、傅说之徒是也。其友皆好矜奋，创作比周，则家日损，身日危，名日辱，处官失其理矣，则子西、易牙、竖刁之徒是也。《诗》曰：'必择所堪，必谨所堪'者，此之谓也。"《后汉书·爰延传》：爰延"因上封事曰……陛下以河南尹邓万有龙潜之旧，封为通侯，恩重公卿，惠丰宗室。加顷引见，与之对博，上下媟黩，有亏尊严。臣闻之，帝左右者，所以咨政德也。故周公戒成王曰'其朋其朋'，言慎所与也。昔宋闵公与强臣共博，列妇人于侧，积此无礼，以致大灾。武帝与幸臣李延年、韩嫣同卧起，尊爵重赐，情欲无厌，遂生骄淫之心，行不义之事，卒延年被戮，嫣伏其辜。夫爱之则不觉其过，恶之则不知其善，所以事多放滥，物情生怨。故王者赏人必酬其功，爵人必甄其德。善人同处，则日闻嘉训；恶人从游，则日生邪情。孔子曰：'益者三友，损者三友。'"徐干《中论·贵验》："《诗》曰：'伐木丁丁，鸟鸣嘤嘤。出自幽谷，迁于乔木。'言朋友之义，务在切直以升于善道者也。"正直的朋友能使我们改过迁善，不断提升自己的人格修养境界。

《季氏》还提出"乐多贤友"，皇侃《义疏》："心中所爱乐，乐得多贤为朋友也。"邢昺《注疏》："谓好多得贤人以为朋友也。"也就是以拥有许多贤良或贤德的朋友为人生之乐事。徐干《中论·贵验》云："君子尚至言。至言也非贤友则无取之，故君子必求贤友也。《诗》曰：'伐木丁丁，鸟鸣嘤嘤。出自幽谷，迁于乔木。'言朋友之义，务在切直以升于善道者也。……孔子曰：'居而得贤友，福之次也。'夫贤者，言足听，貌足象，行足法，加乎善奖人之美，而好摄人之过，其不隐也如影，其不讳也如响，故我之惮之，若严君在堂，而神明处室矣！虽欲为不善，其敢乎？故求益者之居游也，必近所畏而远所易。"君子要交贤友，因为贤友能使我们改过迁善，不断提升自己的人格修养境界，其言行举止是可以效法的楷模，对自己犹如严君在堂，神明处室，使自己不敢为非作歹，能给自己带来福祉。

《卫灵公》子贡问为仁。子曰："工欲善其事，必先利其器。居是邦也，事其大夫之贤者，友其士之仁者。"何晏《集解》引孔安国注："言工以利器为用，人以贤友为助。"皇侃《义疏》："工，巧师也。器，斧斤之属也。言巧师虽巧艺若输般，而作器不利则巧事不成。如欲其所作事善，必先磨利其器也。……言人虽有贤才美质，而居住此国，若不事贤不友于仁，则其行不成，如工器之不利。必欲行成，当事此国大夫之贤者，又友此国士之仁者也。大夫贵，故云事。士贱，故云友也。大夫言贤，士云仁，互言之也。"邢昺《注疏》曰："言工以利器为用，人以贤友为助。大夫尊，故言事。士卑，故言友。大夫言贤，士言仁，互文也。"工匠做精巧之事，必有精良之器。而一个人有德行才能，要想在一个国家成就一番事业，就要侍奉大夫中的贤者，交友其士中的仁者。《大戴礼记·曾子制言下》曾子曰："凡行不义则吾不事，不仁则吾不长。奉相仁义，则吾与之聚群。"能够奉行仁义之道的人，才值得交往。

《学而》子曰："无友不如己者。"类似的表达在《论语》中共出现两次：一次是这里，另一次是《子罕》："毋友不如己者。"这是对前引《学而》的重记，只是把"无"字记作"毋"。古汉语中，"无""毋"两字相通。而内容重复出现的情况，在《论语》中也是常见的。

"无友不如己者"一句历来多有争议，至今学界大致有几种观点：

其一，不与忠信不如自己的人为朋友。

邢昺《注疏》："言无得以忠信不如己者为友也。"这有道理，朋友之伦的基本道德规范是"信"，邢昺强调忠信为交友的道德标准，不与忠信不如自己的人交朋友。

其二，不与不如自己的人交朋友。

皇侃《义疏》解作："凡结交取友，必令胜己。胜己，则己有日所益之义；不得友不如己，友不如己，则己有日损。故云'无友不如己'者。"朱熹《集注》："无，毋通，禁止辞也。友所以辅仁，不如己，则无益而有损。"与不如自己的人交朋友是有害无益的。不过这引起争议。后来的学者因此颇有疑问，陈天祥《四书辨疑》引苏东坡云："世之陋者乐以不己若者为友，则自足而日损，故以此戒之。如必胜己而后友，则胜己者亦不与吾友矣。"自己要跟胜于自己的人做朋友，而胜于自己的人也要跟胜于他的人做朋友，而不会跟你做朋友，那你如何和胜于自己的人做朋友呢？孔子曾说过"三人行必有我师"，这就陷入了矛盾。鲁迅在《杂忆》里说："孔老先生说过：'无友不如己者。'这样的势利眼睛，现在的世界上还多的很。"不与不如自己的人交朋友就可能导致实用主义、功利主义、势利眼。而钱穆《论语新解》认为不会这样："人若各求胜己者为友，则胜于我者亦将不与我为友，是不然。师友皆所以辅仁进德，故择友如择师，必择其胜我者。能具此心，自知见贤思齐，择善固执，虚己向学，谦恭自守，贤者亦必乐与我友矣。"①笔者赞同钱穆先生的观点。

其三，不与不仁的人相处、相交。

刘宝楠《论语正义》引《曾子制言》中：'吾不仁其人，虽独也，吾弗亲也。'故周公曰：'不如吾者，吾不与处，损我者也。与吾等者，吾不与处，无益我者也。吾所与处者，必贤于我。'由曾子及周公言观之，则'不如己者'即不仁之人，夫子不欲深斥，故

---

①钱穆：《论语新解》，生活·读书·新知三联书店，2002年，第12页。

只言'不如己'而已。"本意是远离缺乏仁德的人。这当然是比较高的要求,因为世界上仁者毕竟还是寥寥无几。

其四,要与志同道合的同类交朋友。

黄式三《论语后案》:"不如己者,不类乎己,所谓'道不同不相为谋'也。"

其五,是没有朋友不如自己。

这个观点以现代学者南怀瑾、李泽厚为代表。南怀瑾认为,如果孔子是这样讲的,那孔子就是势利小人。无友不如己者,应是没有朋友不如自己。他认为,无友做动词,应是"毋"字,作"没有"解。如《子罕》子绝四"毋意,毋必,毋固,毋我"中的"毋"就是"没有"的意思。李泽厚、李零都赞同此观点。儒家讲仁道,不至于太功利主义,此解似乎更符合儒家本意。

笔者认为对此句不可做拘泥的理解。孔子所说,绝不是教人做功利主义的考量高下优劣再交朋友,他可能更强调的是在交朋结友中,要着眼于朋友比自己优长的方面,特别是在道德修养方面比较自己优长,就可以提升自己的人格境界,与《里仁》的"见贤思齐"意思差不多。只有看到朋友的优点,认识自己的缺点,才能在交友中看到自己与朋友的差距,从而虚心向朋友学习,不断提高自己的道德修养和人格境界。

杨树达《论语疏证》对"无友不如己者"引证其他典籍文献。《吕氏春秋·骄恣》:"楚庄王曰:'仲虺有言曰,诸侯之德能自为取师者王;能自取友者存;其所择而莫如己者亡。'"又《观世》:"譬之,若登山,登山者处已高矣,左右视,尚巍巍焉山在其上,贤者之所与处,有似于此。身已贤矣,行已高矣,左右视,尚尽贤于己,故周公旦曰:'不如吾者,吾不与处,累我者也;与我齐者,吾不与处,无益我者也。'惟贤者必与贤于己者处。"《中论·贵验》:"君子不友不如己者,非羞彼而大我也,不如己者须己而植者也。然则扶人不暇,将谁相我哉?吾之债也,亦无日矣。故债事则纵多,友邪则己僻。是以君子慎取友也。"《说苑·杂言》:"孔子曰:'丘死之后,商也日益,赐也日损。商也好与贤己者处,赐也好说不如己者。'"《史记·仲尼弟子传》:"宓不齐字子贱。子贱为单父宰,反命于孔子曰:'此国有贤不齐者五人,教不齐所以治者。'孔子曰:'惜哉!不齐所治者小,所治者大,则庶几矣。'"并按曰:"友谓求结纳交也,纳交于胜己者,则可以进德辅仁。不如己之人而求与之交,无谓也。至不如我者以我为胜彼而求与我为交,则义不得拒也。"结交胜于自己的朋友可以提升德行,辅助仁道;不如我的人我请求交往也是可以的;如果不如我的人认为我有胜过他的地方请求与我交朋友,那从道义来说则是不能拒绝的。

六、以礼待友

《乡党》:"问人于他邦,再拜而送之。"邢昺《注疏》:"此记孔子遗人之礼也。问犹遗也,谓因问有物遗之也。问者,或自有事问人,或闻彼有事而问之,悉有物表其意,故《曲礼》云:'凡以弓剑、苞苴、箪笥问人者,操以受命,如使之容。'此孔子凡以物问遗人于他邦者,必再拜而送其使者,所以示敬也。"朱熹《集注》:"拜送使者,如亲见之,敬也。"问,问候。古代人在问候朋友时往往要致送礼物,以表示情意。孔子托人给在外国的朋友问好送礼,便向受托者拜两次送行。这也是一种待友之礼。为什么要拜两拜?一方面是拜所托付的人,另一方面是兼拜所问候的人,就像亲自见到时一样。拜眼前的当然是受托之人,代替的却是他邦的朋友。这一拜,受托之人是不必回拜的。道理很简单,等受托之人把孔子的问候及礼物呈给他邦朋友时,他邦朋友再行回拜。这就是古时问人之礼。两个朋友分别在两个诸侯国,相互参拜,致送问候。拜与回拜隔着不知有多远,隔着不知有多长时间。我们今人看来似乎有些滑稽,但在交通不方便,朋友难得一见的古时,这份朋友之间情谊,却实属难得。

《乡党》:"朋友死,无所归。曰:'于我殡。'"何晏《集解》孔安国注:"重朋友之恩。无所归,言无亲昵。"皇侃《义疏》:"时孔子有朋友，在孔子之家死，而此朋友无亲情来奔丧者，故云无所归也。既未有所归，故曰于我殡也。"邢昺《注疏》："此明孔子重朋友之恩也。言朋友若死，更无亲昵可归，孔子则曰：'于我殡'，与之为丧主也。"朱熹《集注》："朋友以义合，死无所归，不得不殡。"殡，停放灵柩和埋葬都可以叫作殡。这里泛指一切丧葬事务。朋友去世了，如果没有亲人料理丧事，就应该帮助朋友处理丧葬事务。这体现了孔子的仁者之心，朋友深情。《白虎通·三纲六纪》："货则通而不计，共忧患而相救。生不属，死不托。"朋友之间有物质需要，自己也有能力就尽力帮助，没有利益计较；在患难的时候互相帮助。但彼此之间没有人身依附，没有责任，帮助只是出于友情。《论语·公冶长》"子路云：'愿车马衣轻裘，与朋友共敝之。'"《礼记·檀弓上》记述了关于孔子与本章内容差不多的一件事，"宾客至，无所馆，夫子曰：'生于我乎馆，死于我乎殡。'"《孔子家语·曲礼子夏问》记载得更详尽：子夏问于孔子曰："客至无所舍，而夫子曰：'生于我乎馆。'客死无所殡矣，夫子曰：'于我乎殡。'敢问礼与？仁者之心与？"孔子曰："吾闻诸老聃曰：'馆人，使若有之，恶有之而不得殡乎？'夫仁者，制礼者也，故礼者不可不省也。"子夏问孔子，如果有客人无处住，孔子说可以住在我家；如果客人死了无处殡殓，可以在我家殡殓。子夏明白孔子的仁爱之心，但他疑虑这符合礼制吗？孔子告诉他，礼制是仁者制定的，仁为礼之本。所以在这种特殊情况下是可以突破常规礼制的。

《乡党》："朋友之馈，虽车马，非祭肉，不拜。"何晏《集解》引孔安国注："不拜者，有通财之义。"皇侃《义疏》："车马，家财之大者也。朋友有通财之义，故虽复见饷车马，而我不拜谢也。所可拜者，若朋友见饷其家之祭肉，虽小亦拜受之，敬祭故也。"邢昺《注疏》："此言孔子轻财重祭之礼也。朋友有通财之义，故其馈遗之物，虽是车马，非祭肉，不拜谢之。言其祭肉则拜之，尊神惠也。"朱熹《集注》："朋友有通财之义，故虽车马之重不拜。祭肉则拜者，敬其祖考，同于己亲也。此一节，记孔子交朋友之义。"朋友之间有福同享,有难同当,有以有钱财互相帮助的情义,所以车马之类似乎在当时值钱的馈赠并不用拜谢,但如果是朋友馈赠家祭的祭肉,就得拜谢,以表达对祭祀对象的敬畏。这是孔子教给我们交友应遵循大义,同时对祭礼要重视。

《白虎通·谏诤》:"朋友之道四焉,通财不在其中。近则正之,远则称之,乐则思之,患则死之。"提出了由浅而深、由低至高的四项标准,而互通财物,相互接济的不在其中。"近则正之"是指朋友在一起的时候,应当面纠正你朋友的缺失和错误,使其及时得到纠正和补救,以有助朋友走正道、固名声。"远则称之"是指当朋友分开,远在天涯的时候,要时常记住和称颂朋友给的恩德和爱护,以弘扬恩义,巩固情谊。"乐则思之"是指苟富贵,毋相忘,与朋友有福同享。"患则死之"是指朋友有患难,为他赴汤蹈火,死而无怨。《礼记·王制》:"父之齿随行,兄之齿雁行,朋友不相逾。"在跟和父亲年龄相当的人一起走路时,要跟在他后面。跟和兄长年龄相当的人一起走路时,要走在他的斜后方,像雁阵那样前进。跟朋友一起走路时,要相互谦让,不要抢着走在前面。陈澔《礼记集说》注"朋友不相逾"曰:"朋友念相若,则彼此不可相逾越而有先后,言并行而齐也。"这反映了朋友之间是一种平等关系,不存在上下尊卑之别。

七、以友辅仁

《颜渊》载曾子曰:"君子以文会友,以友辅仁。"何晏《集解》引孔安国注:"友以文德合也。友有相切磋之道,所以辅成己之仁。"邢昺《注疏》曰:"此章以论友也。言君子之人以文德会合朋友,朋友有相切磋琢磨之道,所以辅成己之仁德也。"邢昺是对孔安国注的发挥,君子以文德会合朋友,这样与朋友相互切磋琢磨,就可以辅助自己成就仁德。文是美、善之意。文德即美德。皇侃《义疏》:"言朋友相会,以文德为本也。所以须友者,政以辅成己仁之道故也。"皇侃强调朋友相会,以文德为本,这样才能辅助人道大成。朱熹《集注》："讲学以会友，则道益明。取善以辅仁，则德日进。"朱熹把"文"解释为学问，讲学会友以明道，取善辅仁以进德。相似的内容又见于《礼记·学记》："独学而无友，则孤陋而寡闻。"《说苑·说丛》："贤师良友在其侧，《诗》《书》《礼》《乐》陈于前，弃而为不善者，鲜矣。"没有朋友相互切磋，就可能孤陋寡闻。如果能够与贤师良友一起，诵读《诗》《书》《礼》《乐》，不为善不可能啊。现在我们常把"以文会友，以友辅仁"解读为以文学作品或学术文章交流切磋，成为朋友，进而以这样的朋友提高自己的道德修养。

《里仁》载"子曰：德不孤，必有邻。"何晏《集解》："方以类聚，同志相求，故必有邻，是以不孤。"邢昺《注疏》曰："此章勉人修德也。有德则人所慕仰，居不孤特，必有同志相求与之为邻也。"朱熹《集注》："邻，犹亲也。德不孤立，必以类应。故有德者，必有其类从之，如居之有邻也。"孔子勉励人们修道立德，一定不会孤单，会有志同道合的朋友感应而来，与你为邻。《周易·系辞上》："方以类聚，物以群分。"《周易·乾卦》："同声相应，同气相求。"《大戴礼记·曾子立事》："君子义则有常，善则有邻。"《盐铁论·论诽》："檀柘而有乡，萑苇而有丛，言物类之相从也。"天地之间的万事万物，都有一种朝着与自己相近的事物靠近的倾向，相同或者相近的事物总会走到一起的，这就是我们现在常说的："物以类聚，人以群分。"有美德的人为人所仰慕，一定会有许多人来尊崇追随。哪怕社会黑暗，或者你所处的地方偏僻，你所处的人群不友好，你也要相信道德的力量，会让你找到志同道合的朋友。

《里仁》载子曰："见贤思齐焉，见不贤而内自省也。"邢昺《注疏》："此章勉人为高行也。见彼贤则思与之齐等，见彼不贤则内自省察，得无如彼人乎？"朱熹《集注》："思齐者，冀己亦有是善；内自省者，恐己亦有是恶。胡氏曰：'见人之善恶不同，而无不反诸身者，则不徒羡人而甘自弃，不徒责人而忘自责矣。'"孔子告诉我们，在为人处世，在与人交往过程中，我们会见到各种各样的人，其中主要是贤者和不贤者。见到贤者就要想着如何向他学习看齐，达到同一高度；见到不贤者就要反躬自省，看看自己身上有没有同样的毛病，警诫自己不要做出不贤的事，成为不贤的人，这样才能不断提升自己。一般而言，向贤者看齐容易，而见不贤者自我反省则比较难，很多人都做不到。非但做不到，有的人还反其道行之，见贤思妒，见不贤而冷嘲热讽。实际上后者可能更重要。类似的思想又见于《荀子·修身》："见善，修然必以自存也；见不善，愀然必以自省也。"《老子》第二十七章说："善人者不善人之师，不善人者善人之资。"《说苑·杂言》曰："昔者南瑕子遇程本子，本子为烹鲵鱼。南瑕子曰：'吾闻君子不食鲵鱼。'程本子曰：'乃君子否？子何事焉？'南瑕子曰：'吾闻君子上比，所以广德也；下比，所以狭行也。比于善，自进之阶；比于恶，自退之原也。《诗》曰：高山仰止，景行行止。'吾岂敢自以为君子哉？志向之而已。'孔子曰：'见贤思齐焉，见不贤而内自省。'"程本子盛情邀请南瑕子吃娃娃鱼，而南瑕子拒绝了，理由是君子不能吃娃娃鱼。程本子说："你以为你是君子吗？吃娃娃鱼不会就成不了君子了吗？"南瑕子回答："我虽然不敢说自己是君子，但要以君子的标准来要求自己。因为，你把目标朝上去比较，就会使自己前进；而总是朝下去比，则只会后退。与善人比较，就会前进；与恶人比较，就会堕落。"南瑕子的话不能不让人肃然起敬，"君子上比，所以广德"，就是"见贤思齐"之意。蒙学教材《弟子规》"见人善，即思齐，纵去远，以渐跻，见人恶，即内省，有则改，无加警"，也就是对本章的通俗化。

总之，好人固然可以成为我们学习的榜样，坏人也可以成为我们借鉴的镜子，一正一反，有助于我们走上为善之正途。

孟子的弟子万章向孟子请教交友的原则。孟子曰："不挟长，不挟贵，不挟兄弟而友。友也者，友其德也，不可以有挟也。"(《孟子·万章下》)挟：依仗，依恃。这是在人格平等的基础上阐明朋友之交是道义之交，要"三不挟"，即不能凭借年龄、地位、财富等轻视、利用对方，不能带有功利主义、实用主义，而应该把交友作为提高自己道德修养的一种方式和途径。更准确地说，是为了促进彼此道德修养的不断提升。

八、朋友相处

《里仁》载子游曰："事君数，斯辱矣。朋友数，斯疏矣。"准确理解本章的关键是如何理解"数"，历来解"数"有多种意思。皇侃《义疏》："礼不贵亵，故进止有仪。臣非时而见君，此必致耻辱。朋友非时而相往数，必致疏远也。一云：言数，计数也。君臣计数，必致危辱。朋友计数，必致疏绝也。"皇侃举了两种解释：一臣觐见君，朋友相见，都要以礼按时而行；二数是算计，事君交友，如果利字当头，私心算计，必致君弃友疏的结果；只有忠信持身，才不会君绝友离。何晏《集解》："数，谓速数之数。"后来邢昺《注疏》也曰："此章明为臣结交，当以礼渐进也。数，谓速。数则渎而不敬，故事君数，斯致罪辱矣；朋友数，斯见疏薄矣。"这是把"数"解为速数，即快速。事君交友都要以礼相待，渐进而行，不可速成，欲速则不达。朱熹《集注》引程子曰："数，烦数也。"引胡安国曰："事君谏不行，则当去；导友善不纳，则当止。至于烦渎，则言者轻，听者厌矣，是以求荣而反辱，求亲而反疏也。"引范祖禹曰："君臣朋友，皆以义合，故其事同也。"朱熹解数为烦数，是传统代表性的解释，但他引胡氏之说不妥，原文是"事君"，没有说"谏君"；是"朋友"，没有说"导友"。引范氏说君臣朋友皆以义合，很好，但原文也无此意。对君主过于烦琐，就会招致侮辱；对待朋友过于烦琐，就会反被疏远。杨树达《论语疏证》引《先进》曰："所谓大臣者，以道事君，不可则止。"《颜渊》曰："子贡问友，子曰：'忠告而善道之，不可则止，无自辱焉。'"并按曰："孔子于事君处友并云不可则止。数者，不可而不止之谓也。不可而不止，则见辱与疏矣。君臣朋友皆以义合，合则相与，不合则不必强也。"杨树达用"不可则止"解"数"，孔子认为事君处友应不可则止；反之不可而不止就是"数"，不合中道,结果会见辱与疏。

《先进》的"不可则止"是讲臣子事君之道,此处不论。《颜渊》的"不可则止"是讲朋友之道,可以讨论。皇侃《义疏》认为此章是子贡向孔子请教求朋友之道。孔子回答说:"朋友主切瑳,若见有不善,当尽己忠心告语之,又以善事更相诱导也。"邢昺《注疏》曰:"此章论友也。言尽其忠以是非告之,又以善道导之。若不从己,则止而不告不导也。毋得强告导之,以自取困辱焉。以其必言之,或时见辱。"朱熹《集注》:"友所以辅仁,故尽其心以告之,善其说以道之。然以义合者也,故不可则止。若以数而见疏,则自辱矣。"孔子告诉我们,朋友相处要忠心地劝告朋友,引导朋友走上为善之途;如果他不听,也就罢了,不要强行引导,以免激怒朋友,自取侮辱。这里讲的是对朋友的忠告引导要把握中庸之道,无过无不及。不然,可能会适得其反,损坏朋友关系,伤害朋友感情。

《子路》载子路问曰:"何如斯可谓之士矣?"子曰:"切切偲偲,怡怡如也,可谓士矣。朋友切切偲偲,兄弟怡怡。"何晏《集解》引马融注:"切切偲偲,相切责之貌。怡怡,和顺之貌。"皇侃《义疏》:"切切偲偲,相切磋之貌也。怡怡,和从之貌也。言为士之法,必须有切磋,又须和从也……朋友义在相益,故须切偲也……兄弟骨肉,理在和顺,故须怡怡如也。"又引缪协曰:"以为朋友,不唯切磋,亦贵和谐。兄弟非但怡怡,亦须戒厉。然朋友道缺,则面朋而匿怨。兄弟道缺,则阋墙而外侮。何者?忧乐本殊,故重弊至于恨匿,将欲矫之,故云朋友切切偲偲,兄弟怡怡如也。"邢昺《注疏》:"此章问士行也……切切偲偲,相切责之貌。朋友以道义切瑳琢磨,故施于朋友也。怡怡,和顺之貌。兄弟天伦,当相友恭,故怡怡施于兄弟也。"邢昺继承了马融、皇侃的解释,作为一个士人对待朋友要以道义切瑳琢磨,勉励督促,而兄弟之间则要和睦相处。皇侃引缪协注意到了朋友以切偲为主,也要和谐;兄弟以和谐为主,也要切偲。这里之所以强调朋友切偲,兄弟怡怡,是因为朋友之间易匿怨,兄弟之间易阋墙。朱熹

《集注》："胡氏曰：'切切，恳到也。偲偲，详勉也。怡怡，和悦也。皆子路所不足，故告之。又恐其混于所施，则兄弟有贼恩之祸，朋友有善柔之损，故又别而言之。'"朱熹《四书或问》卷十八："或问：'切切偲偲之义，其详奈何？'曰：'切切者，教告恳恻而不扬其过；偲偲者，劝勉详尽而不强其从。二者皆有忠爱之诚，而无劲讦之害。"《黄氏后案》评论朱熹引胡氏之说所云："善柔之损，决非以规子路也。"因为以子路的个性不会阿谀奉承。蔡节《论语集说》："切切者，诚意之恳到也；偲偲者，思虑之详审也；怡怡者，意气之平夷、容色之和悦也。此皆子路所不足，故夫子因其问士而告之。复借朋友兄弟以发明其指，所谓'切切偲偲'者，若朋友之笃诚意、审思虑，以相成也；所谓'怡怡'者，若兄弟之平意气、和容色，以相亲也。"这一章孔子告诉我们，朋友之间切切、偲偲，意思就是互相责善，但把握中道，不扬其过，不强其从，有忠爱之诚，无攻讦之害，所以能够和睦共处。子路在这方面有所不足，所以孔子趁其问士的时候把这个道理告知他。在日常生活中，我们经常可以看到一些因互相责善而导致朋友反目的事例。其实，朋友之间互相责善，恰恰说明了彼此很看重这份友情，出于一种作为朋友的责任感，才会对朋友的缺点和错误提出批评和劝诫。作为朋友，应该深切地体会到这一点，方能及时地改正错误缺点，会使你在生活和事业上少走许多弯路，因此更为珍视这份真挚的友谊。《孟子·离娄下》："责善，朋友之道也。"王安石《答韩求仁书》："责善于友者，吾闻之矣。"朋友相处可以以善道相责，以善道相勉，提升德行，完善道德修养。《孝经》也有一句话，"士有争友，则身不离于令名"。一个士人只要有肯劝诫他的朋友，他一生就不会犯大错误，乃至身败名裂。《大戴礼记·曾子立事》亦云："宫中雍雍，外焉肃肃，兄弟憘憘，朋友切切。远者以貌，近者以情。友以立其所能而远其所不能，苟无失其所守，亦可与终身矣。"在家和谐，在外恭敬，兄弟和乐，朋友之间互相劝勉。用恭敬的礼貌对待远方的人，用忠诚之情对待近处的人。交友要学习他的优点和能力而远离他的缺点和不足，如果他的不足不会影响到你,就可以与他成为终身的朋友。

结语

儒家学者将人类社会基本关系分为君臣、父子、夫妇、兄弟、朋友五伦,是广义的"人伦"。其实,如果以人类群体的产生方式为依据,五伦可分为"天伦"——基于血缘的纽带而建立的"自然"关系,以父子为代表包括了母子、兄弟、姐妹等和"人伦"——基于彼此之间的"社会"交往而建立的"社会"的关系,即君臣、夫妇、朋友等两类;如果以血缘亲疏为依据,又可分为家族伦理(父子、兄弟、夫妇)和社会伦理(朋友、君臣)两类。"朋友"在五伦中的地位很特殊:一方面处于五伦之末,有势轻、亲疏、名小的特点;另一方面又是五伦之延伸,有选择性、平等性、主诚信、责善辅仁等特点。所以,朋友之伦具有特殊的重要性,是个人生存发展不可或缺的要素。宋儒黄干《辅仁录序》说:"人之大伦五,朋友居一焉,岂不重哉?自天地阴阳,升降上下,而君臣之义、父子之恩、夫妇之别、长幼之序著矣。朋友者,果何自而然耶?方以类聚,物以群分,天之道也。人之与人,类也。朋友者,人类之中志同而道合者也。故曰:'天叙有典',岂人力也哉?君臣、父子、夫妇、长幼,一失其序,则天典不立而人道化为物类矣,朋友道绝,则此四者,虽欲各居其分不可得也。"(《勉斋集》卷二十一)明代文学家钟惺在《策问》一文中发出这样的疑问:"人与相与也,虽君臣、父子、夫妇、兄弟中,亦何尝无朋友哉!然必专立朋友之名与数者而五,何也?"(《隐秀轩集》卷七)五伦中立朋友一伦似乎是次要的,但有其特殊重要性。明代钟人杰在《性理会通·人伦》中说:"必欲君臣、父子、兄弟、夫妇之间交尽其道而无悖焉,非有朋友以责其善、辅其仁,其孰能使之然哉!故朋友之于人伦,其势若轻而所系为甚重,其分若疏而所关为至亲,其名若小而所职为甚大。此古之人修道立教所以必重于此,而不敢忽焉者也。"又说:"夫人伦有五而其理则一,朋友者又所藉以维持是理而不使悖焉者也。"朋友一伦的重要性，主要是物质帮助和道德学问互相护佑、提升，往往是前四伦力所不及的。《白虎通·三纲六纪》概括朋友之道曰："朋友之交，近则谤其言，远则不相讪；一人有善，其心好之，一人有恶，其心痛之；货则通而不计，共忧患而相救；生不属，死不托。"朋友的交往，亲近就可以批评他的言论，疏远则不互相诋毁。一个人有善行，朋友就打心眼里喜欢；一个人有恶行，朋友就发自内心痛惜。货物互通有无而不计较，共同忧患而相互救援。生时不依附，死亡不依托。

到近代，谭嗣同在猛烈地批评传统社会纲常伦理的同时，认为君臣、父子、夫妇、兄弟、朋友这五伦中，唯有朋友一伦对人无弊而有利，因为它自由而平等。他说："五伦中于人生最无弊而有益，无丝毫之苦，有淡水之乐，其惟朋友乎。故择交何如耳，所以者何？一曰'平等'；二曰'自由'；三曰'节宣惟意'。总括其义，曰不失自主之权而已矣。兄弟与朋友之道差近，可为其次。余皆为三纲所蒙蔽，如地狱矣。""夫朋友岂直贵于余四伦而已，将为四伦之圭臬。而四伦咸以朋友之道贯之，是四伦可废也。"[①]

因此有必要以朋友之伦来改造其余四伦，使君臣、父子、夫妻、兄弟皆为朋友。当然，谭嗣同阐发朋友一伦的现代意义，并加以现代转换，值得肯定。但他认为有朋友之伦，其他四伦可废，有点矫枉过正。随着传统宗法社会的解体，家庭的缩小，家族的松懈，现代人更多地直接面对陌生社会，朋友一伦更显出重要性。以《论语》为代表的儒家朋友之道对于我们今天正确认识朋友一伦，处理好朋友关系，也具有重要的现代意义。

[①]《谭嗣同全集》，中华书局，1981年，第349—350页。

第八章 为商之道

一、由涩泽荣一《〈论语〉与算盘》说起

"半部《论语》治天下"是说,《论语》为政思想可以治国、平天下。其实不仅如此,《论语》与为商之道也有密切的关系。在我们进入市场经济时代,《论语》仍然可以成为商道的价值标准和指导思想。这个看法最早还是日本人提出来的,那就是涩泽荣一,因此,我们要从涩泽荣一的《〈论语〉与算盘》说起。

历史进入了现代工商社会,《论语》与现代社会的主流商品经济或者商人有什么关系?这个问题日本人涩泽荣一(1840—1931)已经给我们做了很好的回答。涩泽荣一是日本近代产业先驱,工商业的精神领袖,被誉为"日本企业之父""日本产业经济的最高指导者""儒家资本主义的代表"。作为日本历史上最伟大的儒商,涩泽荣一一生崇拜孔子,并积极地致力于将《论语》思想运用到经商实践中。他反对所谓经济活动与伦理道德不相容的观念,主张伦理道德与经济的统一,鼓励人们修学向上。《论语》是中华民族儒家的传统典籍,算盘是中华民族发明使用的计算器,前者传承一种文化精神,后者计算一种经济利益,似乎是两种不相关的事物,但涩泽荣一根据自己数十年来的管理经验写了一本总结性的书——《〈论语〉与算盘》,已经成为日本的"商务圣经"。在书中他这样说:"尽管不少人读过《论语》,但说到《论语》与算盘之间的关系,许多人却是不得要领。将《论语》与算盘相提并论。乍看起来似乎是毫无根由的无稽之谈;但我深信两者之间存在着紧密的联系,算盘根据《论语》的指示才能打得更好,而《论语》也要通过

算盘才能获得真正的富裕满足,《论语》和算盘的关系可谓虽远又近。"①这些儒商精神对日本企业,乃至日本经济都产生了深远影响。现在,在日本金融和产业的中心地带,在东京站和日本桥之间的常盘桥边,在百年老店日本银行的正对面,涩泽荣一的青铜塑像巍然屹立,一手拿着《论语》,一手拿着算盘。这尊塑像自战后重建迄今,时时刻刻注视着日本经济的兴衰消长和社会的阴晴晦明。

二、儒商：儒家为商之道

"儒"字及其含义,传统上最有影响的看法就是许慎《说文解字》的解释:"儒,柔也。术士之称。从人,需声。"这是说儒字的本意是柔,是指性格柔和的人,而作为一个名词,则是指术士,也是道术之士的名称。术士,即古代宗教之教士,其职业专门为贵族祭祖、事神、办理丧事,担当司仪等。儒和巫有着莫大关系,巫事上帝,交通神鬼,而儒事祖先,交通人鬼。后来,儒逐渐从这些原始宗教性的职业当中分化出来,成为一种专门的职业。我们现在一般所说的"儒"主要指儒家,指崇奉孔子学说的学派,形成于春秋战国时期,其特征有以孔子为始祖,被称为至圣先师;先是以六经《诗》《书》《礼》《易》《春秋》和《乐经》,后是以四书《大学》《中庸》《论语》《孟子》为基本经典;在思想上形成了仁与礼的一种张力结构;理论上由内圣而外王,通过修身养性成就外在事功。

"商"字有计算、计度;商量、商略;商业(古指行商为"商",坐商为"贾",后泛指做买卖的人,亦用以指从事私营工商业的人);商朝;商城;商地等许多含义。这里的"商"主要是指商业、商人的"商"。

---

①涩泽荣一:《〈论语〉与算盘》,李政译,江西美术出版社,2010年,第2页。

提起儒，人们自然会想起"君子固贫"，"己所不欲，勿施于人"的话题来；说到商，"无奸不商"之类的贬语就会脱口而出，似乎儒与商是水火不相容的。其实不然。早在春秋时代，当儒学形成时，就与商结下了不解之缘，驰名大江南北的"国际"巨商子贡，就是孔子门下一位最有成就的弟子之一。

中国传统的儒商在经商实践中贯穿儒学理念，从春秋时期"富而好行其德"的陶朱公范蠡，到后来的晋商、徽商等商帮组织，以至现代、当代的陈嘉庚、邵逸夫、田家炳、汤恩佳等大企业家，无一不在商业界留下佳话，成为儒商文化的杰出代表。追溯儒商的渊源，其发轫者当推孔子的学生子贡。在子贡身上，"儒"与"商"合二为一，打破了儒与商的界限，典型地体现了两者渊源和内在的联系。子贡既是儒家文化的传承者，又是中华儒商的鼻祖。

子贡，春秋末年卫国（今河南鹤壁市）人。孔子的得意门生，孔门十哲之一，"受业身通"的弟子之一，孔子曾称其为"瑚琏之器"。瑚琏是古代祭祀时盛黍稷的尊贵器皿，夏朝叫"瑚"，殷朝叫"琏"，比喻子贡特别有才能，可以担当大任。他利口巧辞，善于雄辩，且有干济才，办事通达。曾任鲁、卫两国之相。他还善于经商之道，曾经经商于曹、鲁两国之间，富致千金，为孔子弟子中最富有的。《论语》载孔子办学时，把教学内容分为四科，即德行、政事、言语、文学。子贡是"言语"方面的优异者。也就是说子贡在说话技巧、演讲技能上有独到之处。言语好在当时就要求《诗》学得好，《学而》曾记载孔子、子贡师徒二人对答，子贡灵活地运用《诗经·卫风·淇奥》中"如切如磋，如琢如磨"的诗句来回答老师提问的情形。孔子认为子贡的回答十分贴切，故称赞子贡"始可与言《诗》已矣"，而且说子贡"告诸往而知来者"，认为他对该诗的理解达到了心领神会的地步。

子贡对儒学的传播很有贡献。司马迁在《史记·货殖列传》中这样写道："七十子之徒，赐（子贡）最为饶益……子贡结驷连骑，束帛之币以聘诸侯，所至，国君无不分庭与之抗礼。夫使孔子名布扬于天下者，子贡先后之也。此所谓得势而益彰乎？"在司马迁看来，孔子的名声之所以能布满天下，儒学之所以能成为当时的显学，在很大程度上是因为子贡推动的缘故。子贡能言善辩，反应敏捷，经商有很好的个人条件，所以在理财经商上还有着很高的才能。《先进》载孔子之言曰："回也其庶乎，屡空。赐不受命，而货殖焉，臆则屡中。"意思是说颜回在道德上差不多完善了，但却常常吃了上顿没下顿，子贡则为命运抗争而经商，行情看得很准。《史记·仲尼弟子列传》亦载："子贡好废举，与时转货资……家累千金。"这里的"废举"是指贱买贵卖。"转货"是指"随时转货以殖其资"，子贡能够根据市场行情变化，贱买贵卖从中获利，成为巨富。由于子贡在经商上大获成功，所以司马迁在《史记·货殖列传》中以相当的笔墨对这位商业巨子予以表彰。

子贡经商获得成功，除了他具备商人的基本才能，还与他跟孔子学习，成为一个儒者有密切关系。子贡是由孔子亲自教育出来的商人，是有史以来名副其实的儒商。子贡经商获得成功，不是靠损人利己，而是秉持了儒家"仁""义""忠""恕""诚""信"这些基本道德理念。他从孔子那里学到了"温、良、恭、俭、让"的修养风范，并能够实行、实践。《盐铁论·贫富》中记载："子贡以著积显于诸侯，陶朱公以货殖尊于当世。富者交焉，贫者赡焉。故上自人君，下及布衣之士，莫不戴其德，称其仁。"这就是说，子贡和陶朱公（范蠡）都因货殖发财而名扬于世，与有钱人交往，给穷人资助，人们对他感恩戴德，称赞他是个仁者。

作为一位商人，子贡追随孔子，形成其为商之道。《学而》载子贡曰："贫而无谄，富而无骄，何如？"子曰："可也；未若贫而乐，富而好礼者也。"何晏《集解》引郑玄曰："乐谓志于道，不以贫为忧苦也。"邢昺《注疏》："此章言贫之与富，皆当乐道自修也……乏财曰贫，佞说为谄，多财曰富，傲逸为骄。言人贫多佞说，富多傲逸。若能贫无谄佞，富不骄逸，子贡以为善……时子贡富，志怠于学，故发此问，意谓不骄而为美德，故孔子抑之……乐，谓于与善道，不以贫为忧苦；好，谓闲习礼容，不以富而倦略。此则胜于无谄、无骄……"朱熹《集注》："谄，卑屈也。骄，矜肆也。常人溺于贫富之中，而不知所以自守，故必有二者之病。无谄无骄，则知自守矣，而未能超乎贫富之外也。凡曰可者，仅可而有所未尽之辞也。乐则心广体胖而忘其贫，好礼则安处善，乐循理，亦不自知其富矣。子贡货殖，盖先贫后富，而尝用力于自守者，故以此为问。而夫子答之如此，盖许其所已能，而勉其所未至也。……"孔子与子贡讨论了一个重要的社会问题，即贫者富者如何乐道自修，处世待人的问题。只要人类社会存在发展，都会分成贫穷者和富有者两部分，这两部分如果差距不大还好说；如果差距太大，就会产生各种社会矛盾，甚至演成激烈冲突。对于这个问题，子贡提出"贫而无谄，富而无骄"，孔子则说"贫而乐，富而好礼"。有学者认为"贫而乐"可能脱一"道"字，但《礼记·坊记》"贫而好乐，富而好礼"。"贫而无谄，富而无骄"和"贫而乐，富而好礼"两者之间有什么联系区别？比较起来二者确有层次和境界上的差别。子贡提出的"贫而无谄，富而无骄"是说虽然穷困，但是不谄媚拍马，不卑躬屈膝；虽然富有，但是不以财傲人，不骄奢淫逸。这还只是停留在贫富层次的一种人生态度。而孔子提出的"贫而乐，富而好礼"是说"无谄无骄虽可，但不如乐道好礼。贫而乐道，如颜子箪食瓢饮，不改其乐。这比无谄更好。富而好礼，则能以恭敬待人，虽对贫贱之人亦能待之以恭敬，这比不骄更好。"（李炳南《论语讲论》）这样就上升到对礼乐之道的追求，提升到了"乐道"的境界。孔子把贫和富都看成是一个外在的境域，认为君子应该有一种超越了外在物质的内在精神追求。"贫而乐"，在孔子看来是作为君子能够做到的，普通人无法安于穷困，更不用说乐了。孔子与弟子们精神生活的快乐与物质生活无关，他们超越物质的困顿而追求精神境界的提升，由此感受到发自内心的愉悦。君子的"富贵"体现在身心安宁，增长智慧，完善道德，而不是钱财多寡，物质享受，这就达到了身心与道合一的精神境界。与本章义理接近的典籍，如《宪问》子曰："贫而无怨难，富而无骄易。"《大戴礼记·卫将军文子》曰："德恭而行信，终日言不在尤之内，在尤之外，贫而乐也。"《述而》子曰:"饭蔬食,饮水,曲肱而枕之,乐亦在其中矣。不义而富且贵,于我如浮云。"杨树达按:"此孔子贫而乐也。"《雍也》曰:"贤哉!回也!一箪食,一瓢饮,在陋巷,人不堪其忧,回也不改其乐。贤哉!回也!"杨树达按:"此颜子贫而乐也。"《吕氏春秋·孝行览·慎人》:"穷亦乐,达亦乐。所乐非穷达也,道得于此,则穷达一也。"《礼记·曲礼上》曰:"富贵而知好礼,则不骄不淫。"《礼记·坊记》子云:"小人贫斯约,富斯骄;约斯盗,骄斯乱。礼者,因人之情而为之节文,以为民坊者也。故圣人之制富贵也,使民富不足以骄,贫不至于约,贵不慊于上,故乱益亡。""贫而好乐,富而好礼,众而以宁者,天下其几矣。"由此可知,儒家生命的境界正是通过对外界的超越去无限提升的,达到这种境界的人,就像《吕氏春秋》上所说的那样:"穷亦乐,达亦乐。"以"乐道"精神超越世俗的一切物质。"富而好礼",从人之常情来说,富贵了就容易产生骄纵之心,气焰嚣张,不可一世,这样最容易引起大家的反感、愤恨,所以富而好礼,以礼节欲,以礼待人,即使自己不腐败,也不会使别人产生仇富心理,这样才能真正长久地保持富贵。正如刘台拱《论语骈枝》所说:"无谄无骄者,生质之美;乐道好礼者,学问之功。"杨树达《论语疏证》亦按曰:"无谄无骄,止于有守而已;乐道好礼,则进而有为矣。"

《宪问》子曰:"贫而无怨难,富而无骄易。"皇侃《义疏》:"'贫而无怨难'者,贫,交困于饥寒,所以有怨,若能无怨者则为难矣。江熙曰:'颜渊无怨,不可及也。'云'富而无骄易'者,富贵丰足,无所应怨,然应无骄则为易也。江熙曰:'若子贡不骄,犹可能也。'"邢昺《注疏》:"此章言人之贫乏,多所怨恨,而无怨为难。人若丰富,好生骄逸,而无骄为易。"朱熹《集注》:"处贫难,处富易,人之常情。然人当勉其难,而不可忽其易也。"陈天祥《四书辨疑》批评朱熹:"注文只说处贫难、处富易,于怨、骄略无干涉,义不可通。大抵处饥寒困苦之贫者不能无吁嗟怏怅之怨,居赡足丰饶之富者鲜能无傲慢矜肆之骄,此乃人之常情也。能安于贫,然后无怨贫之心。不恃其富,斯可无骄富之气;心颜子处贫之心,则能贫而无怨矣。富而无骄,不足道也。志子贡居富之志,则能富而无骄矣。贫而无怨,未敢望焉。察天下之贫者,万中实无一二无怨;观天下之富者,十中须有二三无骄。以此推之,足以知无怨微难,无骄为易也。"陈天祥认为,朱熹讲得太简略了,只说处贫难、处富易,对怨、骄没有讲清楚,于是他加以发挥。这样使我们更容易理解。钱穆《论语新解》:"能安于贫,斯无怨。不恃其富,斯无骄。颜渊处贫,子贡居富。使颜渊处子贡之富则易,使子贡居颜渊之贫则难。此处见学养高下,非孔门之奖贫贱富。"[1]钱先生强调贫如果能安,富如果能不恃,也是以颜回、子贡为例,不过交互发明,又引申到孔门学养深浅,有点扬颜回贬子贡之意。以人之常情,处于饥寒交迫之中,必然怨天尤人,如果能没有幽怨那很难。像孔子学生颜回一箪食,一瓢饮,不改其乐,那是一般人达不到的。相反,人一旦富贵,丰衣足食,当然没有什么可幽怨的了,但往往又会骄横,不过要做到不骄横,相对容易。颜回的安贫乐道,子贡的富贵不骄,都很可贵,比较起来,颜回境界更高、更难,子贡相对较容易。这其中关键是颜回有道,可以做到三月不违仁,其他学生都做不到。仁为生命之本,修养之根。

在处理自身与他人、与社会的关系时,子贡坚持"我不欲人之加诸我也,吾亦无欲加诸人"(《公治长》),"己所不欲,勿施于人"(《卫灵公》)的忠恕之道,做到推己及人,将心比心,互相尊重,互不伤害,平等相处,互惠共赢。他以诚信为本,在《论语》中,多处记载着子贡与孔子探讨"信"的问题,深知"信"乃立足之本,没有了信,一切都不可能存在。奉行"言必信、行必果",使他在经商中赢得了很好的信誉,立于不败之地。他具有"博施于民而能济众"的博爱胸怀,《孔子家语·致思》等典籍都记述了子贡自己掏巨资,赎回一批鲁国奴隶的善举。"鲁国之法,赎人臣妾于诸侯者,皆取金于府,子贡赎之,辞而不取金。孔子闻之曰:'赐

---

[1] 钱穆:《论语新解》,生活·读书·新知三联书店,2002年,第325页。

失之矣！夫圣人之举事也，可以移风易俗，而教导可以施之于百姓，非独适身之行也。今鲁国富者寡而贫者众，赎人受金则为不廉，则何以相赎乎？自今以后，鲁人不复赎人于诸侯。'"（又见于《吕氏春秋》《说苑》）按照鲁国的法律规定，如果鲁国人在外国沦为奴婢、苦力，有人出钱把他们赎出来，可以到国库中报销赎金。子贡有一次从别国赎了几个人，回来后拒绝到国库去报销赎金。子贡的行为说明他自己不缺钱，也体现了他尚义尊礼，舍小利而取大义的精神。原因在于他接受孔子的教导，时刻都保持着"见利思义，见危授命"，"不义而富且贵，于我如浮云"的经营信条。因此他也广受世人称誉，而给他带来了更多的商机。不过，对子贡的做法孔子很不以为然："端木赐（子贡的名字）啊，你这样做就不对了。圣人的行事可以移风易俗，以自己的模范行为教化百姓，怎么能随自己的想法而任意去做？现在鲁国富有的人少，贫穷的人多，你的行为让大家认为赎人去向国家报销好像是不廉洁，以后哪还有人愿意去赎人？从此以后，鲁国不会有赎人回国的人了。"子贡用自己的钱做了一件好事，本应该得到孔子的肯定和赞扬，而为何孔子反而批评他？子贡很有钱，他可以做到，但不能解决所有赎回奴隶的问题，反而会使很多人对赎人望而却步。他的错误在于把原本人人都能达到的道德标准超拔到了大多数人难以企及的高度，让一般人闻道德而色变，结果可能会远道德而去！

子贡能够尊师重道。孔子的学说在当时受到一些人毁谤和贬低，孔子本人也常遭厄运，关键时刻，子贡总是挺身而出，捍卫老师的学说。《子张》载叔孙武叔毁仲尼。子贡曰："无以为也！仲尼不可毁也。他人之贤者，丘陵也，犹可逾也；仲尼，日月也，无得而逾焉。人虽欲自绝，其何伤于日月乎？多见其不知量也。"把孔子比作天上的日月，世上没有人可以超越。孔子去世之后，别的弟子守墓三年，独子贡结庐守墓尽孝六年，留下了尊师重道的千古佳话。

子贡的经商理念历来备受商界崇奉，把他与范蠡相提并论，"陶朱事业，端木生涯""经商不让陶朱富，货殖当属子贡贤"的佳句流传至今。"楷模""言必信,行必果""一言既出,驷马难追""己所不欲,勿施于人""按兵不动""分庭抗礼""难能可贵""温良恭俭让"等与子贡有关的成语典故至今仍被人们挂在嘴边。后世题词挽商界有成就之人逝世,常以"端木遗风"等,甚至有人奉之为财神。子贡作为儒商始祖,在他的时代受到了人们的广泛尊重,奠定了中国儒商文化基础,也被后来历朝历代的商人奉为楷模。正是因为如此,子贡所代表的儒商精神受到了当代有识之士的高度重视。

怎样才能成为真正的儒商?所谓儒商,就是以儒家思想作为基本价值观,指导其做人经商的商人和企业家。百多年来,儒家与中国传统文化在中国大陆断裂,国人对儒家思想所知甚少。所以,要成为真正的儒商,第一,学习儒家的基本思想,把握儒家的核心价值观,传承历代儒商的道德精神。第二,把儒家价值观念融汇到商业活动中,并成为经营的信条,做到志道据德,据礼合仁,见利思义,取财有道,谦和互助,分享共赢,逐渐树立起良好的商业形象。第三,以儒家内圣外王之道为指导思想,在加强自我道德修养,提升人格境界的同时,积极进取,自强不息,不断拓展商业活动。第四,具有社会责任感、历史使命感,诚信经营,博施济众,参与社会公益事业,乐善好施,回报社会。第五,秉持儒家中和之道,做人经商不激不随,以中求和,个人身心和谐,家庭和睦,企业和谐,社会和谐,与自然和谐,持续协调发展。

三、以人为本、仁者爱人

孔子时代,中国文化出现了由上古宗教信仰向人文理性的转换,人文主义思潮兴起,孔子开始深入地思考礼乐文化的精神实质问题,深入探讨人的价值、人的完善、人的理想、人际关系、人与自然关系等思想观念。在前人的基础上,他把"仁"这一观念提升到其思想体系核心之核心的地位,使人从天命神学中得以解放,在中国思想史上首次系统地形成了一套人学思想体系,为中华文化的人文精神奠定了基础。

儒家学派从孔子开始,历代大儒都以"仁"作为最核心的价值观念,仁学思想成为儒家思想发展史的核心思想。正如有学者所论,"《论语》中多处为'仁'规定界说,其特点是:'仁'不是以祖先神的崇拜为出发点,而是以人的理性为基点;不是以氏族群体为出发点,而是以个人修身为基点;不是以维护一方而牺牲另一方为出发点,而是力求照顾到人际双方的利益为基点。孔子将'仁'解释为'爱人'就显示了这样一些特点。"[1]儒家强调人与人之间要有爱,要爱心与别人相处,所以仁的基本内涵就是"爱人"。

在仁爱思想的光辉下,孔子对所有人都体现了深沉的仁爱关怀,人道精神。例如,孔子反对人殉,并反对用俑殉葬。春秋以前统治者往往用人(主要是奴隶殉葬),春秋时期用人殉葬遭到了一些人反对,于是就出现了仿人的泥、木做的替代物——俑,但用俑殉葬这种观念从本质上来看,仍然是人殉制度的延续。所以孔子仍然反对。《孟子·梁惠王上》记载:"仲尼曰:'始作俑者,其无后乎!'为其象人而用之也。"在孔子看来,用俑殉葬仍然近乎用人,说明殉葬者心目中还是把人不当人,也是不人道的。所以孔子表示反对。根据孔子"始作俑者,其无后乎"这句话,后人将"始作俑者"引为成语,比喻第一个做某项坏事的人或某种恶劣风气的创始人。说明孔子的"爱人"具有广泛性,在某种程度上具备了朦胧的博爱意识,具有一种可贵的人道主义精神,也彰显出他宽厚伟大的人文品格。

怎么实现仁爱?

首先,孝悌是实现"仁"的根本。《论语·学而》说:"君子务本,本立而道生。孝弟也者,其为仁之本与!"表明"爱人"要从孝顺父母、尊敬兄长开始。如果一个人连自己的父母都不孝,他还有什么仁爱之心呢?所以,"孝道"乃为道德伦理的根本与基础。

---

[1] 张岂之:《儒学·理学·实学·新学》,陕西人民出版社,1991年,第6页。

唯有能行孝悌者，才能去爱他人。孔子又将亲情之爱推广开来，要求人与人之间要充满爱心，要"己欲立而立人，己欲达而达人"；要"己所不欲，勿施于人"，强调对人要温、良、恭、俭、让。

其次，在政治上，孔子不仅反对暴政、苛税，反对战争对人民生命财产的破坏，而且主张"使民如承大祭""使民以时"的仁义政治，要求统治者"节用而爱人，使民以时"（《学而》），国君节用而爱养人民，不要无穷无尽地使用民力，使老百姓有休养生息的时间。《先进》："季氏富于周公，而求也为之聚敛而附益之。子曰：'非吾徒也，小子鸣鼓而攻之可也！'"这是孔子激烈批评他的学生依附于季氏在经济上盘剥人民，表达对民众的声援。

第三，在人际交往上，他提出"泛爱众，而亲仁"（《学而》）。过去在对孔子的革命性大批判中，说孔子所谓的爱人只爱统治阶级、贵族。其实并非如此，他提出的"泛爱众"之"众"就是广大的劳动群众。而实现"仁"的基本途径就是忠恕之道：主张"四海之内，皆兄弟也"（《颜渊》）。

以人为本，仁者爱人后来成为一种核心价值，也是为商之道的核心价值。一个人干什么都是以做人为基础的，不会做人，什么都做不好，当然包括经商。日本著名企业家稻盛和夫是日本四大"经营之神"中唯一健在的人，是京瓷和KDDI的创始人，被誉为当代的松下幸之助。稻盛先生不仅是一位卓越的企业家，还是一位思想家，从企业家上升到思想家是他成功之根本。《商道即人道：稻盛和夫给创业者的人生课》这本书告诉我们敬天爱人，以心为本——这是稻盛和夫的思想核心。他在各种艰难、复杂的决策面前，始终坚持"何为作为人的理念"这个根本的判断基准作为出发"原点"，"敬天爱人"就是稻盛经营哲学的原点。事物的本性、人的本性往往是最简单的，是"归零"的，这就是"道"。万"术"不如一"道"，公平、公正、正义、诚实、勇气、谦虚、博爱、勤奋等都是最根本的"道"。守正于道，真心通天。

《商道》是2001年上映的一部韩国大型历史类电视剧。该剧讲述了主人公林尚沃这个以"赚取人心比赚取金钱更重要"为宗旨的商人的成功经历。林尚沃在少年时代就表现出行侠仗义、乐于助人的性格特点,在小伙伴中很有人缘。进入"江商"铜器店之后,得到"江商都房"洪德铢的磨砺和教导。洪德铢说:"做生意不是为了赚钱,而是为了赚取人心。"林尚沃受到震动,开始自觉地贯彻"商道即人道"的理念。他到燕京贩卖人参时,以一首吴伟业的诗打动了中国客户,不仅高价完成了交易,而且获得对方的好感,得到了"天银"二百两的馈赠。这笔数量不小的财富足以让林尚沃摆脱杂工身份,开店铺当老板。但林尚沃为了营救一位被卖进青楼的中国女子,毫不迟疑地捐助了这笔钱,并且不求回报,扬长而去。洪德铢知情后,不但不生气,反而赞赏林尚沃,提拔他当"江商"的书记。后来,当"江商"破产时,那位已经发迹的中国女子,资助了林尚沃,使"江商"得以重整旗鼓。晚年,林尚沃把洪德铢的"商道即人道"发展总结为"财上平如水,人中直似衡",作为自己的人生信条,并把自己的财产当作社会财产,广泛地救济扶助贫民,为社会造福。

稻盛和夫和林尚沃的经营理念来源于中国传统文化。可惜的是,中国传统文化是"墙内开花墙外香",中国传统文化这一根本精神却被不少中国企业家所忽视。由第一财经呈献、唯众传播制作的中国第一档商业脱口秀节目《波士堂》,也打出了"商道即人道"的广告语,主张"商道即人道,财经也轻松"。这是中国传统文化复兴在商业领域的体现。

"企业文化是一种以人为本的文化,最本质的内容,就是强调人的理想、道德、价值观、行为规范在企业管理中的核心作用,强调在企业管理中要理解人,尊重人,关心人。注重人的全面发展,用愿景鼓舞人,用精神凝聚人,用机制激励人,用环境培育人。企业文化是一个有机的统一整体,人的发展和企业的发展密不可分,引导企业职工把个人奋斗目标融于企业整体目标之中,追求企业的整体优势和整体意志的实现。"[①]作为庞大社会组织的

[①]徐磐石:《企业文化——企业管理的最高境界》,《上海商业》,2010年第9期。

一个有机组成部分,"以人为本"也应该成为企业管理者的一种领导方式或理念,实现"以人为本"的管理。"以人为本"的管理是指在管理过程中以人为出发点和中心,围绕着激发和调动人的主动性、积极性、创造性展开的,以实现人与企业共同发展的一系列管理活动,并以此作为企业管理的指导思想。人创造了社会,推动和促进了社会的发展。一个企业,衡量它的发展是否成功,管理是否科学,根本的一条是看它是否树立了以人为本的思想,是否把员工的主动性、积极性、创造性真正调动起来了。要调动员工的主动性、积极性、创造性并不能仅仅通过物质利益的刺激或者诱惑,而应该把员工当成一个有七情六欲、活生生的人来对待,促进员工的全面发展。因为人是一个复杂的复合体,而非简单的"经济人""机器人"。反面的例子,富士康在富士康企业过度追求利润,基层员工劳动强度极大,被训练成了一台台机器。中国人民大学劳动关系研究所教授常凯进行了深入分析。他说:富士康的工人生存状态是原始原子化的。工人之间互相没有联系,而管理制度非常严格,服从管理是基本的企业文化原则。富士康对工人的工作安排非常细致,工人就像零部件一样,长时间的加班使得工人都成了机器,没有自我。工人的内心是孤独的、没有依靠的。因此,工人出了问题,心理上排解不开,比较消极,可能就会选择一种极端的方式。这种极端的方式在高密度的人群当中更容易产生,也容易传染,而一旦产生也难以控制。因此,富士康对员工的管理忽略了他们的精神需求,对他们的精神生活关注很不够。据富士康不少员工表示,在富士康工作感觉就像是一个机器,就是流水线上,单调枯燥的动作要反复不停地重复着,有时候下班以后睡觉了,做梦时都感觉自己的手还在拧着螺丝。许多富士康人都有要"逃离富士康"的想法,说明富士康的凝聚力缺乏,归属感缺乏。①

"以人为本"的本质是"以仁为本"。如果企业家能够从"以仁

---

① 崔晓红:《世界工厂的思考》,《新财经》,2011年第1期。

为本"的角度来落实"以人为本"，那就真正找到了企业文化的康庄大道，必由之路。"以仁为本"的具体体现就是把员工当亲人，把客户当亲戚。无论对"亲人"还是"亲戚"，一个"亲"字就把"仁"天生的本源情怀体现出来了，在此基础上的"亲情"就是一种发源于仁心、仁性的情不自禁的情感。有情则有感，有感则有通。这样，在发源于亲情的"仁"面前，任何华丽的辞藻，都显得那么苍白无力。设想一下，要是成百上千的员工都是老板的"亲人"，成千上万的客户都是老板的"亲戚"，我们的企业会是一幅多么美妙的和谐共赢的发展图景！

同仁堂的故事就是"以仁为本"的典型。少年康熙曾得过一场怪病，全身红疹，奇痒无比，宫中御医束手无策，康熙心情抑郁，微服出宫散心，信步走进一家小药铺，药铺郎中只开了便宜的大黄，嘱咐泡水沐浴，康熙按照嘱咐，如法沐浴，迅速好转，不过三日便痊愈了。为了感谢郎中，康熙写下"同修仁德，济世养生"，并送给他一座大药堂，起名"同仁堂"。同仁堂在成长过程中，可以说是以仁行天下。在许多老北京人眼里，同仁堂的命脉就在这个"仁"上。他们的管理信念就是同心同德，仁术仁风。同仁堂历经沧桑，金字招牌长盛不衰，在于同仁堂人注重把崇高的精神、把中华民族的传统文化和美德，熔铸于企业的经营管理之中，并化为员工的言行，形成了以仁为核心价值的企业文化系统。同仁堂不管炮制什么药，都是该炒的必炒，该蒸的必蒸，该炙的必炙，该晒的必晒，该霜冻的必霜冻，绝不偷工减料。像虎骨酒和"再造丸"炮制后，都不是马上就卖，而是先存放，使药的燥气减少，以提高疗效。虎骨酒制成后要先放在缸里封存两年，再造丸要密封好储存一年。世世代代恪守"同修仁德、亲和敬业、共献仁术、济世养生"的堂训，终成百年典范企业。我们的企业如果都像同仁堂一样恪守"以仁为本"，"把员工当亲人"，"把客户当亲戚"，相信一定可以越做越好。

四、以义制利、博施济众

提到"义"与"利"的关系,人们总是把二者对立起来,如《孟子·滕文公上》有"为富不仁"之说,在民间也形成了"无商不奸"的说法,西方古希腊亚里士多德也有"所有的商业皆是罪恶"之论。这些观念可能与当时社会上一些不法商人的各种不正当牟利有关,这其实不符合儒家本来的思想。孔子为代表的先秦儒家提倡见利思义,他并没有明确反对利的追求。《论语》中可以找到多处孔子谈论义和利的言语。"富而可求,虽执鞭之士,吾亦为之。如不可求,从吾所好。"(《述而》)如果富贵合乎于道义就可以去追求,即使是给人执鞭的下等差事,我也愿意去做。如果富贵不合于道义就不可去追求,那我就还是按我的爱好去干事。从此处可以看到,孔子不反对发财,也不反对做官,但必须符合于道义,这是原则问题。

在肯定基本物质需求时,孔子更加倡导在精神上对"义"的坚守。"君子义以为质,礼以行之,孙以出之,信以成之。君子哉!"(《卫灵公》)孔子说:"君子以义作为根本,用礼加以推行,用谦逊的语言来表达,用忠诚的态度来完成,这就是君子了。"这就把"义"看成是人安身立命的根本。"见利思义,见危授命,久要不忘平生之言,亦可以为成人矣!"(《宪问》),见到财利就要想到义的要求,遇到危险能献出生命,长久处于穷困还不忘平日的诺言,这样也可以作为成人了。皇侃《义疏》解释"见利思义"曰:"若见财利思是仁义,合宜之财然后可取。"邢昺《注疏》解释"见利思义"曰:"见财利思合义然后取之"。孔子不是一般地反对"利",而是指见到财利,应首先想一想符合不符合道义或者仁义,符合的则可以取,不符合的则不该取。"义然后取,人不厌其取。"(《宪问》)皇侃就《义疏》:"夫取利,若非义取,则为人所厌。我夫子见得思义,义而后取,故人不厌其取也。"邢昺《注疏》:"见得思义,合宜然后取之,不贪取也,故人不厌倦其取也。"二人都提到

"见得思义"然后取，所以人不厌其取，邢昺更增加了不贪取之意。"见得思义"是孔子的学生子张说的，见《子张》。邢昺《注疏》解释说："见得利禄，思义然后取。"言外之意，只要是符合义的利禄是可以接受的，与孔子的思想完全一致。

孔子把不正当的利看得如天上的浮云："饭疏食饮水，曲肱而枕之，乐亦在其中矣。不义而富且贵，于我如浮云。"(《述而》)何晏《集解》引孔安国注："疏食，菜食。肱，臂也。孔子以此为乐。"引郑玄注："富贵而不以义者，于我如浮云，非己之有。"皇侃《义疏》："'饭疏食饮水'，此明孔子食无求饱也。饭，犹食也。疏食，菜食也。言孔子食于菜食而饮水，无重肴方丈也。'曲肱而枕之，乐亦在其中矣'，此明孔子居无求安也。肘前曰臂，肘后曰肱，通亦曰臂。言孔子眠曲臂而枕之，不锦衾角枕也。孔子麤(同"粗")食薄寝，而欢乐怡畅，自在麤薄之中也。'不义而富且贵，于我如浮云'……言浮云自在天，与我何相关？如不义之富贵，与我亦不相关也。又浮云儵(同"倏")聚欻散，不可为常，如不义，富贵聚散俄顷，如浮云也。"邢昺《注疏》："此章记孔子乐道而贱不义也。'子曰：饭疏食饮水，曲肱而枕之，乐亦在其中矣'者，疏食，菜食也。肱，臂也。言己饭菜食饮水，寝则曲肱而枕之，以此为乐。'不义而富且贵，于我如浮云'者，富与贵虽人之所欲，若富贵而以不义者，于我如浮云，言非己之有也。"朱熹《集注》："圣人之心，浑然天理，虽处困极，而乐亦无不在焉。其视不义之富贵，如浮云之无有，漠然无所动于其中也。程子曰：'非乐疏食饮水也，虽疏食饮水，不能改其乐也。不义之富贵，视之轻如浮云然。'又曰：'须知所乐者何事。'"孔子所乐当然是乐道了。这一章用简洁朴素的笔致，勾画出一个安贫乐道者的心理状态，告诉我们快乐生活的源泉决不在声色犬马的物质享受，而在于无愧于心的怡然自得。孔子提倡"安贫乐道"，认为有理想、有志向的君子，不要太在乎衣食住行这些物质方面，哪怕处于贫穷之中也要有一个快乐的心态。同时，他还强调不合道义的富贵荣华，他是坚决不予接受的，这些东西对他来说就像天上的浮云一样不属于自己,即使占用了也是聚散无常。这种思想深深影响了中国古代的士人,也为一般老百姓所接受。这种平凡而又高洁的生活态度,令人向往,在今天的社会弥足珍贵。因为一般人一生多为衣食筹划、奔波,攀比寻思,患得患失,不知满足,失去很多人生的乐趣。

由以上引文可知,孔子并不否定追求利的正当性,而他所强调的是取利之道的正义途径。所以,孔子义利观是追求义和利的统一,既重视义也不轻视利,只有在义利之间不能兼顾而只能取其一的情况下,他才毫不犹豫地选择义。后来不同时代儒家学者在孔子的基础上从不同的方面进行阐述,对"义"与"利"问题有不尽相同的看法,但大体上都不离孔子的基本思想。孟子同孔子一样也是重义轻利,当梁惠王召见他征询如何能使魏国获得最大利益时,孟子给予坚决的回应:"王何必曰利","仁义而已矣"(《孟子·梁惠王上》)。当道义和生命不可兼得的时候,孟子还提出了"舍生取义":"生,亦我所欲也。义,亦我所欲也。二者不可得兼,舍生而取义者也。"(《孟子·告子上》)孟子的义利观是有点过分偏向"义"而否定"利"。荀子说"义与利者,人之两有也"(《荀子·大略》),他在肯定人欲的基本需要下,提出义利并重。西汉董仲舒提出了"正其谊不谋其利,明其道不计其功"(《汉书·董仲舒传》)的主张,明显地又偏重于"义"而否定"利"。宋明理学家将义利之辨的对立推向了高峰,以二程、朱熹为代表的大儒有贵义而贱利的思想倾向,提倡"存天理,灭人欲"。这里的人欲,是指不顾天下不公,而只顾一己之私的私欲。这种私欲与天理不容,所以要义以为上,以义制利。而李觏、叶适和颜元等具有功利主义倾向的思想家则明确表示反对贵义贱利,应该义利并重。

五四以来,中国思想文化界的主流是拿儒家思想做近代中国落后的替罪羊,中国的知识分子们对孔孟的攻击和妖魔化一直到今天都没有停止,人们对传统的义利观做了过度的负面诠释和片面理解。相反,儒家思想在明治维新后被重新诠释,对于日本的现代化与其说构成障碍,不如说形成助力。涩泽荣一认为《论语》

代表仁义、伦理和道德,而"算盘"当然是"精打细算"的"利"的象征。传统观念里将"义"与"利"对立起来是不对的。他认为自己的工作就是要通过《论语》来提高商人的道德,使商人明晓"取之有道"的道理。同时,又要让其他人知道"求利"其实并不违背"至圣先师"的古训,尽可以放手追求"阳光下的利益",而不必以为与道德有亏。而致富的根源就是,只有依据"仁义道德"和"正确的道理",其富才能持续下去。[①] 今天,我们在大力发展市场经济的过程中,应批判地继承儒家的义利观,吸收其"以义制利""公利为上"的合理内核,逐步确立一种义利统一、先义后利、以义导利的新型义利观,以促进市场经济的健康发展。

儒家思想倡导积极入世,经世致用,所以希望士、君子能够以天下为己任,有深沉的社会责任感和担当意识。北宋张载提出:"为天地立心,为生民立命,为往圣继绝学,为万世开太平。"当今中国功利主义价值观流行,大多数商人太过于注重自己发大财,缺乏社会责任。我们的一些企业也是"舍义取利",甚至唯利是图,导致商业道德失范,除了在国内严重地损害国人,还严重地损害"中国制造"的国际声誉,影响到经济健康发展、社会和谐稳定。企业家要成为儒商,就应该有儒家"博施于民而能济众"(《雍也》)的精神,不是把获利作为商业活动的唯一目的,除了自己赚钱,富裕起来,要充分认识到你的商业活动是社会的有机组成部分,你的事业是有许多人为你提供了机遇、环境、帮助和合作才获得成功的。你赚了钱,但不能说这就完全是你自己的本事。所以,要有社会责任感,把经商谋利与"博施济众"结合起来,尽自己最大所能回报社会,力所能及地做些公益事业。

[①] 涩泽荣一:《〈论语〉与算盘·前言》,李政译,江西美术出版社,2010年,第1—2页。

五、内诚于心,外信于人

"诚"的基本含义就是真诚、诚实、诚恳、诚挚。"信"字从字形构造上看左边是"人"字,右边为"言"字,象征人说话,原本是指古代祭祀时对上天和先祖所说的诚实不欺之语,后来引申为守信义,讲信用以及由此建立起来的信誉、信赖、信任、信心等。在一般意义上,"诚"即诚实、诚恳,主要指人具备真诚的内在道德品质;"信"即信用、信任,主要指人内在真诚的外化。"诚"侧重于"内诚于心",是个人内在的道德体验;"信"则侧重于"外信于人",是人们外在的准则、规范。诚信是诚实守信的简称。

在《论语》中,孔子与学生多次提到诚、信。虽然《论语》中诚、信两字并未连用,但与诚信意义相近的"忠信"一词却多次被提到,并为孔子所大力提倡。《颜渊》子曰:"主忠信……'诚不以富,亦只以异。'"皇侃《义疏》:"言若能复以忠信为主……引《诗》证为惑人也。言生死不定之人,诚不足以致富,而只以为异事之行耳也。"邢昺《注疏》:"言人有忠信者则亲友之……'诚不以富,亦只以异'者,此《诗·小雅·我行其野》文也。只,适也。言此行诚不足以致富,适足以为异耳。取此诗之异义,以非人之惑也。"朱熹《集注》:"主忠信,则本立……'诚不以富,亦只以异。'此《诗·小雅·我行其野》之辞也。旧说:夫子引之,以明欲其生死者不能使之生死。如此诗所言,不足以致富而适足以取异也。程子曰:'此错简,当在第十六篇齐景公有马千驷之上。因此下文亦有齐景公字而误也。'"这一章"主忠信"意思清楚,古今对"诚不以富,亦只以异"歧义较大,宋代程颐首认为是错简,以为所引诗句与"崇德辨惑"不类,而应置于《季氏》"齐景公有马千驷"条中。朱熹承程氏之说也以为"错简",此后论《论语》者遂多从其说,"错简"之论几为定说。南宋时虽有叶适、张栻等人对"错简"说提出质疑与批评,却未受到重视。现当代学者也多有异议。我认为此句放在这里与子张的"崇德、辨惑"更贴合,不存在错简问题。

由皇侃、邢昺到朱熹解释也大致相近，即"爱之欲其生，恶之欲其死。既欲其生，又欲其死，是惑"的人实在不足以致富，只是让人们觉得更异类罢了。

诚信是个人安身立命的根本。孔子说："人而无信，不知其可也。大车无輗，小车无軏，其何以行之哉？"（《为政》）大车无輗，小车无軏：古代用牛力的车叫大车，用马力的车叫小车。两者都要把牲口套在车辕上。车辕前面有一道横木，就是驾牲口的地方。那横木，大车上的叫作鬲，小车上的叫作衡。鬲、衡两头都有关键，輗就是鬲的关键，軏就是衡的关键。车子没有它，自然无法套住牲口，当然不能行走。这就是说，一个人如果不讲信用，在社会上就无立足之地，就会寸步难行。孔子又说："言忠信，行笃敬，虽蛮貊之邦行矣。言不忠信，行不笃敬，虽州里行乎哉？"（《卫灵公》）说明"诚信"是立人之本，是人生路上的"通行证"。

诚信是交友之基。一个人生活在社会当中，必然要与各种各样的人打交道，大家都希望交到一些真心实意的朋友。《学而》："与朋友交，言而有信。"《公冶长》："朋友信之"。交友有诚信才能达被"朋友信之"，朋友之间如果能够做到推心置腹、心心相印，那就能产生真正的朋友。否则，朋友之间充满虚伪、欺骗，就绝不会有真正的朋友。所以，友情是建立在诚信的基础上，只有在诚信的基础上，才能形成良好的人际关系。

"诚信"也是为政之本，子贡问孔子如何从政，孔子回答说："足食、足兵、民信之矣。"子贡又问："必不得已而去，于斯三者何先？"孔子回答说：先去食后去兵，因为"自古皆有死，民无信不立"（《颜渊》）。孔子在足食、足兵、民信三者中，宁肯去兵、去食，也要坚持保留民信。因为孔子认为，如果人民不信任统治者，国家朝政就根本立不住脚。因此，统治者必须"取信于民"。《学而》："敬事而信者。"朱熹注："敬事而信者，敬其事而信于民也。"可以理解为"使民信任"的意思。

从为商之道来说，诚信是儒家强调的在对财富的追求中应遵守的基本规范。传统社会，在儒家思想的熏陶下，培育了一代代儒商。他们遵循儒家的道德观念，做人与经商并重，在经商过程中体现"诚信"的做人原则，践行"诚实守信""货真价实，童叟无欺"的商德。清末民国初年，义乌商贸业得到较快发展，常被后世称道的良商义贾也出现在这个时期。据《泉陂陈氏宗谱》记载，后宅全备村的陈开兰"兼营商货，至苏杭，必大获利归，操赢如胜券。同业者每不解其故，有问之，曰'吾无他长用，吾诚而已，一诚无伪，人皆信之，吾是以得战胜商场也。'"陈开兰道出了广大义商的心声，诚信是个游戏规则，也是个商业规则，遵循了才能得到丰厚的收益与回报。胡雪岩(1823—1885)，安徽绩溪人，幼年时候，家境十分贫困，但胡雪岩贫不夭志，少年时即表现出诚信不贪的品德。咸丰十一年(1861)，太平军攻打杭州时，胡雪岩从上海、宁波购运军火、粮食接济清军，获得曾国藩的信赖，被委任为总管，主持浙江全省的钱粮、军饷，使阜康钱庄大获其利，也由此走上官商之路。"北有同仁堂，南有庆余堂"。胡庆余堂为什么能成为百年老字号？杭州胡庆余堂药店有一块牌匾：戒欺。这是著名徽商胡雪岩对自己做人经商的提醒。他在牌匾跋文中写道："凡百贸易均着不得欺字"，"余存心济世，誓不以劣品弋取厚利"，"采办务真，修制务精，不至欺余以欺世人。""戒欺"是胡雪岩扛起的一面旗帜，胡庆余堂继承了胡雪岩的经商宗旨。"戒欺"包含三重意思：一是质量不能欺骗，即"采办务真，修制务精"，所生产药品质量上乘，在竞争上提倡货真价实；二是价格不能欺骗，即"真不二价，二价不真"；三是"质优价实，童叟无欺"，做生意讲诚信，老少无欺，贫富无欺。"戒欺"是胡庆余堂的立业之本，历经百余年的沉淀和锻造，"戒欺"已内化为胡庆余堂的内在品格，深化为一种道德自律的文化自觉，是胡庆余堂蜚声海内外，生意兴隆的秘诀。

　　大家都深切地感受到当今中国缺乏诚信，为什么会这样？当代中国人出现的缺失主要是百多年来割断传统文化，没有经典教育，遗失了诚信价值观，贬低道德人格的恶果，造成诚信缺失、不讲信用。另外随着市场经济的发展，传统的生活方式和价值观念也发生了根本性的变化,从心理上讲,人们私心蒙蔽,欲望膨胀,总想不劳而获,一夜暴富。一些人往往不敢正视自己,不敢直面社会,用空话、假话把自己伪装起来,把自己保护起来,由此而谎话连篇,由此而谎言肆行,由此而不诚不信,大行其道,使得中国人似乎成为世界上最不讲诚信的人。

诚信的缺失不仅危害经济社会发展,破坏市场和社会秩序,而且损害社会公正,损害群众利益,使全社会都为此付出了沉重的代价,妨碍社会的文明进步。近年来相继发生"毒奶粉""瘦肉精""地沟油""染色馒头"等事件,这些恶性的食品安全事件足以表明,诚信的缺失、道德的滑坡已经到了多么严重的地步。今天,诚信仍然是各种商业活动的最佳竞争手段,是市场经济的灵魂,是企业家的一张真正的"金质名片"。人无诚不立,企业无信不存,诚信是企业求生存、图发展的生命线。对企业而言,诚信是黄金资产,诚信经营会有丰厚回报。市场经济是信用经济、契约经济,只有那些诚信经营的企业,才能在激烈的市场竞争中站稳脚跟,赢得客户,赢得市场。

六、君子爱财,取之有道

一般人认为"君子爱财,取之有道"这句耳熟能详的话出自《子张》。其实《论语》一书并没有"君子爱财,取之有道"一句话,更不是出自《子张》,可能是网上的以讹传讹。这句话是以《里仁》"富与贵,是人之所欲也,不以其道得之,不处也;贫与贱,是人之所恶也,不以其道得之,不去也"为基本思想而脱胎出来的,后来在《增广贤文》等著作中出现,并进而成为脍炙人口的名言警句。对这两句代表性注释,如何晏《集解》引孔安国:"不以其道得富贵,则仁者不处。"何晏亦注:"时有否泰,故君子履道而反贫贱,此则不以其道得之,虽是人之所恶,不可违而去之。"邢昺《注疏》:"富者财多,贵者位高。此二者是人之所贪欲也。若不以其道而得之,虽是人之所欲,而仁者不处也。乏财曰贫,无位曰贱。此二者是人之所嫌恶也。时有否泰，故君子履道而反贫贱。此则不以其道而得之，虽是人之所恶，而仁者不违而去之也。"人人都向往富贵，摆脱贫贱。但如果一个人遇到富贵，不管是否以道得之，就想到"处"；如果面对贫贱，是因行道而得之，就想到"去"，那不是君子应该做的。朱熹《集注》："不以其道得之，谓不当得而得之，然于富贵则不处，于贫贱则不去。君子之审富贵，安贫贱也，如此。君子所以为君子，以其仁也。若贪富贵而厌贫贱，则是自离其仁，而无君子之实矣。"朱熹更多地从个人修养来讲，君子以仁为本，与是否处富贵，是否去贫贱，以仁为标准。刘宝楠《论语正义》："富贵人之所欲，贫贱人之所恶，亦是严好恶也。若于不以其道之富贵则不处，不以其道之贫贱则不去，思惟仁者能之。盖仁者好恶，有节于内，故于富贵则审处之，于贫贱则安守之。"在常人印象中，儒家倡导"君子固贫"，似乎反对财富。儒家不但不反对财富，相反，从孔子开始历代儒家还对财富问题还多有讨论，常有新见。

《述而》载子曰："富而可求也，虽执鞭之士，吾亦为之。如不可求，从吾所好。"何晏《集解》引郑玄注："富贵不可求而得之，当修德以得之。若于道可求者，虽执鞭之贱职，我亦为之。"皇侃《义疏》："夫富贵贫贱皆禀天之命，不可苟且求。若可求而得者，虽假令执鞭贱职，而吾亦为之，则不辞矣。"皇侃与郑玄理解得差不多，只是提到富贵乃天命，不可妄求。邢昺《注疏》："此章孔子言己修德好道，不谄求富贵也。言富贵不可求而得之，当修德以得之。若富贵而于道可求者，虽执鞭贱职，我亦为之。如不可求，则当从吾所好者，古人之道也。"邢昺更强调富贵不可求而得之，应当修德以得之。朱熹《集注》："执鞭，贱者之事。设言富若可求，则虽身为贱役以求之，亦所不辞。然有命焉，非求之可得也，则安于义理而已矣，何必徒取辱哉？"朱熹也认为富贵由天命决定，要安于义理，不必自取其辱。孔子这段话意思是说，如果富贵合乎于道义就可以去追求，即使是给人执鞭的下等差事，我也愿意去做。如果富贵不合于道义就不可去追求，我就还是按我的爱好去干事。从这里可以看到，孔子不反对发财，但必须符合于道义，这是原则问题。《子路》载：子谓卫公子荆，善居室。始有，曰："苟合矣。"少有，曰："苟完矣。"富有，曰："苟美矣。"孔子称赞卫国的公子荆善于管理家业。公子荆刚有一点财产，自己就说差不多合格了；稍微增加一些财富，又说这比较完备了；当他富裕之时，就说这比较完美了。这里，孔子既赞扬了公子荆擅长当家理财，又肯定了他善于知足和节制。

富贵，人人都想，至于如何求得富贵，对于富贵与道义的关系问题，孔子告诉我们要"取之有道"。什么"道"？我们常说做什么事情要有道，甚至说"盗亦有道"。当然，经商也有"商道"。"商道"是什么？商道，原指古代经商之道，如商人出外回转之古道、商品转运、商业流通、商家经营之道。后来其外延不断延伸，现在有的人说商道是互通有无，囤货居奇，远交近攻，外诚内奸。商场如战场，商道如兵法，等等。这些看法站在纯商业角度也许是有道理的，但是从儒商的角度来看，这还是属于小道。儒商首先要成为"儒"，把握、信仰儒家的"大道"，如仁、义、礼、智、信等核心价值观。这些价值观不仅是中国传统文化的核心价值观，也是具有人类普遍性的价值观，具有超越时空的价值，是儒商的立身之本，是其做人经商的指导思想。所以，要成为一个真正的儒商，先要学这个"道"，明这个"道"，修这个"道"，行这个"道"，然后"取之有道"。这个"道"归结起来也就是仁义之道——仁道。仁道是儒家的最高原则，是人安身立命的基础。所以，无论是富贵还是贫贱，无论是仓促之间还是颠沛流离之时，都绝不能违背这个原则，动摇这个基础。

七、尚中贵和、和气生财

中、和的思想渊源深远，孔子在前贤基础上进一步丰富和发展了"中"与"和"，有了"中和"的思想，正是尧、舜、禹"允执其中""允执厥中"的基础上发展起来的。《尧曰》载尧曰："咨！尔舜！天之历数在尔躬。允执其中。"朱熹《集注》："允，信也。中者，无过不及之名。"尧给舜在传天子之位时说，按照上天安排的次序，帝位要落到你身上了，你要真诚地执守中正之道。《尚书·大禹谟》："人心惟危，道心惟微，惟精惟一，允执厥中。"人心危险难安，道心幽微难明，只有精心一意，诚恳地秉执其中正之道，才能治理好国家。尽管这十六字有后代学者认为是伪古文，但宋儒非常重视这"十六字心传"。朱熹《中庸章句序》："盖自上古圣神，继天立极，而道统之传，有自来矣。其见于经，则'允执厥中'者，尧之所以授舜也。'人心惟危，道心惟微，惟精惟一，允执厥中'者，舜之所以授禹也。"即认为儒家的中道思想来自尧、舜，是道统的集中体现。《中庸》引孔子的话说舜"舜其大知也与！舜好问而好察迩言，隐恶而扬善，执其两端，用其中于民，其斯以为舜乎！"舜能够虚心向人请教，特别对一般老百姓的粗浅之言很重视，从中体味老百姓的心声，对听到的不同意见，特别是对是非善恶有自己的分析判断，能够隐恶扬善，扶正避邪，善于通过考察事物的两个极端，把握中道来治国理民，这便是"执两用中"，是舜的"大知（智）"，也就是一种政治大智慧。

《子罕》还载孔子说："吾有知乎哉？无知也。有鄙夫问于我，空空如也，我叩其两端而竭焉。"何晏《集解》引孔安国："有鄙夫来问于我，其意空空然，我则发事之终始两端以语之，竭尽所知，不为有爱。"朱熹《集注》："孔子谦言己无知识，但其告人，虽于至愚，不敢不尽耳。叩，发动也。两端，犹言两头。言终始、本末、上下、精粗，无所不尽。"本章本意是孔子尽其所知，竭力教人。其实也包含着中道思想，朱熹在孔安国所说的"终始"之后还增加了本末、上下、精粗等，都是事物的两头。研究学问或者做事，如果能把握两头，也就找到了关节点——中，便是为学的方法，做事的途径。

《论语·雍也》子曰："中庸之为德也，其至矣乎！"孔子以中庸为最高德行。一方面把礼视为"中"，执中、用中是依存于礼的，执中即是执礼，中庸意即谨守礼制，不偏不倚，不激不随，恰当适中。另一方面把中庸的观念与"仁"密切地联系起来,以"中"来平衡"仁"与"礼"的紧张,提出克己复礼为仁,天下归仁。"天下归仁"就暗含了由中庸达到天下大治的理想境界。

孔子在其他思想层面还贯注了"和而不同"的观念。如在处理社会关系上,"君子和而不同,小人同而不和","泰而不骄"(《子路》),君子"群而不党"(《为政》),"周而不比"(《卫灵公》)。在政治上也主张"和而不同",他的主导思想是"为政以德",但又主张恩威并施,德刑兼用,宽猛相济,认为只有这样才能实现政治上的"和"。

有子曰:"礼之用,和为贵。先王之道,斯为美。小大由之,有所不行;知和而和,不以礼节之,亦不可行也。"(《学而》)礼(广义的礼,包含乐)是通过区分亲疏远近,尊卑贵贱,其基本功能是讲究名分,节制各等级身份及其行为,使行为符合礼的规定,所以本质是"分"。礼在应用的时候不能事无大小都用礼而不用乐来实现"和"。况且礼乐的最终目的还是以和为贵,在维护社会正常秩序的同时促进人与人之间和谐相处,实现整个社会的和谐。但是,另一方面,如果一味地为和而和,一团和气,不以礼(狭义的礼,具体礼仪形式)来进行约束,也是不行的。所以,这里的"和"就是"和而不同"的"和",而不是没有任何差别的齐同之和,不是毫无原则的苟且之合。不知从何时开始,"礼之用,和为贵"简缩为"和为贵",并演绎成处理人际关系的一条道德箴言,与对抗、争斗相对,并引申出了许多类似的古训。如和气生财、和气致祥、和衷共济、家和万事兴,等等,倡导和睦、和气、团结。"和为贵"就成为中国文化的基本精神之一,最能体现中华民族爱好和平,追求和谐优秀传统。

"和为贵"应用在经营上就是和气生财。在经营活动中应该注意与其他经营者的合作共赢,也就是常所说的有钱大家赚。另外,还要在经营活动中把顾客视为亲人,在服务过程中亲切、亲近,让顾客有一种宾至如归的感觉。第三,就是有钱了乐善好施、扶危济困。相声艺术大师侯宝林先生说的一段相声中,有一段唱:

"买卖要靠和气生财,不分穷富一样看待……像你这样的买卖怎么能够不发财。""和气",便是商家和顾客间联络感情、增强感情的重要手段,正因为"和气待人,童叟无欺",这样的买卖从创业到发展,才能不断赢得顾客,才能发财。网上读到一篇回忆《老北京店铺的"和气生财"》的文章。一位老者回忆小时候北京店铺几件和气生财的故事,第一个故事是"一碗高粱米粥"。据老者回忆,他家所住的胡同口、胡同深处及胡同对面的东观音寺街西口皆有油盐店,卖油、盐、酱、醋、豆制品,各种调料及一些日用品。其中,位于他家所住的胡同东口的那家油盐店距胡同内居民最近,距他家不足20米,但其生意较冷清。相比之下,东观音寺街西口路北那家店铺生意最火,不少居民舍近求远地前去购物,而且皆说这家店铺的掌柜和伙计为人和气,所卖东西质量好、分量足。他母亲听说后,也想去看看,于是便带他出胡同过马路去了这家店铺。一进店门,便有个高个子中年人笑容满面地迎上前说:"大嫂,买点儿什么?"说着,便随手搬过一个凳子,热情地说:"来,让孩子先坐这儿歇会儿!"(后来得知这是该店的李掌柜)他刚坐下,便有个伙计端出一碗热气腾腾的高粱米粥。掌柜说:"这是新米熬的,给孩子尝尝!"母亲有点不好意思,因为素不相识,哪能随便让孩子吃人家东西呢。但他毕竟是小孩只知道端起就喝,边喝边说真好喝。这一碗温度适中,放了红糖的高粱米粥,使双方说话气氛立刻融洽起来,接着伙计麻利地把他母亲所要的东西称好交给他母亲,最后掌柜的又微笑着把他们母子送出店门并连说"回见"。这以后,再去买东西,他母亲不好意思再去别家儿,因为若不到这家买东西,就好像总欠这家人情似的,于是便常去此店买东西了。据说,李掌柜特别能抓住不同身份、不同年龄、不同秉性等顾客的心理,"对症下药"地进行感情投资。对他家、对其他人家去该店买东西皆如此。他渐渐长大后母亲便让他自己去买,他和邻居的孩子皆称掌柜的为"李大爷",他幼小的心灵感觉到:李大爷在没有大人带领的情况下,对他们这些孩子更客气。有时,他们买的东西多了或易碎物,李大爷还让店里的伙计送他们回家，所买之物价实量足。这样和气的掌柜和热情的伙计，这样人前人后一样童叟无欺地诚实待人，人们舍近求远纷纷光顾其店，也就不足为奇了。

小本生意是这样，大企业也是这样。一个企业内部和谐融洽，同心协力，上下一致，在这种情况下，"和"就是一种凝聚力、向心力。一个企业对外与社会公众、与顾客和谐相处，就能"和气生财"，在这种情况下，"和"就成了一种竞争力。被誉为松下"经营之神"的松下幸之助十分重视"和"在企业管理中的作用。他反复对员工宣讲"事业的成功之首在人和。一群人在一起做事情，最重要的就是同心协力、团结一致。公司上下能不能同心协力、团结一致，是企业成功与失败的关键"。"亲睦合作的精神，公司拥有的员工，即使每个人都是优秀的人才，如若缺少这种精神，也等于是乌合之众，不会发生任何力量"[1]。公司上下能不能团结一致，同心协力、团结一致，往目标上努力，是企业成功的关键。

结语

以《论语》为开创和代表的儒家文化百多年来遭遇了史无前例的冲击，现在又生气勃勃地走向复兴。为商之道以什么作为自己的内在精神动力？当然是中国传统文化。中国传统文化博大精深，包括儒、道、佛三教，诸子百家，但主体是儒家文化。所以儒家文化在为商之道中必然扮演主体角色。今天，我们仍然可以通过传承儒家核心价值观，挖掘中国古代的商业精神，坚持古为今用、推陈出新，有鉴别地加以对待，有扬弃地予以继承，重塑我们现代的商业精神。

---

[1] 沈健：《日本企业的"员工精神"》，《商业文化（下半月）》，2010年第1期。

第九章 游艺之道

一、游、艺、六艺的含义与内容

"游艺",原意指游憩于六艺之中,后泛指优游技艺之中。"游"本义指人或动物在水里自由行动。《说文解字》:"游,旌旗之流也。""艺",古字写作"埶 yì",会意字,从坴(lù)从丮(jǐ)。坴,指大土块;丮,手持。《说文解字》:"埶,种也,或作藝。""埶"始见于商代,其古字形像一个人双手持草木在土地上,表示种植。"藝"是在"埶"的基础上繁化而成的。种植草木是一门技术,所以,"艺"又引申为"才能、技能"等义,《广韵·祭韵》:"藝,才能也。"《尚书·金縢》:"予仁若考,能多材多藝。"同时,有"技能"从根本上说就是掌握了做某事的尺度或标准。《广韵·祭韵》:"藝,常也,准也。"所以,"艺"又可引申为"准则、极限"。另外,一定的技艺,如果能达到出神入化的地步,都会给人以艺术性的享受,故"艺"也有艺术之意。

儒家经典中的"艺"多指六艺。《周礼·天官·宫正》:"会其什伍,而教之道艺。"郑玄注:"艺谓礼、乐、射、御、书、数。"《礼记·学记》:"不兴其艺,不能乐学。"这里"艺"是指礼、乐、射、御、书、数。《周礼·地官·大司徒》:"以乡三物教万民……三曰六艺:礼、乐、射、御、书、数。"郑玄注:"礼,五礼之义。乐,六乐之歌舞。射,五射之法。御,五御之节。书,六书之品。数,九数之计。"《周礼·地官·保氏》:"养国子以道,乃教之六艺:一曰五礼,二曰六乐,三曰五射,四曰五驭,五曰六书,六曰九数。"郑玄注:"五礼,吉、凶、宾、军、嘉也。六乐,《云门)《大咸》《大韶》《大夏》《大濩》《大武》也。郑司农(郑众)云：'五射，白矢、参连、剡注、襄尺、井仪也。五驭，鸣和鸾、逐水曲、过君表、舞交衢、逐禽左。六书，象形、会意、转注、处事、假借、谐声也。九数，方田、粟米、差分、少广、商功、均输、方程、赢不足、旁要。今有重差、夕桀、句股也。'"共计36类技艺。

就是说，六艺有"古六艺"，孔子以前周王官学要求学生掌握的六种基本才能：礼、乐、射、御、书、数。具体内容如下：

"礼"是指五礼：吉礼、凶礼、军礼、宾礼、嘉礼。《周礼·大宗伯》将礼分为五种："以吉礼事邦国之鬼神祇，以凶礼哀邦国之忧，以宾礼亲邦国，以军礼同邦国，以嘉礼亲万民。"吉礼是对天神、地祇、人鬼的祭祀，凶礼是哀悯吊唁忧患之礼，嘉礼是和谐人际关系、沟通以及联络感情的礼仪，宾礼是接待宾客之礼，军礼是师旅操演、征伐之礼。

"乐"是指六乐：《云门大卷》《咸池》《大韶》《大夏》《大濩》《大武》六套乐舞，即祭天神时黄帝之乐《云门》，祭地祇的尧之乐《大咸》，祭祀四望(五岳、四镇、四窦)的舜之乐《大韶》，祭祀山川的禹之乐《大夏》，祭周始祖姜嫄的汤之乐《大濩》，祭祀先祖、先王的周武王之乐《大武》。这都是上古流传下来著名的礼仪性乐舞。周时完整地保存有这六套乐舞，分别在重大的祭祀活动中使用。六乐流传到汉代，只有《大韶》《大武》二乐。

"射"是古代男子必备的技能。它既是选拔勇武之士的方式之一，还兼备礼仪教化的功能。射技有五：白矢、参连、剡注、襄尺、井仪。白矢，箭穿靶子而箭头发白，表明发矢准确而有力；参连，前射一箭，后三箭连发而中；剡注，猛力使箭贯穿目标；襄尺，尊者卑者同射之时不能并肩而立，卑者虚退后一尺；井仪，四矢连贯，皆正中目标，并呈井壮。"射"为男子之事，射箭在当时成为必不可少的军事训练，贵族子弟都要成为"执干戈以卫社稷"的武士。

"御"是指驾驭车马、战车的技术，进一步引申为统治臣下，治理民众。古文御写作驭(《广韵》)。御术有五驭(御)：鸣和鸾、逐水曲、过君表、舞交衢、逐禽左。分别指谓行车时有节奏，车铃"和"与"鸾"鸣声相应；车随着曲折的水沟边疾驰而不会落水；驱车通过模拟设置的辕门，要准确不偏，不发生碰击；车行于交衢，旋转快慢适度；驱车逐禽兽，要善于把禽兽阻拦在左边，以利于射猎。古代以战车为主征伐中，马车的数量成为一个国家强弱的标志，驾车之技也是国家兴衰存亡的象征。

"书"是指书法(书写、识字、文字)。许慎《说文解字序》："《周礼》：八岁入小学，保氏教国子先以六书：一曰指事。指事者，视而可识，察而可见，上下是也。二曰象形。象形者，画成其物，随体诘诎，日月是也。三曰形声。形声者，以事为名，取譬相成，江河是也。四曰会意。会意者，比类合谊，以见指㧑，武信是也。五曰转注。转注者，建类一首，同意相受，考老是也。六曰假借。假借者，本无其字，依声托事，令长是也。"六书是象形、指事、会意、形声、转注、假借。其中转注、假借是识字方法，象形、指事、会意、形声是造字方法。识字是学问的基本功，《说文解字序》还说："盖文字者，经艺之本，王政之始，前人所以垂后，后人所以识古。"南宋文学家戴侗说："主于以六书明字义。谓字义明则贯通群籍，理无不明。"(《六书故》)懂得六书，识得文字才能通晓群书，明白道理。清代朱骏声《进说文通训定声表》说："若不明六书，则字无由识；不知古韵，则六书亦无由通。"所以，六书为基础的识字教育是古代小学必学的内容。

"数"是指数术又称术数，是计算、数学的技术。郑玄《周礼注疏·地官司徒·保氏》中引郑司农(郑众)所言："九数：方田、粟米、差分、少广、商功、均输、方程、赢不足、旁要；今有重差、夕桀、勾股也。"一方田，田地测算；二粟米，粮食换算比率；三差分，赋税的分配；四少广，田亩面积和长阔；五商功，工程土方估计；六均输：运输费用的分配；七方程，指方程式；八盈不足，计算盈亏；九旁要，三角勾股定理。数与生活、政治密切相关，从政就要掌握百姓的数量、地域的面积、山林山川之名以及国家的测量单位等。"数"还体现在礼中形成礼数。比如古代的冕旒，天子的衮冕12旒，诸侯的衮冕用9旒，侯伯等上大夫用7旒，子男只能用5旒。"天子之冕十二旒，诸侯九，上大夫七，下大夫五。"(《周礼·夏官·弁师》)还有，古代的佾舞，天子用八佾舞，共64人；诸侯用六佾舞，48人或36人；大夫用四佾舞，16人或32人；士用二佾舞，4人或16人。丧礼有抬棺的人数，守丧的年数都在礼法规定之内。所以"王命诸侯，各位不同，礼亦异数，不以礼假人"(《左传·昭公十八年》)。

六艺各科目起源于原始社会，通过不断的发展与完善，在西周成康时期成为制度化的贵族教育课程体系。学习"六艺"的次序，据《礼记·内则》载："九年，教之数日。十年，出就外傅，居宿于外，学书计，衣不帛襦袴。礼帅初，朝夕学幼仪，请肄简、谅。十有三年学乐，诵《诗》，舞《勺》，成童舞《象》，学射御。二十而冠，始学礼，可以衣裘帛，舞《大夏》，惇行孝弟，博学不教，内而不出。"勺同籥，一种管乐器，可执之以舞。《勺》舞是一种文舞，《象》是一种武舞，手持竹竿以像干戈而舞。

徐干《中论·艺纪》解释说："艺者，心之使也，仁之声也，义之象也。故礼以考敬，乐以敦爱，射以平志，御以和心，书以缀事，数以理烦。敬考则民不慢，爱敦则群生悦，志平则怨尤亡，心和则离德睦，事缀则法戒明，烦理则物不悖。六者虽殊，其致一也。其道则君子专之，其事则有司共之，此艺之大体也。"这是对六艺及其道德教化功能的精辟阐释。

汉代以后，人们也把经孔子整理过的《诗》《书》《礼》《易》《乐》《春秋》六种经书称为"六艺"，有人把西周时的"六艺"称为"旧六艺"，而把孔子的"六艺"称为"新六艺"，也有人把《诗》《书》《礼》《易》《乐》《春秋》称为"大六艺"，把礼、乐、射、御、书、数称为小六艺。西汉贾谊《新书·六术》所谓"……以与诗、书、易、春秋、礼、乐六者之术，以为大义，谓之六艺。"史学家吕思勉解释说："予谓诗、书、礼、乐、易、春秋，大学之六艺也。礼、乐、射、御、书、数,小学及乡校之六艺也。"①"新六艺"或"大六艺"就是后世所谓的"六经"。

二、志道据德,依仁游艺

《述而》子曰:"志于道,据于德,依于仁,游于艺。"何晏《集解》:"志,慕也。道不可体,故志之而已。据,杖也。德有成形,故可据。依,倚也。仁者功施于人,故可倚。艺,六艺也,不足据依,故曰游。"皇侃《义疏》:"此章(彰)明人生处世,须道艺自辅,不得徒然而已也。志者,在心向慕之谓也。道者,通而不壅者也。道既是通,通无形相,故人当恒存志之在心,造次不可暂舍离者也。据者,执杖之辞也。德,谓行事得理者也。行事有形,有形故可据杖也。依者,倚也。仁者,施惠之谓也。施惠于事宜急,故当依之而行也。仁劣于德,倚减于据,故随事而配之。游者,履历之辞也。艺,六艺,谓礼、乐、书、数、射、御也。其轻于仁,故不足依据,而宜遍游历以知之也。"

朱熹《集注》:"志者,心之所之之谓。道,则人伦日用之间所当行者是也。知此而心必之焉,则所适者正,而无他歧之惑矣。据者,执守之意。德者,得也,得其道于心而不失之谓也。得之于心而守之不失,则终始唯一,而有日新之功矣。依者,不违之谓。仁,则私欲尽去而心德之全也。功夫至此而无终食之违,则存养之熟,无适而非天理之流行矣。游者,玩物适情之谓。艺,则礼乐之文,射、御、书、数之法,皆至理所寓,而日用之不可阙者也。朝夕游焉,以博其义理之趣,则应务有余,而心亦无所放矣。此章言人之为学当如是也。盖学莫先于立志,志道,则心存于正而不他;据德,则道得于心而不失;依仁,则德性常用而物欲不行;游艺,则小物不遗而动息有养。学者于此,有以不失其先后之序、轻重之伦焉,则本末兼该,内外交养,日用之间,

---

①吕思勉:《先秦学术概论》,东方出版中心,1985年,第66页。

无少间隙,而涵泳从容,忽不自知其入于圣贤之域矣。"

江谦《论语点睛补注》中说:"道、德、仁、艺,只是仁耳。行之,谓之道;得之,谓之德;守之,谓之仁;取之左右逢源,著于事物,谓之艺。"

可见,这里的"道"是形而上之道,是人之为人必须遵循的总原则、总目标,所以要志于道;"德"者得也,得道也,道体现在人身上就是德,德是人的一切行为的依据;"仁"是人德行之本,符合于"仁"的行为才是道德行为,故依于仁;至于"艺",即礼、乐、射、御、书、数六艺。道、德也就是仁道、仁德,道、德、仁三者相通而归于"仁"。道、德是"仁"的形而上之维;"艺"是承载仁道、仁德的六艺,是"仁"的形而下之维。在这个意义上,完全可以说"形而中之谓仁",故"仁"可通形而上形而下,即朱熹所谓"仁通乎上下"[1]。后来,历代儒家大致就沿着这个脉络,以仁为核心,不断传承与发展孔子的思想,形成了一脉相承,博大精深的儒学思想史。

李炳南《论语讲论》:"此章书为儒学之总纲,圆该中国文化之体相用。志据依游是孔子教人求学之方法。道德仁义是孔子教人所求之实学。道是体,德是相,皆是内在。仁艺是用,皆是外在。仁是用之总,喻如总根,半内半外。艺是用之别,喻如枝干,纯属于外。孔子学说以仁为本,由仁发艺,以艺护仁,仁艺相得,喻如根干互滋。仁原于德,德原于道。道德非中人以下可解,然行仁艺,道德即在其中。如此由体达用,用不离体,中国文化之精神即在是焉。"

钱穆《论语新解》:"本章所举四端,孔门教学之条目。唯其次第轻重之间,则犹有说者。就小学言,先教书数,即游于艺。继教以孝悌礼让,乃及洒扫应对之节,即依于仁。自此以往,始知有德可据,有道可志。惟就大学而言,孔子十五而志于学,即志于道。求道而有得,斯为德。仁者心德之大全,盖惟志道笃,

---

[1] 黎靖德编:《朱子语类》卷三十三,中华书局,1994年,第843页。

故能德成于心。惟据德熟，始能仁显于性。故志道、据德、依仁三者，有先后无轻重。而三者之于游艺，则有轻重无先后，斯为大人之学。若教学者以从入之门，仍当先艺，使知实习，有真才。继学仁，使有美行。再望其有德，使其自反而知有真实心性可据。然后再望其能明道行道。"①这就更细致地讨论了任何的教学中落实这一教育模式的问题，即先小学、再大学，循序渐进，以成就圣贤人格。

总之，本章不仅强调修道、立德、依仁的形而上的追求，更重视游艺的形而下的实践。"艺"指六艺实践性技能、技术，是生活化的，说明孔子理想中的教育是形而上形而下、体用、内外、本末结合，浑然一体，立体动态的人格养成模式。道、德、仁固然重要，但若无艺也是空悬的，故儒门也非常重视游于艺。

《子罕》载太宰问子贡曰："夫子圣者与？何其多能也？"子贡曰："固天纵之将圣，又多能也。"子闻之，曰："太宰知我乎？吾少也贱，故多能鄙事。君子多乎哉？不多也。"太宰，官名，掌握国君宫廷事务。这里的太宰，《说苑·善说》说是指吴国的太宰伯，但不能确认。何晏《集解》引孔安国注："大宰，大夫官名，或吴或宋，未可分也。疑孔子多能于小艺。言天固纵大圣之德，又使多能也。"又引包咸注："我少小贫贱，常自执事，故多能为鄙人之事。君子固不当多能。"邢昺《注疏》："此章论孔子多小艺也……大宰之意，以为圣人当务大忽小，今夫子既曰圣者与，又何其多能小艺乎？以为疑，故问于子贡也。"太宰带着疑虑问子贡说，孔子是位圣人吧？为什么这样多能呢？言外之意圣人不一定都多能。子贡回答说，孔子是上天要让他成为圣人，又使他这么多能。意思是说孔子不是一般的圣人，上天使孔子具备大圣之德，又使他多能。这说明圣人不是不食人间烟火的"超人"，他就在我们中间，过着和我们一样的生活，有多种才能技艺。而孔子听了以后给弟子说明他为什么多能的原因，是因为小时候地位卑下，

---

① 钱穆：《论语新解》，生活·读书·新知三联书店，第155页。

所以能做许多一般人不会做的一些卑贱之事，具备多种技能。孔子是经过艰苦而漫长的人生修养，生活磨炼，社会历练，一步一步下学上达，超凡入圣，才达到圣人境界的。

《子罕》牢曰："子云，'吾不试，故艺'。"此章朱熹《集注》与前一章合为一章，今人钱穆从之。所以，我们得与上一章结合起来看。何晏《集解》引郑玄说："牢，弟子子牢也。试，用也。言孔子自云，我不见用，故多技艺。"皇侃《义疏》："子牢述孔子言，缘我不被时用，故得多学伎艺也。缪协云：'此盖所以多能之义也。言我若见用，将崇本息末，归纯反素，兼爱以忘仁，游艺以去艺，岂唯不多能鄙事而已。'"皇侃涉及了艺和道的关系问题：道为本，艺为末。游艺是在艺中求道，不过"崇本息末，归纯反素"之说，颇有玄学气味。邢昺《注疏》："此章论孔子多技艺之由，但与前章异时而语，故分之……言孔子自云：'我不见用于时，故多能技艺。'"朱熹《集注》："言由不为世用，故得习于艺而通之。"孔子的弟子子牢就接着说，我们的老师说过，他年轻时没有被任用为官，所以会许多技艺。这样，两章内容相关联，是孔子的弟子用来补充说明孔子多才多艺的原因是由于年轻时没有机会去做官，有时间广泛地学习，所以掌握了诸多技艺。人生在世，不能不首先解决衣食问题，必须学一些谋生的技艺。但是，人生却不能只满足于解决衣食问题，只为稻粱谋，还应该有更高层次的追求，更高远的理想，由艺而道，希贤希圣。

游于艺后来就成为儒家必备的修养。《礼记·少仪》："士依于德，游于艺。"《礼记·学记》曾说："不兴其艺，不能乐学。故君子之于学也，藏焉，修焉，息焉，游焉。夫然，故安其学而亲其师，乐其友而信其道，是以虽离师辅而不反也。"游于艺使得道、德、仁有了载体，能够落实到生活之中。

三、立于礼

"六艺"之中孔子非常重视礼，这与他的家学有关。孔子出身于殷商贵族家庭,其先祖正考父曾辅宋戴、武、宣三世,精于礼乐。在这样的家庭环境下,他"少好礼","为儿嬉戏,常陈俎豆,设礼容"(《史记·孔子世家》)。成年后又勤学好问,"入太庙,每事问"(《八佾》),积累了丰富的礼乐知识。据《左传·昭公七年》载:

> 九月,公至自楚。孟僖子病,不能相礼,乃讲学之。苟能礼者从之。及其将死也,召其大夫曰:"礼,人之干也。无礼,无以立。吾闻将有达者曰孔丘,圣人之后也,而灭于宋。其祖弗父何以有宋而授厉公。及正考父,佐戴、武、宣,三命兹益共,故其鼎铭云:'一命而偻,再命而伛,三命而俯,循墙而走,亦莫余敢侮。饘于是,鬻于是,以糊余口。'其共也如是。臧孙纥有言曰:'圣人有明德者,若不当世,其后必有达人。'今其将在孔丘乎!我若获没,必属说与何忌于夫子,使事之而学礼焉,以定其位。"故孟懿子与南宫敬叔师事仲尼。

这说明孔子祖先是以礼学传家的。孔子传承家学,年轻时就以礼乐名世。又据《孔子家语·观周》也有类似的记载,比《左传》要详细:

> 孔子谓南宫敬叔曰:"吾闻老聃博古知今,通礼乐之原,明道德之归,则吾师也,今将往矣。"对曰:"谨受命。"遂言于鲁君曰:"臣受先臣之命,云孔子圣人之后也,灭于宋,其祖弗父何,始有国而授厉公,及正考父佐戴武宣,三命兹益恭。故其鼎铭曰:'一命而偻,再命而伛,三命而俯,循墙而走,亦莫余敢侮。饘于是,粥于是,以糊其口。'其恭俭也,若此。臧孙纥有言:'圣人之后,若不当世,则必有明德而达者焉。孔子少而好礼,其将在矣。'属臣曰:'汝必师之。'今孔子将适周,观先王之遗制,考礼乐之所极,斯大业也,君盍以乘资之?臣请与往。"公曰:"诺。"与孔子车一乘,马二

足,坚其侍御。敬叔与俱至周,问礼于老聃,访乐于苌弘,历郊社之所,考明堂之则,察庙朝之度。于是喟然曰:"吾乃今知周公之圣,与周之所以王也。"……自周反鲁,道弥尊矣。远方弟子之进,盖三千焉。

这里介绍了孔子"礼"的家传与修养,特别是他向老聃、苌弘学习礼乐的情况,使他在学问上有了突飞猛进,影响也日渐扩大。孔子长期生活在"周礼尽在"的鲁文化环境中,自幼深受礼乐文化传统的熏染。像春秋时代的其他儒一样,他曾从事相礼活动,以礼乐知识谋生,后来又"以诗书礼乐教"(《史记·孔子世家》)。所以在当时很有影响。

孔子以礼作为立身之本。《季氏》子曰:"不学礼,无以立。"邢昺《注疏》:"'若不学礼,无以立身。'以礼者,恭俭庄敬。人有礼则安,无礼则危,故不学之,则无以立其身也。"《泰伯》:"立于礼。"何晏《集解》引包咸注:"礼者,所以立身。"邢昺《注疏》:"立身必须学礼。"朱熹《集注》:"礼以恭敬辞逊为本,而有节文度数之详,可以固人肌肤之会,筋骸之束。故学者之中,所以能卓然自立,而不为事物之所摇夺者,必于此而得之。"《尧曰》:"不知礼,无以立也。"邢昺《注疏》:"礼者,恭俭庄敬,立身之本。若其不知,则无以立也。"朱熹《集注》:"不知礼,则耳目无所加,手足无所措。"总之,孔子以礼为立身之本,在《论语》多处强调不学礼仪,不懂礼数,不知礼义,就不能立身。

"立于礼"亦多见于其他经籍。《左传·昭公七年》:"孟僖子将死,召其大夫曰:'礼,人之干也,无礼,无以立。'"礼是人的躯干,无礼一个人无法立身。孟僖子的说法是春秋时期大多数人的一个看法。《荀子·修身》:"凡用血气志意知虑,由礼则治通,不由礼则勃乱提僈。食饮衣服居处动静,由礼则和节,不由礼则触陷生疾。容貌态度进退趋行,由礼则雅,不由礼则夷固僻违,庸众而野。故人无礼则不生,事无礼则不成,国家无礼则不宁。"人由内而外,一言一行,一举一动,都得遵循礼仪,无礼人不能生存。推而广之，无礼事不成，无礼国不宁。《说苑·建本》："孔子曰：鲤，君子不可以不学，见人不可以不饰；不饰则无根，无根则失理；失理则不忠，不忠则失礼，失礼则不立。"孔子告诉儿子孔鲤，君子为学，文饰、义理、忠信、礼义都很重要，而礼为立身之本。《礼记·礼运》："夫礼，先王以承天之道，以治人之情。故失之者死，得之者生。《诗》曰：'相鼠有体，人而无礼。人而无礼，胡不遄死？'"一个人如果不守礼而胡作非为，其破坏力就像老鼠一样，还不赶快去死？说明礼是关乎人的生命价值存在的基本依据。礼能促进人道德的提升，《孔子家语·五刑解》引孔子说："明丧祭之礼，所以教仁爱也。能教仁爱，则服丧思慕，祭祀不解人子馈养之道。丧祭之礼明，则民孝矣。"就是说，通过丧祭之礼，可以教化人们懂得仁爱、孝敬，处理好人伦关系。《礼记·经解》在说明礼的作用时指出："故以奉家庙，则敬；以入朝廷，则贵贱有位；以处室家，则父子亲兄弟和；以处乡里，则长幼有序……故朝觐之礼，所以明君臣之义也；聘问之礼，所以使诸侯相尊敬也；丧祭之礼，所以明臣子之恩也；乡饮酒之礼，所以明长幼之序也；昏姻之礼，所以明男女之别也。"通过朝觐、聘问、丧祭、乡饮酒等一整套礼仪仪式来养成人与人、人与群体、群体与群体之间的伦理关系。孔子在礼崩乐坏的时代，打破了"礼不下庶人"的传统，主张对所有人"齐之以礼"（《为政》），即以礼作为社会公共生活的准则约束人们，做到"非礼勿视，非礼勿听，非礼勿言，非礼勿动"（《颜渊》），以维护社会的秩序和正义。

四、成于乐

"乐"的意义是净化心灵、感善民心、移风易俗的教育之方。"乐也者，圣人之所乐也，而可以善民心，其感人深，其移风易俗。故先王著其教焉。"（《礼记·乐记》）乐与政通。"治世之音安以乐，其政和；乱世之音怨以怒，其政乖；亡国之音哀以思，其民困。声音之道与政通矣。"（《礼记·乐记》）"乐"能陶冶人的性情,《礼记·经解》:"广博易良,乐教也。"乐有锻炼身心之功效,"民气郁阏而滞著,筋骨瑟缩不达,故作为舞以宣导之"(《吕氏春秋·古乐》)。

孔子重礼也重乐,并不偏废。《泰伯》:"成于乐。"何晏《集解》引包咸注:"乐所以成性。"皇侃《义疏》:"学礼若毕,次宜学乐也。所以然者,礼之用,和为贵,行礼必须学乐,以和成己性也。"邢昺《注疏》:"成性在于学乐。不学《诗》,无以言。不学礼,无以立。既学《诗》《礼》,然后乐以成之也。"孔子接着"立于礼"说"成于乐",是因为礼乐不分,礼讲名分,乐重和合,行礼必须学乐,可以使人性完美。《礼记·乐记》亦曰:"是故先王本之情性,稽之度数,制之礼义,合生气之和,道五常之行,使之阳而不散,阴而不密,刚气不怒,柔气不慑,四畅交于中而发作于外,皆安其位而不相夺也。然后立之学等,广其节奏,省其文采,以绳德厚。律小大之称,比终始之序,以象事行,使亲疏贵贱长幼男女之理,皆形见于乐。故曰:'乐观其深矣。'"

孔子重乐不光是对具体的音乐、歌曲能奏、能唱、能欣赏,还有很高的音乐艺术修养。《墨子·非儒》批评说:"孔某盛容修饰以蛊世,弦歌鼓舞以聚徒,繁登降之礼以示仪,务趋翔之节以观众;博学不可使议世,劳思不可以补民;累寿不能尽其学,当年不能行其礼,积财不能赡其乐。繁饰邪术,以营世君;盛为声乐,以淫遇民。"孔某人盛容修饰以惑乱世人,弦歌鼓舞以招集弟子,纷增登降的礼节以显示礼仪,努力从事趋走、盘旋的礼节让众人观看。学问虽多而不可让他们言论世事,劳苦思虑而对民众没什么好处,几辈子也学不完他们的学问,壮年人也无法行他们繁多的礼节,累积财产也不够花费在音乐上。多方装饰他们的邪说,来迷惑当世的国君;大肆设置音乐,来惑乱愚笨的民众。墨家是批评孔子礼乐对于底层民众没有什么意义,但从中可以看出孔子礼乐的重视与素养。《史记·孔子世家》:"三百五篇,孔子皆弦歌之,以求合《韶》《武》《雅》《颂》之音。"

《述而》载,子在齐闻《韶》,三月不知肉味,曰:"不图为乐之至于斯也!"《韶》,即韶乐,史上又称舜乐,起源于帝舜时代,集诗、乐、舞为一体。《竹书纪年》载:"有虞氏舜作《大韶》之乐。"《吕氏春秋·古乐》亦载:"帝舜乃令质修《九韶》《六列》《六英》,以明帝德。"由此可知,舜作《韶》主要是用以歌颂示范为帝的德行。此后,夏、商、周三代帝王均把《韶》作为国家大典用乐。特别是西周周公制礼作乐,在韶乐的基础上制作雅乐。雅乐和以律吕,文以五声,八音迭奏,玉振金声,融礼、乐、歌、舞为一体,以表达对天神的歌颂与崇敬。孔子怎么听到《韶乐》?《史记·孔子世家》载:"鲁乱,孔子适齐,为高昭子家臣,欲以通乎景公。与齐太师语乐,闻《韶》音,学之,三月不知肉味。"《汉书·礼乐志》:"夫乐本情性,浃肌肤而臧骨髓,虽经乎千载,其遗风余烈尚犹不绝。至春秋时,陈公子完适齐。陈,舜之后,《韶》乐存焉,故孔子适齐闻《韶》,三月不知肉味,曰:'不图为乐之至于斯。'美之甚也。"音乐是依照人的情性,穿透肌肤,深藏骨髓,即使经过上千年,它的余音仍然不绝。到春秋的时候,陈公子完逃到齐国。陈,是舜的后代,《韶乐》保存在那里。因此孔子到齐国后听到《韶》,三个月不知道肉是什么味,说:"没有想到音乐能达到这样的境界!"孔子对它很赞赏。《卫灵公》"颜渊问为邦。子曰:'行夏之时,乘殷之辂,服周之冕,乐则《韶》舞。'"把《韶》乐提高到治理国家的高度。

宋代蔡节在《论语集说》中说:"《韶》,舜乐也。三月,言其久也。舜之后为陈。自陈敬仲奔齐,其后久专齐政。至景公时,陈氏代齐之形已成矣。夫子在齐闻《韶》,三月不知肉味,盖忧感之深也。曰,不图为乐之至于斯。斯者,指齐而言也。《韶》本揖逊之乐,今乃至于齐之国。其殆伤今思古,故发为此叹与。"意思是说,一方面孔子为尽善尽美的《韶乐》所沉醉,显示了孔子高尚的审美观和艺术修养;另一方面也是因为孔子看到陈氏势力日益发展,姜太公所封形成的齐国将要为陈氏所代。想到尧舜时代以德禅让,舜有揖让之德,可是他的后代陈氏今天不知王道的礼让,而是在行霸道,要篡夺姜齐。所以孔子伤今思古,深为痛惜。

《韶乐》为什么把孔子迷到这个程度?《八佾》载:"子谓《韶》,尽美矣,又尽善也。谓《武》,尽美矣,未尽善也。"《汉书·董仲舒传》颜师古注:"《韶》,舜乐也。孔子嘉舜之德,故听其乐,而云尽善尽美矣。""《武》,周武王乐也。以其用兵伐纣,故有惭德,未尽善也。"邢昺《注疏》:"此章论《韶》《武》之乐……《韶》,舜乐名。韶,绍也。德能绍尧,故乐名《韶》。言《韶》乐其声及舞极尽其美。揖让受禅,其圣德又尽善也……《武》,周武王乐,以武得民心,故名乐曰《武》。言《武》乐音曲及舞容则尽极美矣,然以征伐取天下,不若揖让而得,故其德未尽善也。"朱熹《集注》:"美者,声容之盛;善者,美之实也。舜韶尧致治,武王伐纣救民,其功一也,故其乐皆尽美。然舜之德,性之也,又以揖逊而有天下;武王之德反之也,又以征诛而得天下,故其实有不同者。程子曰:'成汤放桀,唯有惭德。武王亦然,故未尽善。尧舜汤武,其揆一也。征伐非其所欲,所遇之时然尔。'"这些诠释是基本上符合孔子思想精神的。

孔子通过对《韶》《武》之乐的评论提出了一个评价乐的重要标准:尽善尽美。为什么他认为《韶乐》尽善尽美而《武乐》尽美未尽善?这是因为,舜的天子之位是禅让而得,所以孔子认为,代表那个时代的《韶》乐"尽美"又"尽善",而周武王的天子之位是由讨伐商纣得来的,尽管是正义的,却毕竟是杀伐的结果,代表那个时代的《武》乐"尽美"但却"未尽善"。可见,孔子评论礼乐是从道德和审美相结合的角度来说的,提出了尽善尽美的标准。更深层的含义还要结合孔子的整个思想体系来看。孔子思想的核心价值观是仁,仁道是他评价一切事物的根本标准,也是最高标准。《武》"未尽善"主要是《武》歌颂汤武杀伐,违背了孔子的仁道。仁道即人道,体现了孔子深沉的人道主义精神和人文情怀。孔子论《韶》《武》,寄寓着其政治理念与社会理想。

《述而》载:"子与人歌而善,必使反之,而后和之。"何晏《集解》:"乐其善,故使重歌而自和之。"就是说很欣赏对方歌咏得好,所以让对方重歌一遍而自己跟着再唱。邢昺《注疏》:"此章明孔子重于正音也。反,犹重也。孔子共人歌,彼人歌善,合于《雅》《颂》者,乐其善,故使重歌之,审其歌意,然于自和而答之。"解释就更详细了,孔子在乐方面重视正音,所以当他与人一起歌咏时,如果对方歌咏得好,合于《雅》《颂》,很欣赏对方唱得好,所以要请他再歌咏一遍,仔细审察歌所蕴含的深意,然后自己又和他一起歌咏。这里需解释的是"正音",即雅正之乐,一般指上古以来祀神敬天、昭功立德、化民劝民、有益于风教的华夏正乐,包括音乐、颂诗、舞蹈。孔子的"歌"应该是指有伴奏的颂诗。与"正音"相反的是"郑卫之音"。"郑卫之音"是孔子那个时代以郑、卫两国(今河南中部与东部)为代表的民间音乐。由于它表达感情的奔放、热烈和大胆,音乐形式新颖多变,具有非常强的感染力,受到了人们的喜爱,形成一种新的音乐潮流,是春秋末期"礼崩乐坏""乐坏"的具体体现。因而孔子很反感,批评"放郑声,远佞人。郑声淫,佞人殆"(《卫灵公》)。这里"郑声淫"之"淫"为过度的意思,也就是说"郑卫之音"是过度、无节制的音乐,违背了儒家思想的"中庸"之道和孔子"乐而不淫、哀而不伤"的中和之美思想,所以孔子表示"恶紫之夺朱也,恶郑声之乱雅乐也"(《阳货》)。《礼记·乐记》里也说:"郑卫之音,乱世之音也。"雅、颂是周代的雅乐。《诗经》中的风、雅、颂也大多是周代雅乐伴奏歌咏的诗。"大雅""小雅"用于朝会、宴享,"周颂"用于郊庙。风是国风,一共收录了当时十五个国家(诸侯国)的民歌,凡160篇,郑风、卫风合为31篇,约占五分之一。由此也可见孔子虽然批评郑卫之音,也还是在比较宽容、包容,在选编时选了不少具有郑卫之音的诗歌。

朱子《集注》:"必使复歌者,欲得其详而取其善也。而后和之者,喜得其详而与其善也。此见圣人气象从容,诚意恳至,而其谦逊审密,不掩人善又如此。盖一事之微,而众善之集,有不可胜既者焉,读者宜详味之。"意思是说,孔子一定要使对方再唱一遍是为了详尽考察其内容而获得其中蕴含的思想内涵,而后又和他一起歌咏是因为他很高兴获得了其中的思想内涵。就从孔子与人一起歌咏这件小事上都表现出来了诚意恳切、虚心认真的态度,同时不掩人善,且学人之善,这是一种高尚的美德。一叶知秋,见微知著,圣人的修养,就体现在这些日常小事之中。

《八佾》载子语鲁大师乐曰:"乐其可知也:始作,翕如也;从之,纯如也,皦如也,绎如也,以成。"翕,意为合、聚、协调。从,意为放纵、展开。纯,美好、和谐。皦,音节分明。绎,乐音络绎不绝,连续不断。这章孔子对鲁太师谈论音乐演奏,并不是班门弄斧,可能的情况是当时礼崩乐坏,权势人物不时僭越礼乐制度,以前八佾舞于庭,以《雍》彻,旅泰山,鲁郊禘等情形看,这位乐官显然被权势所迫,在一些礼乐活动中把乐用得不是时候或不是地方,乃至有张冠李戴,文不对题,名不副实等情况发生。所以,孔子对鲁大师说"乐其可知也",是强调通过乐的演奏领会礼中之乐,礼乐合和的思想、情感等精神层面的含义。孔子论乐正如论礼"祭如在,祭神如神在"一样,注重一种真诚、高洁、纯正、庄重的心境,在礼乐活动中提高道德修养,增强身心和谐,过一种具有道德,富有美感的生活。

《孔子家语·辩乐解》中记载孔子学鼓琴师襄子的故事。孔子学琴于师襄子,襄子曰:"吾虽以击磬为官,然能于琴,今子于琴已习,可以益矣。"孔子曰:"丘未得其数也。"有间,曰:"习其数,可以益矣。"孔子曰:"丘未得其志也。"有间,曰:"已习其志,可以益矣。"孔子曰:"丘未得其为人也。"有间,曰:"孔子有所谬然思焉,有所睪然高望而远眺。"曰:"丘迨得其为人矣,近黮而黑,颀然长,旷如望羊,奄有四方,非文王其孰能为此。"师襄子避席叶拱而对曰:"君子圣人也,其传曰《文王操》。"孔子向师襄子学习弹琴。师襄子说:"我虽然因磬击得好而被委以官职,但我最擅长的是弹琴。现在你的琴已经弹得不错了,可以学新的东西了。"孔子说:"我还没有掌握好节奏。"过了一段时间,师襄子说:"你已经掌握好节奏了,可以学新的东西了。"孔子说:"我还没有领悟好琴曲的内涵。"又过了一段时间,师襄子说:"你已经领悟到琴曲的内涵了,可以学新的东西了。"孔子说:"我还没有理解到琴曲歌颂的是什么人。"又过了一段时间，师襄子说："孔子穆然深思，有志向高远登高远望的神态。"孔子说："我知道琴曲歌颂的是什么人了。他皮肤很黑，身体魁梧，胸襟广阔，高瞻远瞩，拥有天下四方。这个人不是文王又有谁能达到这样的境界呢？"师襄子离开座席两手抚胸为礼，对孔子说："您真是圣人啊，这首传世琴曲就是《文王操》。"孔子曾经向师襄子学习弹琴，能够循序渐进，不断深入领会音乐的本质，直到通过音乐体味出圣人的道德人格。

音乐在孔子的人格实践中也起着十分重要的作用。当孔子困于陈蔡之间时，还能"讲诵弦歌不衰"（《史记·孔子世家》）。据《孔子家语·困誓》记载："孔子遭厄于陈、蔡之间，绝粮七日，弟子馁病，孔子弦歌。子路入见曰：'夫子之歌，礼乎？'孔子弗应，曲终而曰：'由来！吾语汝。君子好乐，为无骄也；小人好乐，为无慑也。其谁之子不我知而从我者乎？'子路悦，援戚而舞，三终而出。"这是一种政治理想在支撑着他，也是一种悲壮的艺术力量在支持着他。当他晚年处在其道不行、孤寂凄楚之中，往往用音乐来发泄心中的感伤：子击磬于卫。有荷蒉而过孔氏之门者，曰："有心哉！击磬乎！"既而曰："鄙哉！硁硁乎！莫己知也，斯已而已矣。深则厉，浅则揭。"（《宪问》）朱熹《集注》："此荷蒉者，亦隐士也。圣人之心未尝忘天下，此人闻其磬声而知之，则亦非常人矣……以衣涉水曰厉，摄衣涉水曰揭。此两句，《卫风·匏有苦叶》之诗也。讥孔子人不知己而不止，不能适浅深之宜……圣人心同天地，视天下犹一家，中国犹一人，不能一日忘也。故闻荷蒉之言，而叹其果于忘世。且言人之出处，若但如此，则亦无所难矣。"尽管他知道此生大道不行，但在有生之年还是通过击磬表达自己未尝忘怀天下，不知老之将至的心情。

《孔子家语·辩乐解》还记载，子路鼓琴，孔子闻之，谓冉有曰："甚矣，由之不才也！夫先王之制音也，奏中声以为节，流入于南，不归于北。夫南者，生育之乡；北者，杀伐之域。故君子之音，温柔居中以养生育之气，忧愁之感不加于心也，暴厉之动不在于体也。夫然者,乃所谓治安之风也;小人之音则不然,亢丽微末,以象杀伐之气,中和之感,不载于心,温和之动,不存于体,夫然者乃所以为乱之风。昔者舜弹五弦之琴,造南风之诗,其诗曰:'南风之薰兮,可以解吾民之愠兮,南风之时兮,可以阜吾民之财兮。'唯修此化,故其兴也勃焉,德如泉流,至于今王公大人述而弗忘;殷纣好为北鄙之声,其废也忽焉,至于今王公大人举以为诫。夫舜起布衣,积德含和而终以帝,纣为天子,荒淫暴乱而终以亡,非各所修之致乎!由今也匹夫之徒,曾无意于先王之制,而习亡国之声,岂能保其六七尺之体哉?"子路气质刚勇,做事鲁莽,鼓瑟时有杀伐之音,遭到孔子的批评,认为一不符合仁者爱人的思想,二违背了中和之道,并以大舜作《南风》,殷纣好北声为例,把音乐提高到国家治乱兴衰的高度。

五、射以观德

"射"礼的功能是观德、选士。《礼记·射义》载:"射者,仁之道也。射求正诸己,己正而后发,发而不中则不怨胜己者,反求诸己而已矣。"《白虎通·乡射》:"夫射者,执弓坚固,心平体正,然后中也。二人争胜,乐以德养也。胜负俱降,以宗礼让,故可以选士。"通过人射的动作、目标的锁定等来加强对射者品行的修炼。射者不仅要做到身体端正、心平气和,还要做到输射后"不怨胜己者,反求诸己而已矣"。从身、心两个方面来磨炼自己,逐步提升自己的品德修养。

《八佾》子曰:"君子无所争。必也射乎!揖让而升,下而饮。其争也君子。"邢昺《注疏》:"'君子无所争'者,言君子之人,谦卑自牧,无所竞争也。'必也射乎'者,君子虽于他事无争,其或有争,必也于射礼乎!言于射而后有争也。'揖让而升,下而饮'者,射礼于堂,将射升堂,及射毕而下,胜饮不胜,其耦皆以礼相揖让也。'其争也君子'者,射者争中正鹄而已,不同小人厉色援臂。"朱熹《集注》:"揖让而升者,大射之礼,耦进三揖而后升堂也。下而饮,谓射毕揖降,以俟众耦皆降,胜者乃揖不胜者升,取觯立饮也。言君子恭逊不与人争,惟于射而后有争。然其争也,雍容揖逊乃如此,则其争也君子,而非若小人之争矣。"孔子的反对斗争、战争,不提倡人与人之间无谓的争斗。但并不是绝对地反对一切竞争。孔子以射礼为例说明君子之争是守道有礼之争,是温文尔雅,彬彬有礼,有绅士风度之争。射礼是六艺之一,有详尽的仪式规定。在孔子看来,射箭是要分胜负的,是一种"争",但君子参加比赛,是在礼仪过程中体验人生的意义,展现礼仪风度和道德品格。这种"争",与其说是展现射艺,为了胜负,不如说是作为一种人生修养的训练。

孔子把射礼看出是成就道德的手段。《礼记·中庸》引孔子曰:"射有似乎君子,失诸正鹄,反求诸其身。"《孟子·公孙丑上》曰:"仁者如射。射者正己而后发,发而不中,不怨胜己者,反求诸己而已矣。"射礼是训练自我的德行修养,成就君子、仁者,射不中也不怨别人,要自我反省。

《礼记·射义》说:"射者,所以观盛德也。""射者进退周还必中礼。内志正,外体直,然后持弓矢,审固;持弓矢,审固,然后可以言中。此可以观德行矣。""射者,仁之道也:求正诸己,己正而后发;发而不中,则不怨胜己者,反求诸己而已矣。"所以观射礼,不只是看射中多少,还看射者的心态、仪表、动作的规范与节奏,以及决胜之后的风格。这就是所谓"射以观德"。《射义》又引孔子说:"射者何以射?何以听?循声而发,发而不失正鹄者,其唯贤者乎!若夫不肖之人,则彼将安能以中?"射箭的人怎样使射箭和音乐相配合?又使音乐和射箭相配合?这是难做的事。按照音乐的节拍发射,发射出去而正中靶心的,大概只有贤者才能做到吧!如果是不肖之人,他哪里能够谈得上射中呢?

《礼记·射义》还讲了一个孔子参与射礼的故事:"孔子射于矍相之圃,盖观者如堵墙。射至于司马,使子路执弓矢,出延射曰:'贲军之将,亡国之大夫,与为人后者不入,其余皆入。'盖去者半,入者半。又使公罔之裘、序点扬觯而语。公罔之裘扬觯而语曰：'幼壮孝弟，耆耋好礼，不从流俗，修身以俟死者，不？在此位也。'盖去者半，处者半。序点又扬觯而语曰：'好学不倦，好礼不变，旄期称道不乱者，不？在此位也。'盖仅有存者。"说的是在一次矍相之圃的射礼上，射手们到齐后，孔子令子路宣布：战败、亡国、冲锋落后的，不得入场。于是只剩下一半人了。又令公罔求宣布：从小就孝顺，到老还好礼，勇于为国捐躯的，留下来。于是又退掉一半。接着，还令序点宣布：好学不倦，好礼不变，能终身守道不乱的，留下。结果，剩下的射手只有几个人。这个故事未必真实，但从中可以看到孔门对射礼意义的深刻认识与对射礼参与者的严格要求：以射选士，不只是选他的气力，更要选他的德行，看他的道德修养和综合素质。

六、御以治国

"御"在孔门也象征着治国之道。孔子从小"多能鄙事"，其中包括"御"，《子罕》载达巷党人曰："大哉孔子！博学而无所成名。"子闻之，谓门弟子曰："吾何执？执御乎，执射乎？吾执御矣。"何晏《集解》引郑玄注："达巷者，党名也。五百家为党，此党之人，美孔子博学道艺，不成一名而已。闻人美之，承之以谦。吾执御，欲名六艺之卑也。"皇侃《义疏》："御，比礼乐射为卑也。"邢昺《注疏》："此章论孔子道艺该博也……达巷者，党名也。五百家为党。此党之人，美孔子博学道艺，不成一名而已……孔子闻人美之，承之以谦，故告谓门弟子曰：'我于六艺之中，何所执守乎？但能执御乎？执射乎？'乎者，疑而未定之辞。又复谦指云：'吾执御矣。'以为人仆御，是六艺之卑者，孔子欲名六艺之卑，故云'吾执御矣。'谦之甚矣。"朱熹《集注》："达巷，党名。其人姓名不传。博学无所成名，盖美其学之博而惜其不成一艺之名也。执，专执也。射御皆一艺，而御为人仆，所执尤卑。言欲使我何所执以成名乎？然则吾将执御矣。闻人誉己，承之以谦也。尹氏曰：'圣人道全而德备，不可以偏长目之也。达巷党人见孔子之大，意其所学者博，而惜其不以一善得名于世，盖慕圣人而不知者也。故孔子曰，欲使我何所执而得为名乎？然则吾将执御矣。'"孔子听别人说他博学而不专一的时候，说，我有什么特别擅长的呢？擅长驾御？擅长射箭？我还是擅长驾御吧。"御"是"六艺"中地位低下的技能，但它能够使人避免心气浮躁，做到心平气和，实现内在心性修养。子牢曾经说，我老师说过，是因为他没有被君主所用，所以有闲工夫学了那么多技艺。因此，当别人质疑孔子专擅的技艺时，孔子最先想到的竟然是射箭和驾御这两类的技艺，他的弟子的话则进一步证实了孔子有很高超的执御水平。《述而》载子曰："富而可求也，虽执鞭之士，吾亦为之。如不可求，从吾所好。"这里的"执鞭之士"，就是御者。孔子一定是一位很优秀的御手，所以他才可以自信地说，他通过给人赶马车可以富起来。

"御"是一门驾马车的技术，但古代常常以此比喻治国之道，经历了由御马——御民——御臣的转化。《孔子家语·执辔》："闵子骞为费宰，问政于孔子，子曰：'以德以法。夫德法者，御民之具，犹御马之有衔勒也。君者，人也；吏者，辔也；刑者，策也。夫人君之政，执其辔策而已。'子骞曰：'敢问古之为政。'孔子曰：'古者天子以内史为左右手，以德法为衔勒，以百官为辔，以刑罚为策，以万民为马，故御天下数百年而不失。善御马正衔勒，齐辔策，均马力，和马心，故口无声而马应辔，策不举而极千里；善御民，壹其德法，正其百官，以均齐民力，和安民心，故令不再而民顺从，刑不用而天下治。是以天地德之，而兆民怀之。夫天地之所德，兆民之所怀，其政美，其民而众称之。'"孔子将"人君之政"，即君主的治国理政比喻为执其辔策。君主是驾驭马车的人，官吏是辔头，德法是衔勒，刑罚是马鞭，并以古代天子为例，说明如果是一个善御者，能够做到壹德法，正百官，以均齐民力，和安民心，就是一种理想的美政，天地保佑，民众称颂、怀念，就能够统治天下数百年而不会失去天下。

《孔丛子·刑论》载："孔子曰：齐之以礼，则民耻矣；刑以止刑,则民惧矣。文子曰:今齐之以刑,刑犹弗胜,何礼之齐?孔子曰:以礼齐民,譬之于御则辔也;以刑齐民,譬之于御则鞭也。执辔于此而动于彼,御之良也。无辔而用策,则马失道矣。文子曰:以御言之,左手执辔,右手运策,不亦速乎?若徒辔无策。马何惧哉?孔子曰:吾闻古之善御者,执辔如组,两骖如舞,非策之助也。是以先王盛于礼而薄于刑,故民从命。今也废礼而尚刑,故民弥暴。"《韩诗外传》卷三:"昔者先王使民以礼,譬之如御也,刑者,鞭策也,今犹无辔衔而鞭策以御也,欲马之进,则策其后,欲马之退,则策其前,御者以劳,而马亦多伤矣。今犹此也,上忧劳而民多罹刑。"孔子把辔与策比喻为礼与刑,在二者之中,孔子认为重点应该放在辔(礼)上,即治国以礼为主,以刑为辅。他批评当时有些统治者废弃礼治,专用刑罚,就像御者无辔衔而只用鞭策来御车,随心所欲地驱挞马匹,结果是老百姓遭受刑罚的伤害,最终会激起他们的反抗,所以暴政之下出暴民,以暴易暴何时了!以秦王朝二世而亡为例。秦朝结束了自春秋战国以来五百年来诸侯分裂割据的局面,成为中国历史上第一个多民族共融的中央集权制国家。但秦始皇焚书坑儒,仁义不施,严刑峻法。秦二世昏庸暴虐,滥用民力,统一仅十余年,陈胜、吴广斩木为兵,揭竿而起,天下响应,刘邦、项羽起兵江淮共抗秦,如此强大,不可一世的帝国灰飞烟灭。

七、重诗教

《八佾》载子曰:"《关雎》,乐而不淫,哀而不伤。"在《诗经》研究史上,人们对《关雎》诗义的理解却多有分歧。毛诗认为,《关雎》诗旨在于颂扬后妃乐得淑女以配君子的美德;鲁诗、韩诗都认为《关雎》是刺诗,讽刺国君内倾于色。现代又有学者认为《关雎》是婚恋诗。皇侃《义疏》:"《关雎》者,即毛诗之初篇也。时人不知《关雎》之义,而横生非毁,或言其淫,或言其伤,故孔子解之也。《关雎》乐得淑女以配君子,是共为政风之美耳,非为淫也,故云'乐而不淫'也。故江熙云:'乐在得淑女,疑于为色。所乐者德,故有乐而无淫也。'又李充曰:'《关雎》之兴,乐得淑女以配君子,忧在进贤,不淫其色,是乐而不淫也。'《关雎》之诗,自是哀思窈窕,思贤才故耳,而无伤善之心,故云哀而不伤也。故李充曰:'哀窈窕,思贤才,而无伤善之心,是哀而不伤也。'"皇侃认为,孔子针对人们对《关雎》"淫"和"淫"的指责,正解为"淑女配君子",体现了西周政教风俗之美;以哀窈窕喻思贤才,而无伤善之心。又引李充的话加以证明。邢昺《注疏》:"此章言正乐之和也。《关雎》者,《诗·国风·周南》首篇名,兴后妃之德也。《诗序》云:乐得淑女以配君子,忧在进贤,不淫其色,是乐而不淫也。哀窈窕,思贤才,而无伤善之心焉,是哀而不伤也。乐不至淫,哀不至伤,言其正乐之和也。"邢昺继承了皇侃之说,强调了乐不至淫,哀不至伤,是讲正乐之和。朱熹《集注》:"淫者,乐之过而失其正者也。伤者,哀之过而伤于和者也。《关雎》之诗,言后妃之德,宜配君子。求之不得,则不能无寤寐反侧之忧。求而得之,则宜其有琴瑟钟鼓之乐。盖其忧虽深而不害于和,其乐虽盛而不失其正。故夫子称之如此。欲学者玩其辞,审其音,而有以识其性情之正也。"朱熹以中正之道讨论本章,认为淫是乐之过而失正,伤是哀过而伤和,而《关雎》忧虽深而不害于和,乐虽盛而不失其正,所以得性情之正。上博简《孔子诗论》:"《关雎》以色喻于礼。"①何谓"以色喻于礼"?君子和普通人一样,也思慕淑女,也想求得淑女,思之未得时,也会辗转反侧,忧愁哀思;求之既得,也会钟鼓乐之,欣然欢快。但君子又高于普通人,他有道德修养和自我节制能力,能够把握中和之道,做到哀乐有度,于是就由追求女色这件事而知晓了礼。

钱穆《论语新解》:"此章孔子举关雎之诗以指点人心哀乐之正,读者当就关雎本诗实例,善为体会。又贵能就己心哀乐,深

---

①马承源主编:《上海博物馆藏战国楚竹书》,上海古籍出版社,2001年,第139页。

切体之。常人每误认哀乐为相反之两事,故喜有乐,惧有哀。孔子乃平举而合言之,如成一事。此中尤具深义,学者更当体玩。孔子言仁常兼言知,言礼常兼言乐,言诗又常兼言礼,两端并举,使人容易体悟到一种新境界。亦可谓理智与情感合一,道德与艺术合一,人生与文学合一。此章哀乐并举,亦可使人体悟到一种性情之正,有超乎哀与乐之上者。"①钱穆先生以此章为例,引申到人生普遍对待哀乐的态度,孔子不仅评价《关雎》,也给人以更广泛的启示,反映了儒家追求理智与情感合一,道德与艺术合一,人生与文学合一的致思方向。

笔者认为,本章是孔子对《诗经·关雎》的总体评价,肯定了"乐"与"哀"的合法地位,只不过要求"乐"与"哀"都不过分,都有所节制罢了。这就揭示了《关雎》这首诗所体现出来的中和之美,是孔子"中庸"思想在文艺美学上的运用,是《诗经》精神实质的集中体现。推而广之,凡事都要讲求适度的"中和之美"。如何处理情感与理性的关系,儒家不是否定人的正常情感,而是强调对人的自然情感要以理性加以节制。而理性的原则就是中和之道。但是,后世的道学先生一味否定情感,物极必反,造成了近代人们连带孔子也一起否定。今天有的人又走向另一极端,崇尚歇斯底里的先锋艺术,寻找声光电化的感官刺激,追求"过把瘾就死"的游戏人生,哪里还有什么"乐而不淫,哀而不伤"的古典审美观和修养呢?正是人心不古啊!

《阳货》孔子说《诗》"可以兴,可以观,可以群,可以怨"。其中"可以怨"要合乎"温柔敦厚"的诗教。焦循《毛诗补疏序》:"夫《诗》,温柔敦厚者也。不质直言之而比兴言之,不言理而言情,不务胜人而务感人。自理道之说起,人各挟其是非以逞其血气。激浊扬清,本非谬戾,而言不本于情性,则听者厌倦,至于倾轧之不已而忿毒之相寻。以同为党,即以比为争,甚而假宫闱庙祀储贰之名,动辄千百人哭于朝门,自鸣忠孝,以激其君之怨,害

---

① 钱穆:《论语新解》,生活·读书·新知三联书店,2002年,第68页。

及其身,祸于其国,全戾乎所以事君父之道。余读明史,每叹《诗》教之亡,莫此为甚。"焦循发挥得很好。其实"怨"是很广泛的,如在家匡亲之失,不使陷于不义,以此尽孝悌之道;在官"刺政",不使国君、长上偏离正道。一个人如果自私自利,无所关心,当然不会有"怨"。只要个体与家庭、社会、国家有着血肉的关联,则对不正之事不可能无"怨"。因此,"可以怨"是对不公不义社会的批判,是"诗的正义"(Poetic Justice)的体现,但这种"怨"就一般情绪的节制而言,应合乎"温柔敦厚"诗教。诗教是培养人们具有温和善良的修养,诚朴宽容的人格,温厚和平的性情。《礼记·经解》中引孔子说:"其为人也,温柔敦厚,《诗》教也。……其为人也,温柔敦厚而不愚,则深于诗者也。"孔颖达《礼记正义》对此解释说:"温,谓颜色温润;柔,谓性情和柔。《诗》依违讽谏,不指切事情,故云温柔敦厚是诗教也。……此一经以《诗》化民,虽用敦厚,能以义节之。欲使民虽敦厚,不至于愚,则是在上深达于《诗》之义理,能以《诗》教民也。"《诗》作为六经之一,是通过情感抒发,表情言志,培养温柔敦厚的性情,同时温柔敦厚也必须以礼义规范,不止于流于愚蠢、愚昧。按照王夫之的注解,可以说,"不愚"意味着人能明断真假、善恶、美丑、是非。

《为政》载子曰:"《诗》三百,一言以蔽之,曰:'思无邪。'"

首先,从《诗经》思想内涵的道德审美定位来说。孔子把一部《诗经》概括为"思无邪",是因为"孔子之于《诗》所不合于礼义者从而删之,合于礼义者从而存之,垂训于天下后世……学者为学,必自此而入焉。孔子尝教学者以学《诗》之法矣,曰'《诗》三百,一言以蔽之,曰:思无邪。'此一言盖学者之枢要也"[①]。司马迁在《屈原列传》中说:"国风好色而不淫,小雅怨诽而不乱。"这句话可以包括全部《诗经》意义,正是"思无邪"之意。

其次,从文学作品创作来说。"思无邪"是孔子强调作者创作动机要纯正。何晏《集解》引包咸解"思无邪"为"归于正",邢昺

[①] 李樗、黄櫄:《毛诗集解》卷一,四库全书本。

《注疏》解"思无邪"曰:"《诗》之为体,论功颂德,止僻防邪,大抵皆归于正,故此一句,可以当之也。"把"无邪"正面解为"归正",孔子所谓"无邪"就是指思想纯正而不歪邪,符合儒家的道德审美标准。朱熹《集注》:"凡诗之言,善者可以感发人之善心,恶者可以惩创人之逸志,其用归于使人得其情性之正而已。然其言微婉,且或各因一事而发,求其直指全体,则未有若此之明且尽者。故夫子言《诗》三百篇,而惟此一言足以尽盖其义,其示人之意亦深切矣。""性情之正"就是"思无邪"。朱熹还说:"孔子所谓思无邪,只是一个'正'字。"(《朱子语类》卷第十九)

再次,从情感与理性的平衡来讲。焦循在其《毛诗补疏序》中言:"夫圣人以一言蔽三百,曰'思无邪'。圣人以《诗》设教,其去邪归正奚待言?所教在思。思者,容也。思则情得,情得则两相感而不疑。故示之于民,则民从;施之于僚友,则僚友协;诵之于君父,则君父怡然释。不以理胜,不以气矜,而上下相安于正。无邪以思致,思则以嗟叹永歌、手舞足蹈而致。《管子》曰:'止怒莫如《诗》'。刘向曰:'夫《诗》,思然后积,积然后流,流然后发。'《诗》发于思,思以胜怒,以思相感,则情深而气平矣。此《诗》之所以为教欤?"焦循解释为什么由"思"可以实现"无邪"。"思者,容也"源于《说文》,《尚书·洪范》"思曰容,言心之所虑,无不包也",《孟子·告子上》"心之官则思",心是思维器官。焦循这里实际上讲到了《诗经》所具备的理性与情感问题。人具有思考能力,具有理性,也有情感,但如何使情感不流于情绪发泄,情欲放纵,走入邪辟,就须有理性来调节、控制,使"发乎情,止乎礼义"(《毛诗序》),理性与情感合乎中道而平衡。

熊十力先生论《诗经》之旨说:"生活力不充实的人,其中失守而情易荡,何缘领略得诗人乐不淫哀不伤的情怀?凡了解人家,无形中还是依据自家所有的以为推故。至于'思无邪'的说法,缘他见到宇宙本来是真实的,人生本来是至善的。虽然人生有很多不善的行为,却须知不善是无根的,是无损于善的本性的,如浮云无根,毕竟无碍于太虚。吾夫子从他天理烂熟的理蕴去读

《诗》,所以不论他是《二南》之和,《商颂》之肃,以及《雅》之怨,《郑》之淫,《唐》之啬,《秦》之悍等等,夫子却一概见为无邪思。元来三百篇都是人生的自然表现,真淫美刺的各方面,称情流露不参一毫矫揉造作。"①钱穆《论语新解》也说:"学者必务知要,斯能守约。本章孔子论诗,犹其论学论政,主要归于己心之德。孔门论学,主要在人心,在归本于人之性情。学者当深参。"②情感与理性的平衡最终归于人的本心,用宋儒的话说,就是"心统性情",心为主体,调和情感与理性,使之中道和合。

八、咏而归

《先进》载子路、曾晳、冉有、公西华侍坐。子曰:"以吾一日长乎尔,毋吾以也。居则曰:'不吾知也。'如或知尔,则何以哉?"子路率尔而对,曰:"千乘之国,摄乎大国之间,加之以师旅,因之以饥馑,由也为之,比及三年,可使有勇,且知方也。"夫子哂之。"求,尔何如?"对曰:"方六七十,如五六十,求也为之,比及三年,可使足民。如其礼乐,以俟君子。""赤,尔何如?"对曰:"非曰能之,愿学焉。宗庙之事,如会同,端章甫,愿为小相焉。""点,尔何如?"鼓瑟希,铿尔,舍瑟而作,对曰:"异乎三子者之撰。"子曰:"何伤乎?亦各言其志也。"曰:"莫春者,春服既成,冠者五六人,童子六七人,浴乎沂,风乎舞雩,咏而归。"夫子喟然叹曰:"吾与点也!"子路、曾晳、冉有、公西华四人陪同孔子坐着。孔子说:"我比你们年龄都大,你们不要因为我在这里就不敢尽情说话。你们平时总爱说没有人了解自己的才能。如果有人了解你们,那你们怎么办呢?"子路轻率而急切地回答说:"如果有一个千乘之国,夹在几个大国之间,外面有军队侵犯它,国内又连年灾荒,我去治理它,只要三年,就可以使那里人人有

---

①《十力语要》,中华书局,1996年,第81—82页。
②钱穆:《论语新解》,生活·读书·新知三联书店,2002年,第23页。

勇气、个个懂道义。"孔子听后微微一笑。又问:"冉求,你怎么样?"回答说:"方圆六七十里或五六十里的小国家,我去治理它,等到三年,可以使人民富足。至于礼乐方面,只有等待贤人君子来施行了。"孔子又问:"公西赤,你怎么样?"回答说:"不敢说我有能力,只是愿意学习罢了。宗庙祭祀或者同外国盟会,我愿意穿着礼服,戴着礼帽,做一个小傧相。"孔子接着问:"曾点!你怎么样?"他弹瑟的节奏逐渐稀疏,"铿"的一声放下瑟站起来,回答道:"我和他们三位所说的不一样。"孔子说:"那有什么妨碍呢?也不过是各人谈谈志愿罢了。"曾晳说:"暮春三月的时候,春天的衣服都穿在身上了,我和五六位成年人,还有六七个儿童一起,在沂水岸边洗洗澡,在舞雩台上吹风纳凉,唱着歌儿走回来。"孔子长叹一声说:"我赞赏你的主张。"

何晏《集解》引包咸注:"莫春者,季春三月也。春服既成,衣单袷之时。我欲得冠者五六人,童子六七人,浴乎沂水之上,风凉于舞雩之下,歌咏先王之道,而归夫子之门。"邢昺《注疏》在此基础上更发挥说:"夫子闻其乐道,故喟然而叹曰:吾与点之志。善其独知时,而不求为政也。"

朱熹《集注》:"曾点之学,盖有以见夫人欲尽处,天理流行,随处充满,无少欠阙。故其动静之际,从容如此。而其言志,则又不过即其所居之位,乐其日用之常,初无舍己为人之意。而其胸次悠然,直与天地万物上下同流,各得其所之妙,隐然自见于言外。视三子之规规于事为之末者,其气象不侔矣,故夫子叹息而深许之。而门人记其本末独加详焉,盖亦有以识此矣。"又引程子说:"浴乎沂,风乎舞雩,咏而归,言乐而得其所也。孔子之志,在于老者安之,朋友信之,少者怀之,使万物莫不遂其性。曾点知之,故孔子喟然叹曰'吾与点也。'"

这一章,孔子与四位弟子谈论个人的志向,显示弟子们各有所长,但都围绕礼乐,最后归结是曾点的"咏而归"。孔子为什么独独对曾点之志表示赞同呢?按说其他弟子以治国安邦、兴礼泽民为己任,不正是孔子早年所为之奋斗的理想吗?为了这个理想,孔子不是周游列国，吃尽了苦头吗？实际上，问题并不在这里，孔子是从对宇宙、人生的体悟来看弟子们的志向。在孔子看来，其他三个弟子对人生的理解与体会都太肤浅，都只是流于事功和道德层次，只有曾点所说才是深入人生，超越了事功与道德境界。暮春时节，人在山水之间体验自然、人生，是人与自然的和谐；他不是一个人独自欣赏自然风光而是"冠者五六人，童子六七人"，是个体与群体、个人与社会的和谐，这与孔子"老安、友信、少怀"的理想也是一致的；而整个"浴乎沂，风乎舞雩，咏而归"的情境，则展现了人的生命本真的状态，展现了人的存在与天地宇宙合为一体的境界。①

这就是天人合一的境界，也就是冯友兰先生所说的"天地境界"。冯友兰先生根据人对于宇宙人生觉悟的程度不同，把人生境界由低到高划分为四种：自然境界、功利境界、道德境界、天地境界。在自然境界中的人，他的行为是顺着他的本能或顺着社会的习俗。他对自己的行为，并没有什么觉悟，混混沌沌而没有什么烦恼，也没有什么追求，跟动物差不多。功利境界中的人，所做的事，都是为了"利"，一大部分是为了自己的私利，所以，他所做的事，他只有功利的意义。道德境界中的人，他们的行为是为"义"的，他们自觉自己是社会的一员，因而自觉地在社会中尽职尽责，为社会做事。他们所做的事，有道德的意义，因而他们的境界是道德境界。在这种境界中的人，是贤人。在天地境界中的人，有最高的觉悟，他不仅自觉自己是社会的一员，而且觉悟自己是宇宙的一员，不但尽人伦，而且要尽天职、尽天伦。这四种境界是一个从低级向高级的发展过程，境界高低完全取决于觉解程度的多少，标志着人格完善的程度。"天地境界，需要最多的觉解，所以天地境界，是最高的境界。至此种境界，人的觉解已发展至最高的程度。至此种程度人已尽其性。在此种境界中的人，

---

① 张方玉：《论孔子德性幸福的三种形态》，《学术论坛》，2007年第7期。

谓之圣人。"①"天地境界"就是圣人的境界,这就是孔子赞同曾点的根本原因。

九、"六艺"教育的目标和现代意义

"六艺"教育是融知识与训练、道德与艺术为一体的全面发展的教育。其中礼乐射御书数的内容不可分割,但不是等量齐观,而是以礼为中心,礼和乐教育互为表里,相辅相成。射和御从起初的军事训练发展成射礼与御礼,不仅重视射箭驾车技术,而更重视整个过程中的仪礼和态度。书和数作为基础知识教育,都是要培养有礼仪、有涵养的人才。所以六艺教育是以礼为中心的教育课程。正如朱熹所言"礼以制中,乐以导和,射以观德行,御以正驰驱,书以见心画,数以尽物变,皆至理所寓而日用不可缺者也"②。可见,孔子在2500年前已明确提出了教学内容应包括德、智、体、美四个方面。这些内容所侧重的方面虽各不相同,但围绕着"成人"这一基本目标,以"做人"为根本。在孔子的教学当中,这些内容并不是等量齐观的,从"弟子入则孝,出则弟,谨而信,泛爱众而亲仁。行有余力,则以学文"(《学而》)这句话来看,孔子显然是把"学会做人"放在基础和首要的地位来强调。这个"基础",就是他所谓的"本"。"君子务本,本立而道生"(《学而》),这里的"本"就是做人的根本,"务本"就是要学会做人,学会做一个有仁爱之心,能"泛爱众",能"博施于民而能济众",即能为民众谋福利的人。"成人"最初具有与古代的成年礼相联系的成为社会的正式一员的含义。到了孔子,在这个意思的基础上发展为一种具有全面发展含义的理想人格,也是教育所要培养人才的基本目标。《宪问》载,子路问孔子关于"成人"的问题。孔子说:"若藏武仲之知(智),公绰之不欲,卞庄子之勇,冉求之艺,

---

① 冯友兰:《贞元六书》,华东师范大学出版社,1996年,第558页。
② 朱熹:《小学集注》卷一《立教》,四库全书本。

文之以礼乐，亦可以为成人矣。"意思是，像臧武仲那样有智谋，像孟公绰那样清心寡欲，像卞庄子那样勇敢无畏，像冉求那样多才多艺，再用礼乐来成就他们的文采，就可以说是"成人"了。可见，"成人"不仅指某一方面的才能、品质，而且是多方面的道德、技艺、知识，乃至通晓礼乐文化，实质上就相当于我们今天说的，是一个真、善、美全面发展的人。

  从这里我们可以看出，孔子对学生进行的教育是一种全面的发展的教育。这样的教育，在某种程度上可以说是一种以人为本的人文主义教育。我们今天的教育虽然一直在强调德、智、体、美全面发展，但在实际教育过程当中，这些方面往往是抽象的议论多，具体的实施措施少；在教育过程中不同方面的内容是割裂的，不能够有机地融合在一起，并结合学生的实际情况；更重要的是注重知识的传授，以为教给学生分门别类的各种知识就能够达到育人的目的，结果是学生什么都学了，什么都知道，考试成绩也都不错，在实际上却不能很好地完成其人生的任务和社会的责任。"六艺"教育把完善人格作为做人的目标并把造就理想人格作为教育的根本任务。这一思想不仅至今有其重大的现实意义，而且对于我国当前的教育现状来说可谓是"切中时弊"，也是与"立德树人"这个教育的根本任务相契合的。

第十章 成圣之道

一、圣、圣王、圣人的含义与演变

"圣"是"聖"的简化字,实际上"圣"与"聖"在古代是两个字。

商 西周 春秋 战国 《说文小篆》 汉 楷书 楷书
1《甲文编》466页。2《战文编》771页。3《类编》135页。4《战文编》786页。5《说文》250页。6《篆隶表》852页。

图A

战国 小篆 汉 楷书《说文》
1《甲金篆》948页。2《说文》288页。3《汉印徵补遗》卷134页

图B

在字形上,甲骨文中的"聖"字(图A中的1)像人竖起耳朵倾听之状,旁边有口,表示说话,是听觉灵敏之意。金文中的"聖"字(图A中的2)将"人"变为"壬"(表示挺立),以强调耸耳而听。篆文中的"聖"字(图A中的5)整齐化,讹变为从耳,呈声,隶变后楷书写作"圣"。古"圣"(kū)字是会意字。战国文字和篆文中的"圣"字(图B中的1和2)都是由"土"和"又(手)"组成,是古代方言字,表示手用力挖地,义同"掘"。隶变后楷书写作"圣",宋元以后被当作"聖"字的俗体。现代汉语简化汉字时将"圣(kū)"作为"聖"的简化字。①

《说文解字·耳部》;"聖,通也。从耳,呈声。"段玉裁注:"聖从耳者,谓其耳顺。"郭沫若《卜辞通纂考释·畋游》:"古听、

---

①李学勤主编:《字源》,天津古籍出版社,2012年,第1047、1190页。

声、聖乃一字。其字即作耳口，从口耳会意。言口有所言，耳得之而为声，其得声动作则为听。聖、声、听均后起之字也。聖从耳口，壬声，仅于耳口之初文附以声符而已。"但未明确说明"圣"字本义是什么。顾颉刚考证金文中"圣"字从耳从口，耳为听觉器官，口为发音器官，"圣"就是声音入于耳出于口，正是古代的聪字，故圣有耳聪目明之义。①

《尚书·大禹谟》："乃圣乃神，乃武乃文。"孔安国传曰："聖，无所不通。"《尚书·洪范》："睿作圣。"孔安国传曰："于事无不通之谓聖。"《左传·文公十八年》："昔高阳氏有子八人……齐、聖、广、渊、明、允、笃、诚，天下之民谓之八恺。"孔颖达疏："聖者，通也。博达众务，庶事尽通也。"应劭《风俗通》："聖者，声也，通也。言其闻声知情，通于天地，条畅万物也。"说明圣人是听觉敏锐，能通过闻声而知情状，进而与天地沟通，和谐万物。也就是说，圣人是天和人的中介，通过耳的听闻，气的感应，心的感知，达到与天地万物的沟通。

"圣王"指德才超群达于至境之帝王。《礼记·冠义》："冠者，礼之始也，是故古者圣王重冠。"《左传·桓公六年》："夫民，神之主也；是以圣王先成民而后致力于神。"《孟子·滕文公下》："圣王不作，诸侯放恣，处士横议，杨朱、墨翟之言盈天下。"唐柳宗元《封建论》："彼封建者，更古圣王尧、舜、禹、汤、文、武而莫能去之；盖非不欲去之也，势不可也。""圣王"在儒家的话语体系中，一般指尧、舜、禹、汤、文、武、周公。圣人原型为圣王。但是，到了孔子这个时代，已经没有圣王了，春秋战国以后"圣王"一分为二，圣是圣，王是王。秦汉以降君主专制，王(皇帝)还要以王兼圣，于是"王圣"之说。

"圣人"一般指品德最高尚、智慧最高超的人。有时也专指孔子。其实孔子生前已经有人称他为圣人，但孔子没有以圣人自居。他也经常谈到圣人，如《大戴礼记·哀公问五仪》鲁哀公问"何如

---

①顾颉刚：《"圣"、"贤"观念和字义的演变》，《中国哲学》，1979年第1期。

可谓圣人矣?"孔子曰:"所谓圣人者,知通乎大道,应变而不穷,能测万物之情性者也。大道者,所以变化而凝成万物者也。情性也者,所以理然、不然、取、舍者也,故其事大。配乎天地,参乎日月;杂于云蜺,总要万物。穆穆纯纯,其莫之能循;若天之司,莫之能职;百姓淡然,不知其善。若此,则可谓圣人矣。"《孔子家语·五仪解》鲁哀公问孔子:"何谓圣人?"孔子曰:"所谓圣人者,德合于天地,变通无方。穷万事之终始,协庶品之自然,敷其大道而遂成情性。明并日月,化行若神。下民不知其德,睹者不识其邻。此谓圣人也。"

郭店楚简《五行》指出,"圣"德,圣与仁、义、礼、智五德之所和,属于天之道的境界,仁、义、礼、智四德之所和,属于人之道的范畴。又说:"闻君子道,聪也。闻而知之,圣也。圣人知天道也。"

到了孟子,他的基本思想倾向是偏重以德定王,在事功方面的要求有所后退。因此,他给圣人下的定义是"圣人,人伦之至也。欲为君尽君道,欲为臣尽臣道,二者皆法尧舜而已矣"(《孟子·离娄上》)。这样,就把圣人从外在的事功回落到了内在的道德心性方面,凸显的是圣人的人伦道德倾向。他的圣人观念比孔子降低了、泛化了。他说:"人皆可为尧舜。"(《孟子·告子上》)"圣人,与我同类者。"(《孟子·告子下》)"仁且智,夫子既圣也。"(《孟子·公孙丑上》)仁且智就够上圣人了。他诗意地描绘圣人们的神韵,渲染他们的崇高超凡,且十分"大方"地把包括孔子在内的前代诸贤们许为"圣人",说:"伯夷,圣之清者也;伊尹,圣之任者也;柳下惠,圣之和者也;孔子,圣之时者也。孔子之谓集大成。"(《孟子·万章下》)并第一个提出和完成了儒家的圣人系列,对后世影响很大。

荀子也是侧重以德定王,但偏于外王之道:"平正和民之善,亿万之众而博若一人,如是,则可谓圣人矣。"(《荀子·儒效》)荀子明确地把"圣"和"王"分开了:"圣也者,尽伦者也;王也者,尽制者也;两尽者,足以为天下极矣,故学者以圣王为师。"(《荀子·解蔽》)所以,在荀子这里,圣与王便有了分工,圣与王不但在现实中一分为二,而且在理论上各有分工,但仍然是以尧、舜为古代圣王的典范,他所说的圣王是兼两"尽"(伦与制)于一身,试图在"分"了之后又"合",但这种"合"显然是一种理想,而他就以这种"理想圣王"作为天下的理想标准。这样,不但"圣"和"王"之间构成了张力,理想与现实也形成了紧张。对于圣人,荀子说:"圣人备道全美者也,是县天下之权称也。"(《荀子·正论》)圣人是道德完备,一切完美的人,是衡量万事万物的标准。"圣人也者,道之管也。天下之道管是矣,百王之道一是矣。"(《荀子·儒效》)强调圣人与道合一的本质特征。荀子的圣人观把孔子思想向另一个方向发展了,与孟子形成对待,把重点放在现实中的百姓如何才能成圣,因而强调"学"和"积善成德",说"故学者,固学为圣人也,非特学无方之民也"(《荀子·礼论》)。"涂之人百姓,积善而全尽,谓之圣人。彼求之而后得,为之而后成,积之而后高,尽之而后圣。故圣人也者,人之所积也"(《荀子·儒效》)。"涂之人可以为禹"(《荀子·性恶》)。走在路上随便哪一个人都可以成为像禹那样的圣人,这就为所有人敞开了成圣的大门。

贾谊在《新书·道术》中说:"知道者谓之明,行道者谓之贤,且贤且明,此谓圣人。"

董仲舒把圣人与天放在同样的位置,并定义圣人曰:"行天德者,谓之圣人。"(《春秋繁露·威德》)"天德"乃人得之天命的德行。他更强调圣人的政治和教化功能,"天积众精以自刚,圣人积众贤以自强;天序日月星辰以自光,圣人序爵禄以自明"(《春秋繁露·立元神》)。

《白虎通·圣人》:"圣人者何?圣者,通也,道也,声也。道无所不通,明无所不照,闻声知情,与天地合德,日月合明,四时合序,鬼神合吉凶。《礼别名记》曰:'五人曰茂,十人曰选,百人曰俊,千人曰英,倍英曰贤,万人曰杰,万杰曰圣。'"《白虎通》综合了先秦以来圣人的含义,还特别引《礼别名记》说明圣人是千百万人中最杰出的人。

二、古代圣王

孔子作为儒家创始人,他很少从理论上对"圣王"做解释,更多的是通过推崇、赞叹尧、舜、禹、汤、文、武、周公来表达他心目中的圣王观。这些圣王都是既有德又有业的"盛德大业",完满地体现了内圣外王之道的人物。例如《泰伯》载子曰:"大哉!尧之为君也。巍巍乎!唯天为大,唯尧则之。荡荡乎!民无能名焉。巍巍乎!其有成功也。焕乎!其有文章。""大哉"是孔子总赞尧帝为君之辞。巍巍乎,唯有天是如此高大。天之高大,唯尧能则之。何晏《集解》引孔安国注:"则,法也。美尧能法天而行化。"尧能取法乎天,尧即如天之大。"荡荡乎,民无能名焉。"何晏《集解》引包咸注:"荡荡,广远之称也。言其布德广远,民无能识其名焉。"尧的大德广远无际,民众莫能名其状况。"巍巍乎,其有成功也。"何晏《集解》:"功成化隆,高大巍巍。"尧的功德像高山一样巍峨。"焕乎!其有文章。"何晏《集解》:"焕,明也。其立文垂制又著明。"民所能名者,唯在尧的各种事业典章,崇高焕明的可以看得出来。邢昺《注疏》:"此章叹美尧也。子曰:大哉,尧之为君也!……言大矣哉,尧之为君也!聪明文思,其德高大。巍巍然有形之中,唯天为大,万物资始,四时行焉,唯尧能法此天道而行其化焉。"尧作为天子聪明文思,品德高大,能够效法天道,教化体现。孔子在这里赞颂尧帝效法天道,制订礼乐典章,施恩德于民,取得了丰功伟绩,使人民对他无比赞美。尧生活的时代,天下混乱,洪水泛滥,五谷不收,猛兽逼人,民不聊生。尧为此而焦思忧虑,寝不安席。他任用贤能,疏导河流以排除洪水,烧山焚林以驱逐猛兽,这才使得人民摆脱洪水猛兽的威胁,生活得到安定。在这个基础上,尧又命羲和造历法,测天象,正四时,定闰月,遵循自然规律,指导农业生产,使人民安居乐业,丰衣足食。《说苑·至公》曰:"《书》曰:'不偏不党,王道荡荡',言至公也。古有行大公者,帝尧是也。贵为天子,富有天下,得舜而传之，不私于其子孙也。去天下若遗躧，于天下犹然，况其细于天下乎！非帝尧孰能行之？孔子曰：'巍巍乎，惟天为大，惟尧则之。'"尧以天下为公，实行禅让制，是王道理想的代表。

《卫灵公》载子曰："无为而治者，其舜也与？夫何为哉！恭己正南面而已矣。"孔子说，能无为而治者，那就是舜吧。无为而治的意思，是说舜自己不做什么事，而能平治天下。究其原因，当如何晏《集解》说："任官得其人，故无为而治。"舜能够选贤任能，有贤能的官员具体做事，所以他能够无为而治。邢昺《注疏》："此一章美帝舜也。帝王之道，贵在无为清静而民化之，然后之王者，以罕能及，故孔子曰：'无为而天下治者，其舜也与？'所以无为者，以其任官得人。夫舜何必有为哉？但恭敬己身，正南面向明而已。"并案"《舜典》命禹宅百揆，弃、后稷、契作司徒，皋陶作士，垂、共工、益作朕虞，伯夷作秩宗，夔典乐教胄子，龙作纳言，并四岳十二牧，凡二十二人，皆得其人，故舜无为而治也"。舜得到二十二位贤臣，所以无为而治。朱熹《集注》："无为而治者，圣人德盛而民化，不待其有所作为也。独称舜者，绍尧之后，而又得人以任众职，故尤不见其有为之迹也。恭己者，圣人敬德之容。既无所为，则人之所见如此而已。"圣人，舜的"无为而治"与道家顺天道之自然，无所作为不同，而是己有盛德，以德化民，同时，能够选贤任能，有众多贤能的臣下有所作为。舜小时候父亲与后母以及同父异母的兄弟待他不好，但他信守孝悌之道，20岁时就因孝悌之道而闻名于天下。在众人举荐和尧的选拔下，他做了尧的继承人。继位后，他遍访四方，选贤进才，使天下大治。舜命禹做司空，平水土，命弃为后稷，播种百谷，命契做司徒，办教育，命皋陶做士，掌法律，命益做虞官，管山泽鸟兽。这些都足以说明他能知人善任，所以能无为而治。舜能用人而不自用，所以孔子以无为而治来赞美他。

圣王德行高大，大公无私，以天下为公。《泰伯》子曰："巍巍乎，舜、禹之有天下也，而不与焉。"何晏《集解》："美舜、禹也，言己不与求天下而得之"，舜和禹他们受禅让而有天下，不是自己求而得之，而是禅让而有天下。皇侃《义疏》："此美舜、禹也。舜、禹亦古圣天子也。巍巍，高大之称也，言舜、禹逢时遇世，高大可美也。舜受尧禅而有天下，禹受舜禅而有天下。此二圣得时有天下，并非身所预求，而君自禅之也。一云：孔子叹己不预见舜、禹之时也。若逢其时，则己宣道当用也。故王弼曰：'逢时遇世，莫如舜、禹也。'江熙曰：'舜、禹受禅有天下之极，故乐尽其善。叹不与并时，盖感道契在昔，而理屈当今也。'"皇侃强调舜受尧禅，禹受舜禅而有天下是得时而得天下，因此孔子感叹生不逢时，不遇明君，不能为世所用。邢昺《注疏》："此章美舜、禹也。巍巍，高大之称。言舜、禹之有天下，自以功德受禅，不与求而得之，所以其德巍巍然高大也。"邢昺指出尧、舜、禹相继禅让是因为他们都有巍巍高大的功德而得天下，而不是求而得之。这里孔子赞颂舜和禹是有其时代背景的，春秋之时社会混乱，政局动荡，弑君、篡位者屡见不鲜。孔子赞颂传说时代的"舜、禹不与"，表明对尧、舜、禹禅让的称颂，抨击天下无道的现实。《论衡·语增》曰："舜承安继治，任贤使能，恭己无为而天下治。故孔子曰："巍巍乎，舜、禹之有天下也，而不与焉。"

《泰伯》载"子曰：禹，吾无间然矣！菲饮食而致孝乎鬼神，恶衣服而致美乎黻冕，卑宫室而尽力乎沟洫。禹，吾无间然矣！"皇侃《义疏》："孔子美禹之德美盛，而我不知何以厝于非觊矣。郭象曰：'尧、舜、禹相承，虽三圣故一尧耳。天下化成则功美渐去，其所因循常事而已，故史籍无所称，仲尼不能间，故曰禹，吾无间然矣。'李充曰：'夫圣德纯粹，无往不备，故尧有则天之号耳，舜称无为而治。又曰：'巍巍乎，舜、禹之有天下也，而不与焉'，斯则美圣之极名，穷理之高咏矣。至于此章，方复以事迹叹禹者，而岂徒哉？盖以季世僻王，肆情纵欲，穷奢极侈，丽厚珍膳而简伪乎享祀，盛纤靡而阙慢乎祭服，崇台榭而不恤乎农政，是以亡国丧身，莫不由乎此矣。于有国有家者，观夫禹之所以兴也，览三季之所以亡，可不慎与也？'"皇侃认为，孔子盛赞大禹的功德，表示对他已经无可非议了。并引郭象之言说明尧舜禹三圣相承，舜、禹都是宗尧而已。引李充之论认为尧舜禹三圣圣德纯粹，无往不备。孔子对大禹事迹的赞颂正是针对夏商周末代那些邪僻的帝王放纵情欲，用度奢侈华丽，极尽骄奢淫逸之事；他们自己吃山珍海味，但在祭祀时却简单草率，没有恭敬心；他们穿着的衣服华丽讲究，但在祭祀祖先或祭天时，所穿的礼服却很怠慢；非常喜欢住高大华丽的台榭、亭台楼阁，但是却不体恤农业水利工程等等，对农民不很关爱。正是由于这样的做法才导致了亡国丧身。对于有国有家的君主，应该从禹之所以兴盛，夏、商、周末代帝王之所以衰亡吸取教训。

邢昺《注疏》："……孔子推禹功德之盛美，言己不能复间厕其间也……薄己饮食，致孝鬼神，令祭祀之物丰多絜静也……禹降损其常服，以盛美其祭服也……禹卑下所居之宫室，而尽力以治田间之沟洫也。以常人之情，饮食务于肥浓，禹则淡薄之；衣服好其华美，禹则粗恶之；宫室多尚高广，禹则卑下之。饮食，鬼神所享，故云致孝；祭服备其采章，故云致美；沟洫人功所为，故云尽力也。"朱熹《集注》"或丰或俭，各适其宜，所以无罅隙之可议也。"并引杨氏曰："薄于自奉，而所勤者民之事，所致饰者宗庙朝廷之礼，所谓有天下而不与也，夫何间然之有？"《说苑·反质》曰："古有无文者，得之矣，夏禹是也。卑小宫室，损薄饮食，土阶三等，衣裳细布。"大禹所做的这些看似平常、简单，实际上意义深远，对鬼神尽孝顺之心，是不忘天地之德、祖先之恩；尽量以整齐华美的服饰参加祭祀，是对天地祖先的尊敬；尽力于疏通沟渠治水，是对百姓生命和福祉的责任。身为王者，自己的饮食粗陋，不是因为饮食紧缺，而是提倡节俭以奉天地祖先；自己的衣服破旧，不是因为物产不足，而是提倡简朴以尊奉礼节；自己宫室矮小，不是不能建造高大的房屋，而是心中所装的是天下百姓。大禹的这些行为与那些末代亡国丧身之君比较起来可以说是天壤之别。

《颜渊》子夏曰："……舜有天下，选于众，举皋陶，不仁者远矣。汤有天下，选于众，举伊尹，不仁者远矣。"何晏《集解》引孔安国注："言舜、汤有天下，选择于众，举皋陶、伊尹，则不仁者远矣，仁者至矣。"邢昺《注疏》："此子夏为樊迟说举直错枉之事也。言舜、汤有天下，选择于众，举用皋陶、伊尹，则不仁者远矣，仁者至矣。长其能使邪枉者亦化为直也。"皇侃《义疏》："言舜昔有天位，选择诸民众中，举得皋陶，在位用之，则是'举直'也。而不仁者不敢为非，故云'远矣'，即是'枉者直'也。"子夏赞扬大舜、商汤在治理天下时能够选贤任能，舜在众人之中举用皋陶，汤舜在众人之中举用伊尹，都是任用正直之士而不用枉邪之人，这样就使不仁者不敢胡作非为，也能使邪枉之人变为正直之士。

《宪问》："禹、稷躬稼，而有天下。"何晏《集解》引马融注："禹尽力于沟洫，稷播百谷，故曰躬稼。禹及其身，稷及后世，皆王。"邢昺《注疏》："禹尽力于沟洫，洪水既除，烝民乃粒；稷，后稷也。名弃，周之始祖，播种百谷，皆以身亲稼穑，故曰禹、稷躬稼也。禹受舜禅；稷及后世，至文、武皆王天下，故曰而有天下也。"朱熹《集注》："禹平水土暨稷播种，身亲稼穑之事。禹受舜禅而有天下，稷之后至周武王亦有天下。"是说禹平水土，使天下人避免了水灾之患，舜禅让天子之位给他；周人祖先后稷亲身耕稼，播种百谷，他后代文王三分天下有耳，武王伐纣，建立周朝。

《泰伯》"舜有臣五人而天下治。武王曰：'予有乱臣十人。'孔子曰：'才难，不其然乎？唐虞之际，于斯为盛，有妇人焉，九人而已。三分天下有其二，以服事殷。周之德，其可谓至德也已矣。'"舜有臣五人：何晏《集解》引孔安国说五人为禹、稷、契、皋陶、伯益。禹，姒姓夏后氏，名文命，号禹，夏后氏首领。禹承父业治理洪水，始于冀州，功绩卓著，后立为帝，与尧、舜齐名，尊为圣贤帝王。稷，即后稷，周的始祖名弃，曾经被尧举为"农师"，被舜命为后稷。契，商朝的祖先，传说是舜的臣，助禹治水有功而封于商。皋陶，亦作"皋陶""皋繇"或"皋䌛"，传说他是虞舜时的司法官，后常为狱官或狱神的代称。伯益，亦作伯翳、柏翳、柏益、伯鹭，又名大费。据《史记·秦本纪》载是五帝中颛顼的后代，嬴姓的始祖。乱臣十人：乱臣，《说文》曰"乱，治也。"马融曰"乱，治也。"皇侃曰"乱，理也。""乱臣"，应为"治国之臣"。十人，即周公旦、召公奭、太公望、毕公、荣公、太颠、闳夭、散宜生、南宫适、文母。有妇人焉：指武王的乱臣十人中有武王之妻邑姜，治理内事，不正式参加朝廷。张栻："邑姜助成正家之事，而天下治焉，亦妇人之有圣德者也。"三分天下有其二：《逸周书·太子晋解》曰："如文王者，其大道仁，其小道惠。三分天下而有其二，敬人无方，服事于商。既有其众，而反失其身，此之谓仁。"《逸周书·程典》说："文王令九州之侯，奉勤于商。"相传当时分九州，文王得六州——雍、梁、荆、豫、徐、扬，其余冀、青、兖属纣。九州文王有其六，是为三分有其二。何晏《集解》引包咸注："殷纣淫乱，文王为西伯而有圣德，天下归周者三分有二，而犹以服事殷，故谓之至德。"服事：服从尊奉。殷：指殷商。张栻曰："舜之五臣，武王之十乱，皆相与共成天下之治者，非但可任一职而已也。邑姜助成正家之事而天下治焉亦妇人之有圣德者也……盖纣未为独夫，文武固率天下以事纣者也。三分天下有其二，天下之归往如此，而翼翼小心以尽其臣子之恭。非德合中庸者其能之乎？故称至德也。"①

《孔子家语》曾经被认为是伪书，现在越来越多的人肯定它的真实性。其《五帝德》载宰我向孔子请教五帝，孔子一一做了回答："黄帝者，少昊之子，曰轩辕，生而神灵，弱而能言，幼齐睿庄，敦敏诚信，长聪明，治五气，设五量，抚万民，度四方，服牛乘马，扰驯猛兽，以与炎帝战于阪泉之野，三战而后克之。始垂衣裳，作为黼黻。治民以顺天地之纪，知幽明之故，达生死存亡之说，播时百谷，尝味草木，仁厚及于鸟兽昆虫。考日月星辰，劳耳目，勤心力，用水火财物以生民。"

颛顼："颛顼，黄帝之孙，昌意之子，曰高阳。渊而有谋，疏

---

①张栻：《癸巳论语解》卷四，四库全书本。

通以知远，养财以任地，履时以象天，依鬼神而制义，治气性以教众，洁诚以祭祀，巡四海以宁民，北至幽陵，南暨交趾，西抵流沙，东极蟠木，动静之神，小大之物，日月所照，莫不底属。"

帝喾："玄枵之孙，乔极之子，曰高辛。生而神异，自言其名。博施厚利，不于其身。聪以知远，明以察微。仁以威，惠而信，以顺天地之义。知民所急，修身而天下服，取地之财而节用焉，抚教万民而诲利之，历日月之生朔而迎送之，明鬼神而敬事之。其色也和，其德也重，其动也时，其服也哀。春夏秋冬，育护天下。日月所照，风雨所至，莫不从化。"

帝尧："高辛氏之子，曰陶唐。其仁如天，其智如神。就之如日，望之如云。富而不骄，贵而能降。伯夷典礼，夔龙典乐，舜时而仕，趋视四时，务元民始之，流四凶而天下服。其言不忒，其德不回。四海之内，舟舆所及，莫不夷说。"

帝舜："乔牛之孙，瞽瞍之子也，曰有虞。舜孝友闻于四方，陶渔事亲，宽裕而温良，敦敏而知时，畏天而爱民，恤远而亲近。承受大命，依于二女。叡明智通，为天下帝。命二十二臣，率尧旧职，躬己而已。天平地成，巡狩四海，五载一始。三十年在位，嗣帝五十载。陟方岳，死于苍梧之野而葬焉。"

禹："高阳之孙，鲧之子也，曰夏后。敏给克齐，其德不爽，其仁可亲，其言可信。声为律，身为度。亹亹(wěi wěi)穆穆，为纪为纲。其功为百神之主，惠为民父母。左准绳，右规矩，履四时，据四海。任皋繇、伯益以赞其治，兴六师以征不序。四极之民，莫敢不服。"

这里宰我向孔子请教五帝的问题，孔子提到了黄帝、颛顼、帝喾、帝尧、帝舜和大禹。其中前面五位以"帝"号称，只有大禹直呼为禹，显然是把大禹放在五帝以下的三王系列。因为大禹是夏代的开国之君。

文王，姓姬名昌，继位时周所控制的区域并不大，所以《孟子·公孙丑》上有"文王以百里"的说法。文王采取有力措施，使周的势力有了较大发展。他很重视农业生产，增强经济实力，周原地区在文王时期得到进一步开发。文王还能够以照顾鳏、寡、孤、独等措施团结族众,"徽柔懿恭,怀保小民,惠鲜鳏寡。自朝至于日中昃,不遑暇食,用咸和万民"(《尚书·无逸》)。文王在远近方国部落中拥有很高威望,相传虞芮两国争讼,求周评判,见周人在文王率领下"耕者皆让畔,民俗皆让长"(《史记·周本纪》),虞芮之人自觉惭愧,遂相让而去,于是"天下闻之而归者四十余国"(《诗经·绵》毛传)。周文王实行仁政德治,是对尧舜王道之治的继承,史称周文王"克明德慎罚,不敢侮鳏寡,庸庸,祗祗,威威,显民,用肇造我区夏"(《尚书·康诰》),"文王质文,故天胙(zuò)之以天下"(《国语·周语下》),"文王以文治"(《礼记·祭法》),"(文王)作物配天,制无用,行三明,亲亲尚贤,民明教,通于四海,海之外肃慎、北发、渠搜、氐、羌来服"(《大戴礼记·少闲》),皆谓文王以德行、文略而使天下归心。孔子对文王非常敬慕,赞扬说:"文王既没,文不在兹乎?"(《子罕》)

武王,姬姓,名发。文王崩逝,姬发继位,号为武王,继承父志,重用太公望、周公旦、召公奭(shì)等人治理国家,周国日益强盛。受命十一年(约前1046),武王联合庸、蜀、羌、髳(máo)卢、彭、濮等部族,进攻商纣行在朝歌,讨伐暴君纣王统治下的商朝,是为牧野之战。殷商大败,纣王自焚于鹿台,殷商灭亡。周王朝建立,定都镐京(今陕西西安西南)。武王建国后在政治上实行分封制,社会实行宗法制,经济上推行井田制,文化领域礼乐制度,影响中国长达三千多年。

周公,姓姬名旦,是周文王姬昌的第四子,当时又称他为叔旦,因采邑在周,爵为上公,故称周公或周公旦。周灭商后,武王病重,临终前愿意把王位传给周公。周公涕泣不止,坚辞不受。武王死后,他坚持让年幼的成王继位。面对国家初立,根基未稳,诸侯尚存异心,内忧外患接踵而来的复杂形势,年幼的成王根本无法应付。在这危难时刻,周公挺身而出,代成王执政,辅佐成王平定武庚、管叔、蔡叔叛乱,营建东都洛邑,创立礼乐制度,奠定了周代国家的基础。周公还提出了"敬天保民""明德配天"

"明德慎刑""有孝有德"等一系列思想,这些后来都成为儒家思想的核心。所以后人把他尊为儒家思想的奠基人。周公之礼特别重视"德"的内在精神。王国维说:"周之制度典礼,实皆为道德而设。……周之制度典礼乃道德之器械。"①这就是说,周礼的价值基础是道德,如恭、敬、孝,等等。七年后,当国家转危为安,走上正轨时,周公又毅然让出王位,还政成王,并谢绝成王挽留,及时归隐。贾谊《新书·礼容下》这样评价周公:"文王有大德而功未就,武王有大功而治未成,周公集大德大功大治于一身。孔子之前,黄帝之后,于中国有大关系者,周公一人而已。"被后世尊为"元圣",是"儒家"先驱。周公的思想自成体系,内容非常丰富,涉及社会政治、经济、文化、习惯、舆论等各个方面,上绍尧、舜、禹、文、武之绪,下启孔孟儒术之运,承前启后,在中国古代文化史上占有特殊的地位,与周礼一起共同构成周公之道,对儒家学说及道统产生了重大影响,奠定了道统思想形成和发展的基础。中国后代的政治家与思想家几乎无不将其视为宝库,言必称周公。

孔子特别崇奉周公,崇尚周礼。他梦想的是让当时天下无道的社会恢复到西周礼乐兴盛的时代,并以此为己任。他说:"周监于二代,郁郁乎文哉!吾从周。"(《八佾》)"如有用我者,吾其为东周乎?"(《阳货》)"如有周公之才之美,使骄且吝,其余不足观也已。"(《泰伯》)《韩诗外传》卷三曰:"周公践天子之位七年,布衣之士所贽而师者十人,所友见者十二人,穷巷白屋所先见者四十九人,时进善百人,教士千人,官朝者万人。当此之时,诚使周公骄而且吝,则天下贤士至者寡矣。成王封伯禽于鲁,周公诫之曰:'往矣!子无以鲁国骄士!吾,文王之子,武王之弟,成王之叔父也,又相天子,吾于天下亦不轻矣。然一沐三握发,一饭三吐哺,犹恐失天下之士。吾闻:德行宽裕,守之以恭者荣;土

---

① 王国维:《殷周制度论》,《观堂集林》卷十,中华书局,1999年,第477页。

地广大，守之以俭者安；禄位尊盛，守之以卑者贵；人众兵强，守之以畏者胜；聪明睿知，守之以愚者善；博闻强记，守之以浅者智。夫此六者，皆谦德也。"所以，孔子对周代礼乐推崇，对周公特别敬仰。后来，他深为感叹地说："甚矣吾衰也！久矣吾不复梦见周公"（《述而》）。孔子向往周公之制，传承周公礼乐文明，形成了儒家思想，因此，后世也常常把儒家思想称为"周孔之道"。《淮南子·要略》也这样说："周公继文王之业，持天子之政，以股肱周室，辅翼成王。……成王既壮，能从政事，周公受封于鲁，以此移风易俗。孔子修成、康之道，述周公之训，以教七十子，使服其衣冠，修其篇籍，故儒者之学生焉。"周公旦继承父兄文王、武王的事业，掌握了天子的权力，用来安定周王室，而辅佐成王，……成王已经长大，能够处理政事，周公便到鲁国受封，用这个办法转移风气，改变习俗。孔子修治成、康的主张，祖述周公的教训，用来教导七十个学生，使他们穿戴起周王朝的衣冠，研究遗留下来的典籍，于是儒学便产生了。可见，先秦、秦汉时期人们就认为孔子传周公之道。隋唐之际的大儒王通特别推崇孔之道："卓哉！周孔之道，其神之所为乎？顺之则吉，逆之则凶。"（《中说·王道》）周孔之道则是神圣之道，应该顺之而不能逆之。他认为只有周公和孔子才体现了王道之制和王道理想。"吾视千载以上，圣人在上者，未有若周公焉，其道则一，而经制大备，后之为政者有所持循；吾视千载而下，未有若仲尼焉，其道则一，而述作大明，后之修文者有所折中矣。"（《中说·天地》）认为周公、孔子是空前绝后的圣人。

儒学在中国历史上有两个别名——周孔之道与孔孟之道。当大家在谈孔孟之道的时候别忘了儒学更本源的传统是周孔之道。周公礼乐与孔子思想相结合，即周孔之道，是华夏几千年文明的主脉。从思想上看，周孔之道或周孔之教中的"周"，更多地代表了原初儒学中"礼"的观念，"孔"则主要关乎儒学中"仁"的思想。可以说，正是"仁"和"礼"的统一，构成了原始儒学思想的主体。从儒学的演化看，以孔孟之道为关注之点，往往侧重于"仁"的内化(心性);注重周孔之道,则趋向于肯定"仁"与"礼"的统一。

三、孔子是怎样超凡入圣的?

如前所述,圣人的境界是很高的。有人曾说孔子是圣人,他则谦虚地说:"若圣与仁,则吾岂敢!抑为之不厌,诲人不倦,则可谓云尔已矣。"(《述而》)意思是,说我圣,说我仁,我都不敢当!我只是永不自满地学习,永不疲倦地教诲弟子而已。但是从他的一生来说,他是一步一步地实现了成圣的过程,为我们后人超凡入圣的成圣之道树立了一个活生生的典型。对此,他自己在《为政》当中自己有一段总结:"吾十有五而志于学,三十而立,四十而不惑,五十而知天命,六十而耳顺,七十而从心所欲不逾矩。"这段话,应该是他在七十岁以后时所讲的话,应该是孔子站在人生的制高点上对自己一生的为人和事业的回顾与总结。

第一个阶段:十有五而志于学。这里的"学",绝不是我们平常说的"学习""念书"之类的"学",其内容与西方有不同,不是对于自然和人类社会的知识之学,而主要是对于人类自身的道德行为的生命之学、生活之学。《论语》中"学"字出现过66次,名词是"学说"之意,动词则是"学做""习得"之意。对"学"有正确的理解,由此出发,才能领会孔子学说真正精神,把握孔子思想的精髓。按照《论语正义》的解释,"学不外道与礼也",就是说这里的"志于学"就是志于"道"和"礼",即孔子从十五岁就立志探索宇宙、人生和社会的大道,重建礼乐制度,解决当时人心的败坏、迷乱和社会的失序、混乱的问题。显然,这里的"学"不是现在学者们坐在书斋里做学问,也不是学生为考试拿文凭寒窗苦读,而是以礼乐挽救世道,以仁爱救治人心,即《大学》所说的修身、齐家、治国、平天下的大学问。孔子曾经说:"德之不修,学之不讲,闻义不能徙,不善不能改,是吾忧也。"(《述而》)是说当时的人们品德不去修养,学问不去讲习,听到道义不能去追求,有了不善不能去改正,这些都是孔子非常忧虑的啊!从这里可以看出,孔子要传播的学说，自己是先要身体力行的。他所奉行的学说，是与人生紧密相关的，是要通过修养学问而成为圣人。

第二个阶段：三十而立。有了人生的方向和奋斗的目的，然后再通过十五年的努力学习探索和亲身实践，终于在三十岁事业上得到了成就，被社会承认，可以在社会上立足了。具体对孔子来说，就是对礼乐文化有了丰富的知识和深刻的把握，可以借以自立于社会了。因为孔子在《泰伯》说，"立于礼"，在《尧曰》又说，"不知礼，无以立"，所以"三十而立"主要是指立于礼。孔子认为做人的最高境界是"仁"，而"克己复礼曰仁"，他甚至宣称如果"一日克己复礼，天下归仁焉"（《颜渊》）。可见在他心目中的"礼"对于人的重要性。

第三个阶段：四十而不惑。"四十而不惑"是指"不惑于义"。孔子是说一个人在认识了道义的情况下，就会对人世间的事事物物，是是非非都没有疑惑、困惑了，因为有了基本原则和价值标准。例如，他说"有道则仕，无道则隐"（《微子》）。当不当官取决于社会是不是有道。有道就当官，无道就隐退。又说"不义而富且贵，与我如浮云"（《述而》）。富贵也要合乎道义，不合道义的富贵视若过眼烟云。"不惑"是作为君子的最高境界，只有他和颜回可以达到。能够达到这一点，就是智者，因为《子罕》和《宪问》都有"知者不惑"的话。

第四个阶段：五十而知天命。孔子大概又经过十年的努力，教育学生，教化天下，对天道性命不断有深入的体悟，他掌握了自己的命运轨迹，对自己一生的偶然性、必然性、有限性，以及可能性都有深刻的觉解，进入知天命之年。"知天命"是指知晓上天所赋予个人的道义与职责。《尧曰》："不知命，无以为君子。"人不知天命，则一定考虑现实利益，见利必趋，见害必避，何以为君子；反过来说，知天命者，见利不必趋，见害不必避，唯"义"是从。"知天命"，使孔子开始了从君子向圣人的转化，但仅仅是"知"，仍未入圣人之域。

第五个阶段：六十而耳顺。对"耳顺"，郑玄注："耳闻其言，而知其微旨也。"听到别人的话，就能深刻知晓话语背后的深刻含义。朱熹《集注》："声入心通，无所违逆，知之至，不思而得也。"听到无论什么，都能够欣然接受，耳顺心通。孔子知天命之后又修养实践了十多年，特别是周游列国，颠沛流离，恓恓惶惶，备极艰辛，遇到很多不如意的人和事，既要面对权贵的冷遇和怨怼，又要面对世人的白眼、嘲弄。甚至那些避世之士，如楚狂接舆、长沮、桀溺、荷蓧丈人等，也责备他四体不勤、五谷不分的责骂，指斥他何德之衰，避而不理的轻慢，问而不答的厌弃，经历这么多，他逐渐能够冷静以对，甚至连郑人嘲笑他"累累若丧家之狗"，也欣然接受了这个称谓，毁誉置之度外。因为他明白了一切都是天道自然，即使是那些相异的意见，相反的言论，甚至一切违逆不顺的反应与刺激，孔子都可以心平气和地听取，天人贯通，物我两忘，这就是"耳顺"。这时孔子已进入圣域，杨树达《论语疏证》引《论衡·知实》曰："从知天命至耳顺，学就知明，成圣之验也。"并按曰："王仲任之说甚确。《说文》云：'圣，通也。从耳，呈声。'耳顺正所谓圣通也。盖孔子五十至六十之间，已入圣通之域，所谓声入心通也。"孔子达到这一点，应该与他对天道的感悟和启示有关。他曾经说："予欲无言。天何言哉！四时行焉，百物生焉，天何言哉！"(《论语·阳货》)天什么话都不说，但是四时往来，百物生长、繁荣，然后凋零，我还要说那么多干吗？"无言"是"耳顺"的极致，是对天命的全身心体认。

第六个阶段：从心所欲不逾矩。耳顺也就心顺了。在"耳顺"以后，不管外在的际遇如何变化，他的心态平和而坦然下来，常常静静地体会着天人之间的真谛，"道"渐渐在他身上流淌，他默默地等待着那最伟大的转变。终于，"天道"充盈于他的心灵与身体，此时，他就是道，道就是他，他不由得发出感叹：如今我从心所欲不逾矩，即顺从心之所欲而不会逾越法度。到了"不勉而中，不思而得，从容中道"(《中庸》)，动念不离乎道，所以顺心而为，自然合乎法度。这是一种不离世间法而又绝对自由自在的境界，达到了《中庸》所说的"仲尼……上律天时，下袭水土，辟如天地之无不持载，无不覆帱；譬如四时之错行，如日月之代明。万物并育而不相害，道并行而不相悖。小德川流，大德敦化，此天地之所以为大也。"这就是冯友兰所说的"天地境界"，即圣人境界。

从"耳顺"到"从心所欲"是一个飞跃，使孔子摆脱了感官的局限，顺心而为，合于大道，也就是一举一动，一个念头不离于道，而进入了致广大、尽精微、通神明的圣人境界。这一境界就是孔子通过下学上达，达到天人合一的最高境界，也就是圣人境界。

四、怎样认识孔子是圣人？

鲁国的孟僖子临终时嘱咐两个儿子要向孔子学礼，并预言说："吾闻将有达者曰孔丘，圣人之后也……圣人有明德者，若不当世，其后必有达人。今其将在孔丘乎！我若获没，必属说与何忌于夫子，使事之，而学礼焉，以定其位。"(《左传·昭公七年》)这大概是将孔子视为积德而有天命的圣人最早的人。

《八佾》载："仪封人请见。曰：'君子之至于斯也，吾未尝不得见也。'从者见之。出曰：'二三子，何患于丧乎？天下之无道也久矣，天将以夫子为木铎。'"何晏《集解》引孔安国注："语诸弟子言，何患于夫子圣德之将丧亡邪？天下之无道已久矣，极衰必盛。木铎，施政教时所振也。言天将命孔子制作法度，以号令于天下。"皇侃《义疏》："二三子汝何所忧患于孔子圣道亡失乎？必不亡失也。此封人又说孔子圣道不亡失之由也。言事不常一，有盛必有衰，衰极必盛。当今天下乱离无道已久，久乱必应复兴。兴之所寄，政当在孔子圣德将丧亡之时也。言今道将兴，故用孔子为木铎以宣令之。""木铎"是以木为舌的大铜铃。古代官府有了新的政令，先派人摇铃四方巡走，以引起大家注意，然后召集起来宣布。一般宣布政教法令时使用木铎，打仗时则使用金铎。这里的象征意义是以孔子为"木铎"，比喻为宣扬上天旨意的圣人，具有号召、晓谕、引导天下人的作用。孔子有圣德，虽不得位，其圣德不会丧，圣道不会亡。天下无道，否极泰来，极衰必盛，上天将命孔子制作法度，代天宣化，引导人们走出历史的隧道，走向新的光明。

孔子的弟子长期与孔子生活奋斗，当然是深知他的思想与人格的，对他的推崇是当然的。《子罕》载："颜渊喟然叹曰：仰之弥高，钻之弥坚。瞻之在前，忽焉在后。夫子循循然善诱人，博我以文，约我以礼，欲罢不能。既竭吾才，如有所立卓尔。虽欲从之，未由也已。"皇侃《义疏》："孔子至圣，颜生上贤。贤圣道绝，故颜致叹也。"并引江熙云："慕圣之道，其殆庶几。是以欲齐其高，而仰之愈邈。思等其深，而钻凿愈坚。尚并其前，而俛仰尘绝，此其所以喟然者也。"邢昺《注疏》："此章美夫子之道也。……颜渊喟然发叹，言夫子之道高坚不可穷尽，恍惚不可为形象，故仰而求之则益高，钻研求之则益坚，瞻之似若在前，忽然又复在后也。……言夫子既开博我以文章，又节约我以礼节，使我欲罢止而不能。已竭尽我才矣，其夫子更有所创立，则又卓然绝异，已虽欲从之，无由得及。言已虽蒙夫子之善诱，犹不能及夫子之所立也。"朱熹《集注》："仰弥高，不可及。钻弥坚，不可入。在前在后，恍惚不可为象。此颜渊深知夫子之道，无穷尽、无方体，而叹之也。"在颜渊看来，孔子之道即成圣之道，博大、高深、圆融，他难以企及。

孔子弟子宰我曾把孔子比作尧舜："以予观于夫子，贤于尧、舜远矣。"(《孟子·公孙丑上》)可见他的弟子对他是如何的尊崇。又《子罕》载："太宰问于子贡曰：'夫之圣者与？何其多能也？'子贡曰：'固天纵之将圣，又多能也。'"何晏《集解》引孔安国注："言天固纵大圣之德，又使多能也。"吴国大夫曾向孔门弟子子贡发问：你老师莫非是圣人吗？为什么如此多才多艺呢？子贡回答道：上天赋予他圣人的德行，所以他又多才多艺。这里子贡赞美孔子"天纵之将圣"，这本是上天想让他成为圣人。《论衡·知实》曰："将者，且也，不言已圣言且圣者，以为孔子圣未就也……(孔子)从知天命至耳顺，学就知明，成圣之验也。未五十、六十之时,未能知天命至耳顺也,则谓之'且'矣。当子贡答太宰时,殆三十、四十之时也。"在孔子大概三四十之时,子贡看到老师天赋圣德,将要成圣。

还有一次,子贡听到叔孙武叔毁谤孔子,就站出来为孔子辩护,捍卫孔子的崇高人格:"无以为也!仲尼不可毁也。他人之贤者,丘陵也,犹可逾也;仲尼如日月也,无得而逾焉。人虽欲自绝,其何伤于日月乎?多见其不知量也。"(《子张》)皇侃《义疏》:"仲尼圣人,不可轻毁也。更喻之,说仲尼不可毁之譬也。言他人贤者,虽有才智,才智之高止如丘陵,丘陵虽高,而人犹得逾越其上,既犹可逾,故可毁也。言仲尼圣智,高如日月,日月丽天,岂有人得逾践者乎!既不可逾,故亦不可毁也。世人逾丘陵而望下,便谓丘陵为高,未曾逾践日月,不觉日月之高。既不觉高,故赀毁日月,便谓不胜丘陵,是自绝日月也。日月虽得人之见绝,而未曾伤灭其明,故言'何伤于日月'也。譬凡人见小才智便谓之高,而不识圣人之奥,故毁绝之。虽复毁绝,亦何伤圣人德乎!不测圣人德之深而毁绝之,如不知日月之明而弃绝之。若有识之士视睹于汝,则多见汝愚暗不知圣人之度量也。"邢昺《注疏》:"言他人之贤,譬如丘陵,虽曰广显,犹可逾越;至于仲尼之贤,则如日月之至高,人不可得而逾也。……言人虽欲毁訾夫日月,特自绝弃于日月,其何能伤之乎?故人虽欲毁仲尼,亦不能伤仲尼也,多见其不知量也。"子贡把孔子与毁谤他的人分别比作日月与丘陵,可谓是天壤之别,不可同日而语。这里就暗含了孔子的人格已经达到天地境界。

子贡还将自己与孔子做了比较,有人说子贡贤于孔子。子贡说:"譬之宫墙,赐之墙也及肩,窥见室家之好。夫子之墙数仞,不得其门而入,不见宗庙之美,百官之富。"(《子张》)邢昺《注疏》:"譬如人居之宫,四围各有墙,墙卑则可窥见其在内之美,犹小人之道可以小知也;墙高则不可窥见在内之美,犹君子之道不可小知也。今赐之墙也才及人肩,则人窥见墙内室家之美好。夫子之墙,高乃数仞。七尺曰仞。若人不得其门而入,则不见宗庙之美备，百官之富盛也。"子贡说，就像宫墙，我这堵墙只有一人高，家里的一切都可以看见。夫子有好几丈高，如果找不到门径的话，根本看不见宗庙里面的富丽堂皇，看不见有钱有势人家的富贵豪华。可惜，真正能够找到门径，登堂入室的人太少了。

《子张》载陈子禽谓子贡曰："子为恭也，仲尼岂贤于子乎？"子贡曰："君子一言以为知，一言以为不知，言不可不慎也。夫子之不可及也，犹天之不可阶而升也。夫子之得邦家者，所谓立之斯立，道之斯行，绥之斯来，动之斯和，其生也荣，其死也哀。如之何其可及也？"邢昺《注疏》："'夫子之不可及也，如天之不可阶而升'者，又为设譬，言夫子之德不可及也。他人之贤，犹他物之高者，可设阶梯而升上之。至于仲尼之德，犹天之高，不可以阶梯而升上之。'夫子之得邦家者，所谓立之斯立，道之斯行，绥之斯来，动之斯和。其生也荣，其死也哀，如之何其可及也'者，又为广言仲尼为政之德也。得邦，谓为诸侯。得家，谓为卿大夫。绥，安也。言孔子为政，其立教则无不立，道之则莫不兴行，安之则远者来至，动之则民莫不和睦，故能生则荣显，死则哀痛，故如之何其可及也！"朱熹《集注》引程子曰："此圣人之神化，上下与天地同流者也。"又引谢氏曰："观子贡称圣人语，乃知晚年进德，盖极于高远也。夫子之得邦家者，其鼓舞群动，捷于桴鼓影响。人虽见其变化，而莫窥其所以变化也。盖不离于圣，而有不可知者存焉，此殆难以思勉及也。"陈子禽疑问子贡：孔子是不是真的比子贡贤能？子贡说孔子是达到了天的高度，我是没有办法靠梯子爬上天的。为什么？他说孔子的为政立教，立足于人世，其高远难以企及，达到了出神入化，上下与天地同流的境界。这是圣人的境界，而子贡也最多就是个贤人。

一百多年后，孟子也极尽赞扬孔子为出类拔萃的圣人。《孟子·公孙丑上》载："有若曰：岂惟民哉！麒麟之于走兽，凤凰之于飞鸟，泰山之于丘垤，河海之于行潦，类也。圣人之于民，亦类也。出于其类，拔乎其萃，自生民以来，未有盛于孔子也。""生民"就是人类，就是说从人类诞生到现在，像孔子这样的人还没有出现过。意思是说自有人类以来，没有比孔子更伟大的。孟子把孔子看成是集圣人大成的圣人："孔子，圣之时者也。孔子之谓集大成。"（《孟子·万章下》）古代圣人有许多不同的侧面，而在孟子看来，孔子身上凝聚了圣人的各方面优点，是古代圣人的"集大成"者，所以出类拔萃，没有人能比得上孔子的。

荀子对孔子极尽推崇之能事，他批评十二子之说的目的就是要法仲尼之义。在他看来，"孔子仁知且不蔽，故学乱术，足以为先王者。一家得周道，举而用之，不蔽于成积也。故德与周公齐，名与三王并，此不蔽之福也"（《荀子·解蔽》）。孔子不像十二子那样"蔽于一曲，而暗于大理"，而是"仁知且不蔽"，"德与周公齐，名与三王并"，是如同日月一样的万世圣人。

汉代著名历史学家司马迁在《史记·孔子世家》中写道：

> 《诗》有之："高山仰止，景行行止。"虽不能至，然心向往之。余读孔氏书，想见其为人。适鲁，观仲尼庙堂车服礼器，诸生以时习礼其家，余祗回留之不能去云。天下君王至于贤人众矣，当时则荣，没则已焉。孔子布衣，传十余世，学者宗之。自天子王侯，中国言《六艺》者折中于夫子，可谓至圣矣！

意思是说，《诗经》中有这样的话："像高山一样令人瞻仰，像大道一样让人遵循。"虽然我不能达到这种境地，但是心里却向往着他。我读孔子的著作，可以想见到他的为人。到了鲁地，参观了孔子的庙堂、车辆、服饰、礼器，目睹了读书的学生们按时到孔子旧宅中演习礼仪的情境。我怀着崇敬的心情徘徊留恋不愿离去。自古以来，天下的君王贤人也够多的了，当活着的时候都显贵荣耀，可是一死什么也就没有了。孔子是一个平民，他的名声和学说已经传了十几代，读书的人仍然尊崇他为宗师。从天子王侯一直到全国谈六艺的人，都把孔子的学说作为判断衡量的最高准则，可以说孔子是至高无上的圣人了！

在《墨子·公孟》中有一段记载："公孟子谓墨子曰：昔者圣王之列也，上圣立为天子，其次立为卿大夫。今孔子博于诗书，察于礼乐，详于万物，若使孔子当圣王，则岂不以孔子为天子哉！"这就是说，像孔子那样具有圣人品德的人，岂不是应该当帝王了吗？

北宋理学家邵雍在《皇极经世书》说："孔子赞《易》自羲、轩而下，序《书》自尧、舜而下，删《诗》自文、武而下，修《春秋》自桓、文而下。自羲、轩而下，祖三皇也；自尧、舜而下，宗五帝也；自文、武而下，子三王也。自桓、文而下，孙五伯也。"(《观物内篇》之六) 这就是说，孔子整理"六经"，对三皇、五帝、三王、五伯以来的文化进行综合，所谓集大成也。

历史上也有一些资料把孔子的形象与古代圣王进行比较，认为孔子是圣人。《孔丛子·嘉言》："夫子适周，见苌宏。言终退，苌宏语刘文公曰：'吾观孔仲尼有圣人之表：河目而隆颡，黄帝之形貌也；脩肱而龟背，长九尺有六寸，成汤之容体也。'"《韩诗外传》卷九：孔子出卫之东门，逆姑布子卿。曰："二三子引车避，有人将来，必相我者也，志之。"姑布子卿亦曰："二三子引车避，有圣人将来。"孔子下，步。姑布子卿迎而视之五十步，从而望之五十步，顾子贡曰："是何为者也？"子贡曰："赐之师也，所谓鲁孔丘也。"姑布子卿曰："是鲁孔丘欤？！吾固闻之。"子贡曰："赐之师何如？"姑布子卿曰："得尧之颡，舜之目，禹之颈，皋陶之喙。从前视之，盎盎乎似有王者；从后视之，高肩弱脊，此惟不及四圣者也。"子贡吁然。

五、作圣之功

"圣"是孔子追求的最高人格境界，而"君子"则是次一级的人格境界。《子张》载子游曰："子夏之门人小子，当洒扫应对进退，则可矣，抑末也。本之则无，如之何？"子夏闻之曰："噫！言游过矣！君子之道，孰先传焉？孰后倦焉？譬诸草木，区以别矣。君子之道，焉可诬也？有始有卒者，其惟圣人乎！"邢昺《注疏》："言偃(子游)有时评论子夏之弟子，但当对宾客修威仪礼节之事则可。然此但是人之末事耳，不可无其本。今子夏弟子于其本先王之道则无有，不可奈何，故云如之何也……子夏既闻子游之言，中心不平之，故曰'噫！言游过矣'者，谓言偃所说为过失也……君子教人之道，先传业者必先厌倦，谁有先传而后倦者乎？子夏言，我之意，恐门人闻大道而厌倦，故先教以小事，后将教以大道也……大道与小道殊异，譬之草木，异类区别，言学当以次也……君子之道，当知学业以次，安可便诬罔言我门人但能洒扫而已……人之学道，靡不有初，鲜克有终，能终始如一，不厌倦者，其唯圣人耳。"子游说："子夏的门人弟子，在洒扫应对、进退礼仪方面，可以说是不错了，不过这就像树枝一样。如果这样的树枝没有树根，会怎么样呢？"这是委婉地批评子夏重视礼仪有点本末倒置。子夏听说这件事后说："唉！言游说的不对啊！君子之道，究竟应该先传其中的哪一方面？哪一方面能因为厌倦而不传呢？用花草树木打个比方来说，有种类的不同，却都有根有梢，而且根梢都是贯通在一起的。君子之道，怎么能随意加减呢？能够有始有终，大概只有圣人吧。"子夏之意，君子之道可以从洒扫应对进退的礼仪做起，但最终还是要优入圣域，以圣人为终极目标。因为有始有终，即贯通始终，才能称得上是圣人。

孔子认为当时已经没有圣人了，也难以见到君子。《述而》子曰："圣人，吾不得而见之矣；得见君子者，斯可矣。"皇侃《义疏》："言吾已不能见世有圣人。若得见有君子之行，则亦可矣。言世亦无此也。然君子之称，上通圣人，下至片善。"邢昺《注疏》："圣人谓上圣之人，若尧、舜、禹、汤也。君子谓行善无怠之君也。言当时非但无圣人，亦无君子也。"朱熹《集注》："圣人，神明不测之号。君子，才德出众之名。"针对当时社会道德人心的败坏，孔子似乎感到一种绝望，因为他已经见不到他心目中的"圣人"，甚至连君子都难以见到。

当时社会上有人称孔子为仁人、圣人，孔子谦虚谨慎，不敢自居。《述而》载子曰："若圣与仁，则吾岂敢？抑为之不厌，诲人不倦，则可谓云尔已矣。"公西华曰："正唯弟子不能学也。"孔安国注："孔子谦，不敢自名仁圣。"何晏《集解》引马融注："弟子犹不能学，况仁圣乎！"邢昺《注疏》："唯圣与仁，人行之大者也。孔子谦，不敢自名仁圣也……孔子言已学先王之道不厌，教诲于人不倦，但可谓如此而已矣……正如所言不厌、不倦之二事，弟子犹不能学，况仁圣乎！"朱熹《集注》说："此亦夫子之谦辞也。圣者，大而化之。仁，则心德之全而人道之备也。为之，谓为仁圣之道。诲人，亦谓以此教人也。然不厌不倦，非己有之则不能，所以弟子不能学也。"当时有人称颂孔子圣且仁，孔子谦虚，不以圣、仁自居。但他又怕弟子们由此对圣、仁失去信心，所以又特别说明自己学习先王之道不厌烦，教育弟子不疲倦。言外之意他是通过学与教在孜孜以求先王之道，即成圣成仁。"圣"与"仁"是一般境界和最高境界的差别："圣"实际也是"仁"，是最高境界的"仁"。

《雍也》记载子贡问孔子说："如有博施于民而能济众，何如？可谓仁乎？"子曰："何事于仁，必也圣乎！"邢昺《注疏》："子贡问夫子曰：'设如人君能广施恩惠于民而能赈济众民于患难者，此德行何如？可以谓之仁人之君乎？'……孔子答子贡之语……言君能博施济众，何止事于仁！谓不啻于仁，必也为圣人乎！然行此事甚难，尧、舜至圣，犹病之以为难也。"子贡向孔子请教说："假如有人能够广泛地给予民众恩惠且能救助更多的人，这如何呢？可以算是仁人了吗？"孔子毫不含糊地回答说，这不仅是一个仁者，甚至可以说是一个圣者了。刘宝楠《论语正义》："仁训爱，圣训通，并见《说文》，为最初之谊。通之为言无凝滞也，无阻碍也。是故通乎天地、阴阳、柔刚之道，而后可以事天察地，通乎人仁义之道，而后可以成己以成物。若我于理义有未能明晓，我与人有未能格被，是即我之凝滞阻碍，而有所不通矣。如此以之自治，则行事乖戾；以之治人，则多所拂逆。桀、纣、盗跖之行，无恶不作，然推究其失，只是不通已极耳。是故天地交为泰，天地不交为否。泰者，通也，治象也。否者，不通也，乱象也。通于不通，天下之治乱系之。博施济众，无一人不遂其欲，以我性情通于人，并使人无乎不通，故夫子以为圣，以为尧、舜犹病。圣、仁本用原同，故己达达人，达亦为通，特圣为成德之名，仁则尚在推暨时言，仁道大成，方可称圣。故夫子视圣为最难，而但言仁。"这就把仁与圣的关系说得很清楚，"圣"高于"仁"，仁道大成，才可以称为"圣"。因此，孔子认为成圣是一个人格境界不断提高的过程。这个过程是"为仁由己"的过程，是通过自身道德修养的提高君子德风，小人德草，为政以德，博施济众，天下归仁的过程。

宋儒非常重视成圣之道，周敦颐《通书·志学》曰："圣希天，贤希圣，士希贤。"其实从修养的次第来说，是士人希望成为贤人，贤人希望成为圣人，圣人希望成为知天之人。古往今来，多少仁人志士"希贤希圣"。宋儒认为，学做圣人的"作圣之功"，首先得在"气象"上下功夫："学者不学圣人则已，欲学之，须是熟玩圣人气象。不可止于名上理会。如是，只是讲论文字。"(《程氏外书》卷十)这就是说，古代圣人因时间久远，今人已经无法面对面接触，获得直接而生动的感受。为了完整地把握古圣先贤的思想，领略他们的风采，就要善于在他们遗留下来的语言文字中感受他们的"气象"。他们从《论语》《孟子》有关孔、颜、孟的记载中，得出了孔子如同"天地"，颜子如同"和风庆云"，而"孟子，泰山岩岩之气象也"(《遗书》卷五)的不同感受。依据二程的见解，如果仅仅是"讲论文字""理会语言"，那只是皮相之谈。二程门人对二程的"气象"也有不同的评议，以程颢为"一团和气"，视程颐为"直是谨严"。这样，"熟玩味圣人之气象"(《近思录》卷三·致知)，便成为理学家追求作圣之功的基本途径。

王阳明认为，学做圣人就像炼金，要求其成色足。希渊问："圣人可学而至，然伯夷、伊尹于孔子才力终不同，其同谓之圣者安在？"

先生曰："圣人之所以为圣，只是其心纯乎天理，而无人欲之杂。犹精金之所以为精，但以其成色足而无铜铅之杂也。人到纯乎天理方是圣，金到足色方是精。然圣人之才力亦有大小不同，犹金之分量有轻重。尧、舜犹万镒，文王、孔子犹九千镒，禹、汤、武王犹七八千镒，伯夷、伊尹犹四五千镒。才力不同而纯乎天理则同，皆可谓之圣人。犹分两虽不同，而足色则同，皆可谓之精金。以五千镒者而入于万镒之中，其足色同也。以夷、尹而厕之尧、孔之间，其纯乎天理同也。盖所以为精金者，在足色而不在分两；所以为圣者，在纯乎天理，而不在才力也。故虽凡人，而肯为学，使此心纯乎天理，则亦可为圣人。犹一两之金比之万镒，分两虽悬绝，而其到足色处可以无愧。故曰'人皆可以为尧舜'者以此。学者学圣人，不过是去人欲而存天理耳，犹炼金而求其足色。金之成色所争不多，则锻炼之工省而功易成，成色愈下则锻炼愈难。人之气质，清浊粹驳，有中人以上，中人以下。其于道，有生知安行，学知利行，其下者，必须人一己百，人十己千，及其成功则一。后世不知作圣之本是纯乎天理，却专去知识才能上求圣人，以为圣人无所不知，无所不能，我须是将圣人许多知识才能，逐一理会始得。故不务去天理上着工夫，徒弊精竭力。从册子上钻研，名物上考索，形迹上比拟，知识愈广而人欲愈滋，才力愈多而天理愈蔽。正如见人有万镒精金，不务锻炼成色，求无愧于彼之精纯，而乃妄希分两，务同彼之万镒，锡铅铜铁，杂然而投，分两愈增，而成色愈下。既其梢末，无复有金矣。"(《传习录卷上·门人薛侃录》)就是说圣人之所以为圣人，是因为心中纯是天理而无人欲，而与才力无关，好比金之所以为金，是因为"成色足"，没有铅铜掺杂其中，不在于分量的多少。尧、舜、禹、汤、文、武、周、孔虽然才力有差别，但是都是圣人，因为他们心中只有天理而无人欲。所以要想成为圣人，就要追求天理的纯度而不是去追求才力的大小，达到"纯是天理而无人欲"的境界就是圣人了。

六、二帝三王之道

"二帝三王"一般指唐尧、虞舜、夏禹、商汤、周文王(或周武王)。①

《尧曰》:"尧曰:'咨!尔舜。天之历数在尔躬,允执其中。四海困穷,天禄永终。'舜亦以命禹。曰:'予小子履,敢用玄牡,敢昭告于皇皇后帝:有罪不敢赦。帝臣不蔽,简在帝心。朕躬有罪,无以万方;万方有罪,罪在朕躬。'周有大赉,善人是富。'虽有周亲,不如仁人。百姓有过,在予一人。'谨权量,审法度,修废官,四方之政行焉。兴灭国,继绝世,举逸民,天下之民归心焉。所重:民、食、丧、祭。宽则得众,信则民任焉,敏则有功,公则说。"皇侃《义疏》认为此篇"初称尧曰,而宽通众圣,故其章内并陈二帝三王之道也"。邢昺《注疏》:"此章明二帝三王之道,凡有五节,初自'尧曰'至'天禄永终',记尧命舜之辞也;二自'舜以命禹'一句,舜亦以尧命己之辞命禹也;三自'曰:予小子'至'罪在朕躬'",记汤伐桀,告天之辞也;四自'周有大赉'至'在予一人',言周家受天命及伐纣告天之辞也;五自'谨权量'至'公则说',此明二帝三王政化之法也。"邢昺认为,此章是明二帝三王之道,可分五节。笔者认为其实就是两部分:前半部分记二帝三王的事迹,后半部分记孔子阐明二帝三王政化之法,都是圣人之道。如果再联系《论语》其他篇章的文王和周公,就构成了相当完整的圣王谱系,也就是道统体系,也就是儒家圣人的理想人格,

---

①"二帝"指唐尧与虞舜。"三王"指夏、商、周三代之君,具体主要有三种说法:(1)夏禹、商汤、周武王。《谷梁传·隐公八年》:"盟诅不及三王。"范宁注:"三王,谓夏、殷、周也。夏后有钧台之享,商汤有景亳之命,周武有盟津之会。"(2)夏禹、商汤、周文王。《孟子·告子下》:"五霸者,三王之罪人也。"赵岐注:"三王,夏禹、商汤、周文王是也。"(3)商汤、周文王、周武王。《尸子》卷下:"汤复于汤丘,文王幽于羑里,武王羁于王门;越王栖于会稽,秦穆公败于崤塞,齐桓公遇贼,晋文公出走,故三王资于辱,而五霸得于困也。"

政治的理想模式。本章作为《论语》终篇，以二帝三王的事…子之口，使尧、舜、汤、文（武）、孔子圣圣相传，一脉相承，完成了儒家道统由上古三代圣王到孔子的传承发展。

《尧曰》是《论语》的最后一篇，邢昺《注疏》："此篇记二帝三王及孔子之语，明天命政化之美，皆是圣人之道，可以垂训将来，故殿诸篇，非所次也。"《尧曰》记录了二帝三王和孔子的话，都是讲的圣人之道，是对后来人的垂示教训，所以放在全书的最后。朱熹《集注》引杨时论曰："《论语》之书，皆圣人微言，而其徒传守之，以明斯道者也。故于终篇，具载尧舜咨命之言，汤武誓师之意，与夫施诸政事者。以明圣学之所传者，一于是而已。所以著明二十篇之大旨也。《孟子》于终篇，亦历叙尧、舜、汤、文、孔子相承之次，皆此意也。"这就是说，《论语》一书记录了圣人的微言，七十子之徒传承授受，以明圣人之道。本篇作为最后一篇，以明圣学传统，彰明《论语》二十篇的大旨，就像《孟子》终篇也是历叙尧、舜、汤、文、孔子圣道代代相传一样。王应麟《困学纪闻》卷八也说："《论语》终于《尧曰》，《孟子》终于'尧舜汤文孔子'，而《荀子》亦终于《尧问》，其意一也。"因此，孔、孟、荀都是以二帝三王之道为最高理想。

于是，"二帝三王之道"成为儒家思想体系圆满自足的表达。董仲舒在《春秋繁露·符瑞》就认为《春秋》"上通五帝，下极三王，以通百王之道，而随天之终始，博得失之效，而考命象之为，极理以尽情性之宜，则天容遂矣"。在《天人三策》中，他认为五帝三王同为一道。"道者万世亡弊，弊者道之失也。""禹继舜，舜继尧，三圣相受而守一道，亡救弊之政。"而"三王之道所祖不同，非其相反，将以救溢扶衰，所遭之变然也"。所以就需要改正朔，易服色，顺天命，于是需要礼乐的损益，以继承道统。唐韩愈《董公行状》："所奏于上前者，皆二帝三王之道。"《送浮屠文畅师序》："如吾徒者，宜当告之以二帝三王之道。"宋王安石《上仁宗皇帝言事书》："夫二帝三王，相去盖千有余载，一治一乱，其盛衰之时具矣。"

宋明理学家对《尚书》"二帝三王之道"非常推崇，多有阐发。程颐曾说："看《书》须要见二帝三王之道，如二典即求尧所以治民、舜所以事君。"(《近思录》卷三《致知》)朱熹把《尚书·大禹谟》中的"十六字心传"(人心惟危，道心惟微。惟精惟一，允执厥中)看成是二帝三王圣圣相承的道统。他在《中庸章句序》中说："夫尧、舜、禹天下之大圣也。以天下相传，天下之大事也。以天下之大圣，行天下之大事，而其授受之际，丁宁告戒，不过如此。则天下之理，岂有以加于此哉？自是以来，圣圣相承：若成汤、文、武之为君，皋陶、伊、傅、周、召之为臣，既皆以此而接夫道统之传。"蔡沈所《书集传序》中说："二帝三王治天下之大经大法，皆载此书……二帝三王之治本于道，二帝三王之道本于心。得其心，则道与治固可得而言矣。何者？精一执中，尧舜禹相授之心法也；建中建极，商汤周武相传之心法也……后世人主，有志于二帝三王之治，不可不求其道；有志于二帝三王之道，不可不求其心。求心之要，舍是书何以哉？"中道是圣人治天下的大经大法，也是个人修心的要诀。后世帝王有志于二帝三王之治、之道，就要在《尚书》求二帝三王之心法。

康熙皇帝御制《至圣先师孔子赞》曰："有行道之圣，得位以绥猷；有明道之圣，立言以垂宪。此正学所以常明，而人心所以不泯也。粤稽往绪，仰溯前徽，尧、舜、禹、汤、文、武达而在上，兼君师之寄，行道之圣人也；孔子不得位穷而在下，秉删述之权，明道之圣人也。行道者勋业炳于一朝，明道者教思周于百世；尧、舜、文、武之后，不有孔子，则学术纷淆、仁义湮塞，斯道之失传也久矣。后之人而欲探二帝三王之心法，以为治国、平天下之准，其奚所取衷焉？然则孔子之为万古一人也，审矣！"尧、舜、禹、汤、文、武是行道之圣人，孔子是明道之圣人。孔子阐扬二帝三王之道，为往圣继绝学，为万世正人心，为历代帝王立治国平天下的大纲大法，所以称孔子为"万古一人"。